石油高等院校特色规划教材

国际石油合作法律基础

（第二版）

秦扬　何沙　主编

石油工业出版社

内 容 提 要

本书围绕国际石油合作中的法律问题，系统介绍了关于国际石油合作的法理基础、法律模式以及法律惯例等方面的理论和知识。内容包括：国际石油合作概述、法理基础、法律模式、共同合作开发制度、主要石油资源国的石油立法、海洋环境保护制度、中国石油安全和国际石油合作、中国石油立法、中国国际石油合作合同和纠纷的法律解决等。在每一章最后都给出了复习思考题，以供读者在学习本章后带着问题再去强化记忆和理解。

本书可作为石油院校勘探开发类、油气储运类、经济管理类等专业学生的专业课程教材，也可作为石油企事业单位的干部职工学习国际石油合作法律法规知识的参考书，还可供正在或有志于从事国际石油合作相关业务的企事业人士参考。

图书在版编目（CIP）数据

国际石油合作法律基础/秦扬，何沙主编. —2版. 北京：石油工业出版社，2018.12
石油高等院校特色规划教材
ISBN 978-7-5183-3023-2

Ⅰ.①国… Ⅱ.①秦…②何… Ⅲ.①石油工业—国际合作—法律—高等学校—教材 Ⅳ.①D996

中国版本图书馆 CIP 数据核字（2018）第 258226 号

出版发行：石油工业出版社
　　　　　（北京市朝阳区安华里2区1号楼　100011）
　　　　　网　　址：www.petropub.com
　　　　　编辑部：（010）64523579　图书营销中心：（010）64523633
经　销：全国新华书店
排　版：北京密东文创科技有限公司
印　刷：北京中石油彩色印刷有限责任公司

2018年12月第2版　2018年12月第4次印刷
787毫米×1092毫米　开本：1/16　印张：13.5
字数：344千字

定价：32.90元
（如发现印装质量问题，我社图书营销中心负责调换）
版权所有，翻印必究

《国际石油合作法律基础（第二版）》
编写人员

主　编：秦　扬　何　沙

成　员：（按姓氏笔画排序）

　　　　朱小华　李文海　何政泉　张　静

　　　　陈惠芬　胡　尧　韩群群

第二版前言
Preface

《国际石油合作法律基础》自2008年首次出版以来取得了良好的教学效果，受到了国内相关高校及企事业单位的关注和赞扬。西南石油大学以此在石油与天然气工程学院、地球科学与技术学院、机电工程学院等开设了国际合作班的必修课，还逐步在法学、管理等相关专业开设了选修课和全校公选课，西安石油大学等国内部分高校也依据本教材开设了相关专业课程，受到了学生的热情追捧。本教材作为中国海洋局北海分局、中国海洋局南海分局、中国石油长城钻探工程公司、中国石油塔里木油田公司、中国石油新疆油田公司、中海石油南方钻井公司、中国石化西北公司等单位人员培训主要参考书和干部职工普法教育知识读本，得到了合作单位的盛赞，同时，本教材在MBA、石油工程、管理、法学等硕士研究生的培养教学中，引起了师生的共鸣，由此形成并完成了多项校企合作项目和省级、国家级课题。特别是，随着国际石油形势的变化，中央高度重视我国能源安全，致此，中国石油、中国石化、中国海油三大石油公司以及相关政府部门和高等院校、科研院所又一次掀起了研究国际石油合作的热潮，因此，本教材虽然多次加印，但仍然洛阳纸贵！

中国特色社会主义进入新时代，中国油气行业发生了深刻变化，中国已成为世界上主要的能源消费国和最大的石油进口国，在未来一个时期内中国能源消费还会持续增长。因此，习近平总书记在多次财经小组会议上都指出"能源安全是关系国家经济社会发展的全局性、战略性问题。……只有全方位加强国际合作，统筹全球能源资源开发、配置和利用，才能保障我国能源的安全、清洁、高效和可持续供应。全方位加强国际合作，实现开放条件下能源安全，一个开放的、双赢的能源合作模式不仅有助于中国的能源安全进程，也将为全世界的能源安全作出贡献。"所以，如何在开放的条件下获得稳定的油气供应保障国家能源安全？这就要求中国石油企业提高跨国油气投资经营管理水平，争取以合理的价格、安全的方式拿回优质的资源，以保证国民经济发展需要。这不同于在国内经营，中国石油企业的跨国经营，除了政治风险、经济风险、资源风险、技术风险、管理风险外，还承担着来自项目本身的合同风险、法律风险和财务风险。因此，包括国际石油合作在内的有关法律保障问题研究显得日益重要。为此，国家相关部门加快了能源法律的修订和立法工作。近年来，相关立法工作已取得积极进展，中央和地方近年来陆续颁布了一系列能源法律、法规、规章规范性文件。截至目前，已有能源法律法规20部、规章规范性文件200多件，并将改革的有关成果和涉及人民利益的能源保障条例上升到法律层面，初步形成了具有中国特色的社会主义能源法律法规体系，为能源发展提供了坚实的法律制度保障。同时，相关高校加大了国际石油合作人才的培养力度。

面对国际石油形势的变化和高校教育教学的改革，2008年出版的第一版教材已经不能满足日益高涨的高校学生和相关企事业人员如饥似渴的学习需求，为了使高校学生和企事业人员能够系统地学习国际石油合作的理论知识和法律法规，建立基本的国际观和法律素养，形成一切根据法律按照合同办事的工作作风，培养出新时代高水平的复合型人才，我们对本教材进行较为全面的修订。

此次教材的修订参考了部分专家意见和读者建议，对第一版教材的相关章节做了相应的调整，原书共11章，新版共10章；原书第三章"国际石油立法概况"在新版里改为第五章"主要石油资源国的石油立法"；原书第四章"国际石油合作的法律模式"在新版里调整为第三章；原书第五章"国际石油合作与捕鱼和航行间的法律协调"在新版里改为第四章"国际石油合作中的共同开发制度"；原书第七章"中国国际石油合作的法制环境"在新版里改为第八章"中国石油立法"；原书第八章和第九章在新版里合并为第九章"中国国际石油合作合同"；原书第十章"中国石油安全与国际石油合作"在新版里调整为第七章。新版教材还在每一章后面增加了思考题。同时新版教材对国内外著作、文献及本团队相关科研成果进行了梳理总结，对原书中的内容、数据相应地进行了更新；对全书文字进行了全面谨慎的梳理和修订，修改内容超过了原教材的三分之一。由于篇幅所限，所引用的成果在此不能详细说明，敬请谅解。

在教材修订的过程中，编写人员力求内容准确，但因水平所限，本次修订工作难免会有不足乃至失误之处，恳请读者包涵，并能一如既往地提出宝贵意见。

再次向关心和爱护《国际石油合作法律基础》的单位和读者表示衷心的感谢！向支持本书再版的西南石油大学教务处、法学院等部门表示衷心的感谢。

但愿新版教材能够更受读者的欢迎！

秦扬　何沙
2018年8月

第一版前言
Preface

石油作为一种能源，自从被人类利用以来就成为一种特殊的商品，并对当代人类的生活产生了巨大的影响。石油分布不均匀、勘探开采难度大、风险高的特性决定了其必然走向国际合作化。当前，国际石油合作日新月异，国际石油经济在国际经济、政治中起着举足轻重的作用，对当代国际经济政治产生重大的冲击。因此，国际石油合作越来越受到世界各国的重视。特别是20世纪70年代以来，世界上不同主权国家的政府、国家石油公司、国际石油经济组织和超越国家界限的自然人与法人为了共同的利益，在石油、天然气生产领域中广泛开展了以生产要素的移动与重新组合配置为主要内容的石油经济协作活动，这种国际石油合作逐渐成为当代国际经济交往的一个重要内容。

在国际石油合作实践中，资源国对其所有的自然资源在拥有永久主权的前提下，按照资源国的法律规定，特许外国石油公司参与该国自然资源的勘探和开采，并按照合同规定的条件，合作双方共同分享开发利益。这种石油经济协作活动是当前国际石油合作的主要形式。在国际石油合作中，双方当事人通过签订石油合作合同，明确各自应承担的义务和享受的权利，合同一旦依法成立即具有法律效力，就可以依靠法律强制力的保护，督促双方按照依法成立的合同所规定的内容，全面完成各自所承担的义务，履行职责，从而维护合同双方的合法经济权益。如果当事人一方违约而给另一方造成损失时，遭受损失的一方就有权要求法律给予保护、依法请求对方赔偿损失。由此可见，国际石油合作与法律唇齿相依。石油法规是国际石油合作中的一个决定因素，既重要又复杂，是国际石油合作顺利开展的根本保证。尤其是作为超越国界的国际石油合作，其双边、多边、区域性甚至全球性经济活动的加强，使得国际经济关系及其相互交往中所产生的具有跨国性的各种法律问题越来越多、越来越复杂。为了适应这一变化趋势，保证国际石油合作的顺利开展，维护国际经济新秩序，近年来，世界各国都在加紧制定和完善石油法规，加强石油法规宣传，培养专门人才。

我国自1979年开始与外国石油公司合作勘探海洋石油资源以来，积极参与国际石油合作，石油工业对外合作取得了显著的成就。中国石油天然气集团公司（以下简称为中国石油集团）、中国石油化工集团公司及中国海洋石油总公司的国际业务实现了跨越式发展，国际大石油公司的地位开始确立。中国石油集团海外油气业务发展速度加快，业务领域和规模不断扩大，发展模式实现了由单一的合作开采向跨国并购、风险勘探和上下游一体化的跨越。截至2005年，中国石油集团的海外油气业务遍及22个国家，海外油气项目达58个，初步在北非—中东、中亚、南美、亚太四大发展区形成了油气勘探开发、管道运营、炼油化工、油品销售一体化的业务格局。苏丹3/7区千万吨级大油田的发现、斥资41.8亿美元收购原油生产能力达千万吨的哈萨克斯坦石油公司（PK），标志着中国石油集团的海外油气业务步入规模化发展阶段。2005年，中国石油集团的海外原油作业产量和权益产量分别达到3582万吨和2002万吨，年均增长21.5%和23.9%；天然气的作业产量和权益产量分别达到40.2亿立方米和29亿立方米，年均分别增长40.5%和43.3%。被誉为国际能源合作典范的中国第一条跨国输油管道——中哈原油管道一期工程的竣工，更是为中国石油公司的对外合作写下了光辉的一页。在国内，陆上最大的天然气合作项目——中国石油集团与壳牌合作的长北天然气开发项目也在2005年正式启动。

上述事实表明，我国石油工业已进入了全方位的国际合作新时期，对外经济往来与合作越来越频繁，在实行一业为主、多种经营的状况下，无论是石油企业的内部管理，还是对外合作、经营，都要涉及更多、更复杂的法律和规章问题。因此，加快石油立法和加强石油法规教育，按照国际标准培训专业队伍，是国际石油合作的必然要求，是我国参与国际石油合作的根本保证，是国家依法对石油工业进行管理和控制的关键所在。所以，要搞好国际石油合作，走国际化经营的道路，就必须加快专门人才的培养，建立起一支忠于祖国、热爱石油工业，既懂业务又懂法律，而且外语好、能力强的骨干队伍，特别是培养一批国际项目经理人才，做到所有对外合作队伍都要进行资格审查，实行资格论证制度，持证作业，与国际惯例接轨。同时，要加快石油立法和加强石油法规教育，使石油科技人员具备国际石油合作与石油法规方面的知识，营造良好的国际石油合作法制环境，促进我国国际石油合作的健康发展。为了达到上述目的，西南石油大学从1994年开始，在本科生中开设了"石油法规与国际石油合作"课程，做了一些有益的探索，受到了学生的欢迎和好评。选修此课的学生在毕业生就业"双选"场上，其知识结构和能力不仅引起了中国海洋石油总公司南海东部公司、西部公司、渤海公司等国内有对外合作业务的用人单位的注意，而且也引起了国外石油公司如康菲公司的高度关注。

为了适应我国国际石油合作的发展形势，加快外向型人才的培养，我们在总结"石油法规与国际石油合作"课程多年教学经验的基础上，以"四川石油天然气发展研究中心"的重点课题——国际石油合作的法律基础研究为契机，组织撰写了这本《国际石油合作法律基础》。该书以石油法规与国际石油合作的关系、石油法规在国际石油合作中的地位和作用为主线，分十一章介绍了国际石油合作概述、国际石油合作的法理基础、国际石油立法概况、国际石油合作的法律模式、国际石油合作与捕鱼和航行间的法律协调、国际石油合作的环境保护制度、中国国际石油合作的法制环境、中国国际石油合作合同、中国陆上国际石油合作、中国石油安全与国际油合作、中国国际石油合作纠纷的法律解决等内容，比较全面和系统地介绍了国际石油合作的发展和立法状况，认真总结和分析了我国石油工业对外开放、走国际化经营道路的经验，对我国国际石油合作的法规、制度、方式、方法进行了有益的探索，并提出了建设性意见，不仅有比较系统、比较深刻的理论阐述，而且有比较详细的法规条款，操作性强。因此，《国际石油合作法律基础》一书，既可以作为石油院校相关专业的教材，也可以作为培训对外合作人员的主要参考用书和石油企事业干部职工普法教育的知识读本。

编者

2008年1月

目 录

第一章　国际石油合作概述 …………………………………………… 1
- 第一节　国际石油合作的概念 ………………………………………… 1
- 第二节　国际石油合作的发展历程 …………………………………… 3
- 第三节　国际能源组织 ………………………………………………… 5
- 第四节　国际石油合作的原因 ………………………………………… 9
- 复习思考题 …………………………………………………………… 16

第二章　国际石油合作的法理基础 …………………………………… 17
- 第一节　法的基本理论 ………………………………………………… 17
- 第二节　国际法 ………………………………………………………… 21
- 第三节　国际海洋法 …………………………………………………… 27
- 第四节　国际经济法 …………………………………………………… 36
- 第五节　国际石油合作中的国内法 …………………………………… 48
- 复习思考题 …………………………………………………………… 50

第三章　国际石油合作的法律模式 …………………………………… 51
- 第一节　许可证制合同 ………………………………………………… 51
- 第二节　产品分成合同 ………………………………………………… 53
- 第三节　联合经营合同 ………………………………………………… 55
- 第四节　服务合同 ……………………………………………………… 57
- 第五节　特殊合同 ……………………………………………………… 58
- 复习思考题 …………………………………………………………… 59

第四章　国际石油合作中的共同开发制度 …………………………… 60
- 第一节　共同开发的概念 ……………………………………………… 60
- 第二节　跨界海洋石油储藏的共同开发 ……………………………… 66
- 第三节　重叠海洋区域石油资源的共同开发 ………………………… 70
- 复习思考题 …………………………………………………………… 75

第五章　主要石油资源国的石油立法 ………………………………… 76
- 第一节　美国石油立法状况 …………………………………………… 76
- 第二节　英国石油立法状况 …………………………………………… 79
- 第三节　俄罗斯石油立法状况 ………………………………………… 82
- 第四节　伊朗石油立法状况 …………………………………………… 84

  第五节 委内瑞拉石油立法状况 ………………………………………… 85
  第六节 哈萨克斯坦石油立法状况 ………………………………………… 88
  第七节 泰国石油立法状况 ………………………………………………… 92
  复习思考题 ……………………………………………………………………… 94

第六章 国际石油合作中海洋环境保护制度 ……………………………………… 95
  第一节 国际石油合作中的海洋环境污染 ………………………………… 95
  第二节 国际石油合作控制海洋环境污染的国际法制 …………………… 98
  第三节 国际石油勘探开发海洋环境污染的法律责任 ………………… 104
  复习思考题 …………………………………………………………………… 110

第七章 中国石油安全与国际石油合作 …………………………………………… 111
  第一节 中国石油安全的理性审视 ………………………………………… 111
  第二节 中国石油的地缘政治战略 ………………………………………… 116
  复习思考题 …………………………………………………………………… 121

第八章 中国石油立法 …………………………………………………………… 122
  第一节 中国石油法律基本原则 …………………………………………… 122
  第二节 中国主要的石油法律法规 ………………………………………… 125
  第三节 中国国际石油合作环境保护制度 ………………………………… 131
  第四节 中国石油天然气行业立法构想 …………………………………… 140
  复习思考题 …………………………………………………………………… 145

第九章 中国国际石油合作合同 …………………………………………………… 146
  第一节 中国国际石油合作合同概述 ……………………………………… 146
  第二节 中国国际石油合作合同的结构 …………………………………… 148
  第三节 中国国际石油合作标准合同 ……………………………………… 157
  复习思考题 …………………………………………………………………… 172

第十章 中国国际石油合作纠纷的法律解决 …………………………………… 173
  第一节 国际石油合作纠纷解决机制概述 …………………………………… 173
  第二节 中国国际石油合作诉讼管辖权 …………………………………… 174
  第三节 中国国际石油合作的商事仲裁 …………………………………… 181
  第四节 WTO 争端解决机构裁决 …………………………………………… 188
  复习思考题 …………………………………………………………………… 195

参考文献 …………………………………………………………………………… 196
附录一 中华人民共和国对外合作开采陆上石油资源条例 …………………… 198
附录二 中华人民共和国对外合作开采海洋石油资源条例 …………………… 202

第一章
国际石油合作概述

石油是一种商品,作为人类所使用的一种重要战略资源,它又具有超越普通商品的特性。正是这一特性,使它对当代人类的生活产生了重大的影响。更由于石油分布极不均衡,多数工业发达国家石油资源匮乏,这使其成为当代国际政治舞台上各国争夺的重点。同时,石油开采耗资巨大、风险甚高,这又使它成为当代国际经济合作的主要目标。从19世纪中期美国人大规模开采石油开始,在高额利润和需求增加的驱动下,石油业迅速在全球扩展开来,形成一个十分庞大、竞争激烈的国际合作行业。

第一节 国际石油合作的概念

一、国际石油合作的定义

国际石油合作的定义有广义和狭义之分。广义上,国际石油合作是不同主权国家政府、国家石油公司、国际石油公司、国际石油经济组织和超越国家界限的自然人与法人为了共同的利益,在石油、天然气生产领域中以生产要素的移动与重新组合配置为主要内容而进行的较长期的石油经济协作活动。狭义上,就资源国的角度来说,国际石油合作就是资源国对其所有的石油天然气资源拥有永久主权的前提下,按照资源国的法律规定,特许外国石油公司参与该国石油天然气资源的勘探和开采,并按照合同规定的条件,合作双方共同分享开发利益的协作活动。

根据上述定义,国际石油合作的内涵如下:

(1) 国际石油合作是不同主权国家间的石油经济协作活动,它既包括主权国家间,也包括主权国家与国际石油经济组织之间、主权国家的石油企业之间、国际石油经济组织之间、国际石油企业法人间乃至主权国家非法人能源机构之间、学术团体之间的合作。

(2) 国际石油合作是不同国家的自然人与法人之间的合作,它不同于国内各地区之间的石油经济合作。国际石油合作所涉及的社会文化背景、国家法律、管理条件都远比国内地区间石油经济协作复杂。

(3) 国际石油合作是不同国家在石油天然气生产领域的相互协作。随着石油科技和石油工业的发展,国家间的相互联系不断加强,石油工业发展日趋国际化。现代国际化的石油天然气资源的开发及生产要求在生产领域中实现最优化的生产要素组合和采用最先进的科研成果,以取得最佳的经济效益。国际石油合作,就是各国之间在石油天然气生产领域中所进行的协作和配合。

(4) 国际石油合作是不同国家石油天然气生产要素的优化组合。由于各个国家的油气资源条件和石油工业的发展水平不同，各国所拥有的石油天然气生产要素存在着一定的差异，因此，只有将不同国家的优势生产要素结合起来，才能更快地发展自己的石油工业，促进世界石油工业的发展。通过国际石油合作，一国可以直接利用其他国家的油气生产要素，弥补本国生产要素的不足。这样，参与国际石油合作的国家就可以通过石油合作活动，获得本国石油工业发展所必需的各种要素，同时输出自己具有优势和富余的生产要素，使参与国的生产要素充分发挥作用，推动各国石油工业的发展。

(5) 国际石油合作是不同国家间进行的较长期的石油经济协作活动，这与国际石油贸易是不同的。国际石油合作要求合作双方（多方）建立一种长期、稳定的协作关系，共同开展某些石油经济活动，其周期一般都比较长，有些项目的合作周期可长达数十年，另一方面，国际石油合作的方式也比国际石油贸易更为灵活多样。

(6) 国际石油合作还包含国际石油政策协调方面的内容。不同国家（或地区）、国际集团和国际石油经济组织通过协商和会谈以及成立石油经济一体化组织等形式，对国际石油经济关系进行联合调节，这本身就属于国际石油合作的内容。这种协调活动，在某种意义上有利于世界石油工业的发展。

二、国际石油合作的类型

一般来说，当代国际石油合作的类型可以分为七类：

(1) 国际石油信贷合作，包括外国政府信贷、国际金融组织信贷、出口信贷、商业银行信贷、混合信贷、吸收外国存款、发行国际债券及国际租赁等。

(2) 国际石油投资合作，主要指在石油生产领域的外国直接投资（FDI），包括一个国家引进的其他国家在石油方面的投资，其具体方式有租让制、产品分成和联合经营等。

(3) 国际石油服务合作，主要包括国际石油工程承包、劳务进口和国际咨询等。

(4) 国际石油科技合作，包括有偿转让和无偿转让两个方面。有偿转让主要指国际石油技术转让，即带有技术转让性质的石油设备或相关设备硬件的交易，专利、专有技术或商标使用许可的交易等；无偿转让一般以石油科技交流的形式出现，其具体方式有交换石油科技信息、资料、仪器样品，召开专题研讨会，专家互派与专家技术传授，共同研究、设计与试验攻关，建立联合科研机构等。

(5) 国际石油信息与管理合作，主要指国际石油经济信息的交流与交换，包括聘请国外管理咨询机构、管理专家进行讲学，进行石油经营管理咨询、合作联合管理、交流管理资料与经验以及举办国际石油经营管理讲习班等。

(6) 国际石油经济援助，主要有资金、物资和技术援助等方式。

(7) 国际石油经济政策协调与合作，包括联合国系统的国际石油经济组织进行的协调，政府首脑会议及互访进行的协调，以及国际性石油行业组织和其他有关国际能源经济组织进行的协调。

上述七种类型合作往往不是单独存在，通常呈现组合进行，其中最主要的是国际石油投资合作和国际石油服务合作。

三、国际石油合作的特点

随着国际石油合作深度和广度的增加，近年来，国际石油合作出现了一些新的特点。

首先是跨国并购不断。通过并购方式实现石油公司的外延式增长，已成为国际大石油公司实现超常规发展的重要途径。国际大石油公司经过大规模的兼并联合之后，通过部分业务的收购剥离、优化投资组合来获得规模经济，扩大市场份额，提高竞争能力。

其次是合作渠道多元化。跨国石油公司一改以往单一的合作渠道，针对不同国家和不同项目选取不同的合作渠道。对于发展中国家和发达国家的中后期油田，跨国石油公司直接与主权国政府合作，建立独资、合资、合作企业，直接投资；不能直接取得的项目，则联合出资争取获得股权，参与经营；对于风险较大的资源国油气勘探开发项目，则采用组建多国投资联合体的方式，降低风险。

最后是合作模式日趋多样化。产品分成合同、风险服务合同、矿费税收制合同等，都已形成一套行之有效的工作程序。各大跨国公司在对合作对象的选择上，也都十分慎重。一般侧重于国内政治稳定、地质条件较好、勘探风险低的地区。如英国石油公司（BP）将勘探重点放在过去由于技术和政治原因而相对很少勘探的地区，埃克森公司（Exxon）勘探项目则主要集中在地质条件较好、税收和其他政策比较优惠的国家。

第二节 国际石油合作的发展历程

国际石油合作是一个历史范畴，它是一定历史时期国际经济秩序发展变化形势在国际石油经济关系上的反映。

一、跨国石油公司的兴起

1782年，法国人发明了煤油灯，虽然直至1859年，照明用油仍主要依靠动植物油，但是这一发明却为石油的使用开创了一个新纪元。1870年美国人约翰·戴维森·洛克菲勒创建的标准油公司，从灯油时代开始就几乎垄断了美国的炼油工业和销售市场，并在世界石油市场举足轻重。在20世纪的第一个10年，标准油公司的分公司已遍布世界许多国家，并占据垄断地位。

1911年，美国政府发布了反垄断法（又称反托拉斯法），根据美国最高法院的裁决，将标准油公司分解为几个独立的大石油公司。由标准油公司解体而成的大石油公司有埃索石油公司（Esso）、雪佛龙公司（Chevron）、美孚石油公司（Mobil）、阿莫科公司（Amoco）、大陆石油公司（Conoco）等。这些公司中的埃索公司、雪佛龙公司、美孚石油公司与德士古公司（Texaco）、英国石油公司、英荷壳牌公司（Shell）、海湾石油公司（Gulf）并称石油七姊妹，成为世界上最大的七家跨国石油公司。海湾石油公司被兼并以后，另加阿莫科公司称为新七姊妹。

在美国跨国石油公司迅速发展的同时，英国、法国、荷兰等国的跨国石油也在其政府的支持和参与下，在拉丁美洲的墨西哥、委内瑞拉、秘鲁、阿根廷等地区以及中东地区的波斯（现在的伊朗）、伊拉克（原奥斯曼帝国领土）、沙特阿拉伯、巴林等地区积极开展了钻探开发活动，获得了大量石油租让地和开采权。

二、石油租让制的产生

19世纪末20世纪初，随着跨国石油公司的兴起，资源国为维护本国利益，开始探索和使用以法律形式确定合作者双方权利和义务的石油合同，于是产生了石油租让制。从此，石油租让制成为石油工业国际合作的基础。租让制授予石油公司在租让区独立勘探与开发所有石油天然气的特许权。石油工业发展早期，租让区非常大，有时甚至包括一个国家的全部国土。跨国石油公司按租让制，在租让区内接管政府对其石油资源的支配权。

D. 阿塞公司（后来成为英国石油公司）在波斯取得的租让权，是国际石油合作早期谈判签订租让合同的一个典型例子。1901年5月28日，波斯政府授予D. 阿塞公司为期60年的勘探、开发和石油出口专营权，合同期于1961年5月28日结束。合同区包括除北方五省以外的整个波斯；授予D. 阿塞公司建设管线到南部海岸的专有权，给予特殊的关税和纳税条件；责成受权人在两年内组建一个公司，而建立公司要付给波斯政府两万英镑现金和价值两万英镑的股份；不管公司的利润多少，政府都要征收16%的矿区使用费。

像波斯一样，当时大多数资源国政府都已向跨国石油公司签订了租让制合同，提供石油勘探开发的特许权。直至1938年，墨西哥宣布对所有外国石油资产国有化，才打破了跨国石油公司在资源国因租让制独享石油勘探开发特权的基本格局。随后，委内瑞拉也以国有化为威胁来增加其从跨国石油公司那里获得的收益。这些事实预示着资源国将日益增强其主导作用，国际石油合作由此发生着新的变化。

三、资源国与外国石油公司关系的变化

在早期的国际石油合作中，石油的勘探与开发主要由向外扩张的跨国石油公司所经营。在资源国政府与外国石油公司合作中，租让制有效地确立了资源国在石油开发区内与承租者的关系，其基础是资源国给予外国石油公司在租让区内按照自己最适合的速度投资和生产石油的独断权，允许承租者按国际需求为自己安排生产，使其能以最有利的方式获得商业收益，在石油经营方面完全自主；公司也乐于把从石油经营中得到的一些财务收益以税收的方式转移给主权国。因此，租让制合同虽然具有殖民性质，但是，租让制能在法律上较好地建立资源国与外国石油公司彼此满意的关系，而且大多数主权国也乐于只当石油工业的收税员。

随着石油在国际政治经济中地位与作用的日益重要，资源国与国际大石油公司之间在石油资源的所有权、石油生产的控制权和石油收益等问题上，矛盾日益尖锐，斗争十分激烈。到20世纪40年代中期，国际石油市场上出现了几大力量，一是美国，二是苏联，三是拉丁美洲和中东。拉美和中东产油国为获得更大的石油收益，以法律为武器，不断修改和完善石油合同，坚持同国际大石油公司进行斗争，使国际石油合作出现了新的局面。其中最有影响的是"利润对半分成"和"合营制"。

（一）利润对半分成

1938年，委内瑞拉政府要求与外国石油公司重新修订石油合同，提高开采使用费和税收，作为延长合同40年的条件。1945年，委内瑞拉精通石油工业的佩雷斯·阿方索任发展部长，提出委内瑞拉政府应获得石油收益的50%。1948年11月15日，委内瑞拉颁布税法，规定政府至少获得石油生产净收入的50%。同年年底，在委内瑞拉最大的外国石油公司埃克森公司同委内瑞拉政府签订了对半分成的协议。协议规定，在扣除石油生产费用之后的每桶原油收益中，委内瑞拉政府和埃克森公司各得一半。这是世界石油生产史上，资源国政府同大石油公司签订的第一个利润对半分成协议。通过利润对半分成协议，委内瑞拉政府

在石油国际合作中的地位有了较大的改善，取得了一半的石油业务经营权，与外国石油公司成了石油业务的合伙经营者。

委内瑞拉取得成功后，派代表团到中东并将与埃克森公司签订条约的文本译成阿拉伯文发送给中东产油国。1950年12月30日，沙特阿拉伯政府与阿美石油公司（Saudi Aramco）签订了对半分成协议。随后，科威特、伊拉克、伊朗等国政府也相继与外国石油公司签订了对半分成协议。这样，到20世纪50年代初，拉美和中东产油国基本上都与外国石油公司达成了相同的协议，资源国的收益都有较大的增加。

（二）合营制

第二次世界大战后，除"七姊妹"以外，还有大量的其他石油公司纷纷涌进中东，这些公司为了在中东取得石油开采权，提出了比"七姊妹"更优惠的条件，而中东石油生产国为了得到更大的石油权益，也把一部分土地作为租借地出租给这些公司勘探和开发石油。这样在中东石油开发合同中就出现了一种不同于过去租让制形式的新方式——合营开采。伊朗是最早实行合营开采的国家。1957年7月28日，伊朗议会通过石油法，规定在给国际石油财团的协议区之外的可能生产石油的地区，除留下1/3给国家开发外，其余部分给伊朗占30%~50%股份的合营公司开采，协定期满后，一切财产归伊朗国家所有。1957年8月，伊朗政府同由恩里科·马太伊领导的意大利埃尼集团签订协定，组成意伊联合公司，将面积为2.3万平方千米的地区交给该公司经营。在这次签订的协定中，伊朗政府可得到公司利润的75%。1957年12月16日，沙特阿拉伯也与日本石油贸易公司的子公司阿拉伯石油公司签订了类似的协定，规定沙特政府可得到公司利润的56%。该公司在同科威特政府签订的协议中规定科威特政府可得到公司利润的57%。

1960年，伊拉克、科威特、沙特阿拉伯、委内瑞拉等资源国通过联盟建立了石油输出国组织（OPEC），简称欧佩克。欧佩克成员国和众多的非欧佩克石油生产国，在不断的斗争中，不但直接改变了国际石油市场发展的进程，而且给当今国际经济政治生活带来了巨大的影响。经过顽强斗争，资源国逐步摧毁了存在了70多年的旧租让制，从西方主要国家及其石油公司手里收回了自己的石油资源、石油生产和产品的主权；并以此为基础，进一步取得了对西方世界原油价格的主导权，逐步掌握了自己的原油和石油产品的独立贸易权。石油生产国获得的"利润对半分成"和"合营开采"等权益，提高了自己国家从石油生产中得到的收益，标志着资源国与外国石油公司的关系已经从冲突时期发展到合作共赢时期。国际石油合作的模式，也由常见的比较简单的传统租让制形式，向合营制转变，并在此基础上，产生了许多其他形式的合同协定，如联合经营、产品分成及风险服务合同等。自此以后，国际石油合作关系逐步走上法制的轨道。

第三节　国际能源组织

当今，国际能源组织在国际石油合作中发挥着日益重要的作用，国际能源组织的决策、规程等对国际石油合作已产生不可估量的影响。从某种意义上说，国际石油合作越来越离不开国际能源组织。

一、阿拉伯石油输出国组织

1968年1月9日,科威特、利比亚和沙特阿拉伯三国在贝鲁特创建了阿拉伯石油输出国组织(Organization of Arab Petroleum Exporting Countries, OAPEC)。该组织总部设在科威特城,共有11个成员国,分别是阿尔及利亚、利比亚、巴林、埃及、伊拉克、科威特、卡塔尔、沙特阿拉伯、叙利亚、突尼斯、阿拉伯联合酋长国。

阿拉伯石油输出国组织的宗旨是协调成员国间的石油政策;协助交流技术情报;提供培训和就业机会;探讨成员国之间在石油工业方面进行合作的方式和途径;利用成员国的资源和潜力建立石油工业各个领域的联合企业,维护成员国的利益。其原则是不干涉和不违背石油输出国组织权威性机构讨论决定的石油政策。

该组织的最高权力机构为部长理事会,由各成员国的石油部长或相应官员组成。理事会主席由成员国每年轮流担任,每年召开两次会议,主要负责制定宏观政策和管理规章,指导各项工作。执行局由各成员国副部长组成,每年至少召开三次会议,主席由各国轮值,协助部长理事会指导该组织的活动,审议预算草案,处理有关协议的执行及其相关事务,制定部长理事会的日程安排。秘书处的秘书长每三年改选,可连选连任,按理事会和执行局制定的政策处理日常事务。下设能源、经济与技术、信息与资料、财政与公共管理等部门。另设有仲裁法庭,由正副5名主席和5名法官组成,负责调解成员国之间或成员国与有关石油公司发生的纠纷,也负责提供咨询,其裁决对成员国具有约束力。

该组织兴办的联合企业有:阿拉伯海洋石油运输公司、阿拉伯船舶建造及维修公司、阿拉伯石油投资公司、阿拉伯石油服务公司、阿拉伯油井钻探与维修公司、阿拉伯地球物理勘探服务公司、阿拉伯石油培训学院等企业。该组织已与阿盟、海湾合作委员会等地区的经济和社会组织,欧盟、欧佩克、联合国开发计划署、联合国环境规划署、联合国贸发会议、伊斯兰发展银行等政府组织以及国际能源机构等非政府组织建立了联系,参加各种形式的讨论会,并与非阿拉伯国家的组织举办了多次讨论会。

截至2016年底,该组织成员国的已探明原油储量约为7111亿桶(约合1015亿吨),占全球已探明原油储量的42.2%,天然气探明储量约为53.16万亿立方米,占全球已探明天然气储量的28.5%。该组织成员国石油及天然气储量情况见表1-1。

表1-1 阿拉伯石油输出国成员国石油及天然气储量情况

国　　家	石油储量,亿桶	天然气储量,亿立方米
阿尔及利亚	122	45040
埃及	35	21680
伊拉克	1530	36940
科威特	1015	17840
利比亚	484	14950
卡塔尔	252	244000
沙特阿拉伯	2665	85870
阿拉伯联合酋长国	978	60910
巴林	1	920

续表

国　家	石油储量，亿桶	天然气储量，亿立方米
叙利亚	25	2850
突尼斯	4	650
总计	7111	531650

数据来源：根据《BP世界能源统计年鉴》（2017版）整理。

二、世界能源理事会

世界能源理事会（World Energy Council，WEC）是一个综合性的国际能源民间学术组织，于1924年7月11日在伦敦成立，原称"世界动力大会"，当时有24个国家参加。第二次世界大战期间中断活动，1950年恢复，1968年更名为世界能源会议，1990年1月改为世界能源理事会。该组织常设秘书处设在伦敦。1983年9月中国成为其会员国。

世界能源理事会的宗旨和任务是积极研究和帮助各国解决能源问题，促进世界能源在对各国有利的情况下得到可持续开发利用；研究潜在能源和各种能源的生产、运输及其利用方法，探讨能源消费同经济增长之间的关系；收集和交流能源或资源利用的数据资料；举行大会，磋商能源工业和经济发展之间所存在的矛盾和问题。

该组织的主要活动是举行世界能源大会，每三年举行一次，是全球能源界讨论能源工业发展的最主要会议。2016年10月9日至13日，第23届世界能源大会在土耳其伊斯坦布尔召开。本次会议的主题为"拥抱新领域"，来自近50个国家和地区的能源行业精英、高级政府官员和企业专家参加了会议，就能源行业变革、能源发展形势和能源工业战略展开讨论并寻求解决方式。目前，世界能源大会已成为能源领域规模最大、最具影响力的会议，有"能源奥运会"之称。

三、国际能源机构（国际能源署）

国际能源机构（International Energy Agency，IEA）是石油消费国政府间的经济联合组织。1974年2月召开的石油消费国会议，决定成立能源协调小组以指导和协调与会国的能源工作。同年11月15日，经济合作与发展组织各国在巴黎通过了建立国际能源机构的决定，并签署了《国际能源机构协议》。1976年1月19日该协议正式生效。该组织总部设在法国巴黎，截至2018年，成员国共有30个。其宗旨是协调成员的能源政策，发展石油供应方面的自给能力，共同采取节约石油需求的措施，加强长期合作以减少对石油进口的依赖，提供石油市场情报，拟订石油消费计划，石油发生短缺时按计划分享石油，以及促进它与石油生产国和其他石油消费国的关系等。

理事会是该组织的最高权力机构，由各成员国各自委派一名能源部长或高级官员组成。理事会由煤炭工业顾问委员会和石油工业顾问委员会协助工作。管理委员会是理事会的执行机构，也由各成员国各自委派一名代表组成。业务管理由国际能源机构秘书处负责，秘书处收集、分析信息，评估成员国的能源政策，编制预测报告进行研究，并就能源领域的一些特别问题向成员国政府提供建议。秘书处包括五个办公室：长期合作办公室，非会员国家办公室，石油市场和紧急防备办公室，经济、统计和情报系统办公室，能源技术、研究与发展办公室。另外，理事会还设立了国际能源署争端解决中心，负责以仲裁的方式解决石油买卖双方之间的争端,或者在执行紧急石油分享计划期间因石油供应交易而引起的石油交换方之间的争端。其管辖权来源于有关当事方提交的明确接受其管辖的声明。国标能源署争端解决中心的仲裁程序规则,与联合国国际贸易法委员会和国际投资争端解决中心的相关规则类似。

国际能源机构的主要活动有:(1) 在出现石油短缺时,该组织在成员间实行"紧急石油分享计划",即当某个或某些成员国的石油供应短缺7%或以上时,该组织理事会可决定是否执行石油分享计划,该组织各成员国根据相互协议分享石油库存,限制原油消耗,向市场抛售库存等;(2) 该组织还要求各成员国保持一定数量的石油库存,即不低于其90天石油进口量的石油存量;(3) 在加强长期合作计划方面,该组织采取了加强能源供应的安全,促进全球能源市场稳定,在能源保存上合作,加速代替能源的发展,建立新能源技术的研究与发展,改革各国在能源供应方面立法上和行政上的障碍等措施;(4) 开展石油市场情报和协商制度,以便使石油市场贸易稳定和对石油市场未来发展有较好的信心,以及加强与产油国和其他石油消费国的关系;(5) 对能源与环境的关系采取应有的行动,如限制汽车、工厂和燃煤的火力发电厂的排放物,对较干净的燃料进行研究;(6) 定期对世界能源前景作出预测,供全世界参考。

该组织最早于1996年10月开始与中国建立联系,它认为和中国应当在许多领域加强合作,包括有效利用能源等方面。2015年11月,中国与印度尼西亚、泰国一起成为第一批国际能源机构合作国(非成员国),是国际能源机构促进新兴经济体全球参与的重要里程碑。国际能源机构和中国建立了广泛、深入的合作关系,双方在能源安全、建设、数据统计、石油应急管理和储备、天然气基础设施、多种可再生能源并网整合、能源效率和技术创新等方面进行合作。

四、石油输出国组织

为共同对付西方石油公司,维护石油收入,1960年9月14日,由伊朗、伊拉克、科威特、沙特阿拉伯和委内瑞拉联合起来,宣告成立石油输出国组织(Organization of Petroleum Exporting Countries,OPEC),简称"欧佩克"。现有14个成员国:伊拉克、伊朗、科威特、沙特阿拉伯、委内瑞拉、阿尔及利亚、厄瓜多尔、加蓬、赤道几内亚(2017年加入)、利比亚、尼日利亚、卡塔尔、阿拉伯联合酋长国、突尼斯。随着成员的增加,欧佩克发展成为亚洲、非洲和拉丁美洲一些主要石油生产国的国际性石油组织。欧佩克总部设在维也纳。

该组织的宗旨是协调和统一各成员国的石油政策,并确定以最适宜的手段来维护它们各自和共同的利益,发展民族经济。

该组织的主要机构有:石油输出国组织大会,是最高权力机关;理事会,负责执行大会决议和指导该组织的管理;秘书处,在理事会指导下主持日常事务工作。秘书处内设有一专门机构——经济委员会,协助该组织把国际石油价格稳定在公平合理的水平上。

《BP世界能源统计年鉴》(2017版)的数据显示,截至2016年底,该组织成员石油总储量为12167.8亿桶(不含赤道几内亚),约占世界石油储量的71.5%。该组织成员国石油储量情况见表1-2。为使石油生产者与消费者的利益都得到保证,欧佩克实行石油生产配额制。为防止石油价格飙升,欧佩克可依据市场形势增加其石油产量;为阻止石油价格下滑,欧佩克则可依据市场形势减少其石油产量。

表1-2　OPEC成员国石油储量情况

国家	石油储量，亿桶	比重	国家	石油储量，亿桶	比重
委内瑞拉	3022.5	24.82%	阿拉伯联合酋长国	978	8.03%
沙特阿拉伯	2662.1	21.86%	利比亚	483.6	3.97%
伊朗	1572	12.91%	尼日利亚	374.5	3.08%
伊拉克	1487.7	12.22%	卡塔尔	252.4	2.07%
科威特	1015	8.33%	阿尔及利亚	122	1.00%
安哥拉	95.2	0.78%	加蓬	20	0.16%
厄瓜多尔	82.7	0.68%	赤道几内亚	11	0.09%

数据来源：根据《BP世界能源统计年鉴》（2017版）整理。

第四节　国际石油合作的原因

一、世界石油资源分布和消费不平衡

（一）世界石油资源储量及地区分布

《BP世界能源统计年鉴》（2017版）显示：世界石油探明可采储量由1990年的10032亿桶增加到2016年的17067亿桶，增长幅度为70.13%；天然气探明可采储量由1990年的125.7万亿立方米增加到2016年的186.6万亿立方米，增长幅度为48.45%。但是，石油和天然气资源分布不均匀。中东、中南美洲、欧洲及欧亚大陆地区（即前苏联地区）和非洲是石油资源相对丰富的地区，中东和欧洲及欧亚大陆地区是天然气资源较为集中的地区。《BP世界能源统计年鉴》（2017版）显示，截至2016年底，中东地区的石油探明可采储量占世界总量的47.7%，天然气储量占总量的42.5%。从分布国家来看，石油和天然气资源探明可采储量大的国家主要是欧佩克成员国。截至2016年底，欧佩克国家的石油探明可采量占世界总量的71.5%，储产比达到84.7年。而经合组织国家和一些新兴发展国家的石油资源则相对短缺。截至2016年底，世界石油天然气储量数据统计表分别见表1-3、表1-4。

表1-3　世界石油储量数据统计表

地区（组织）	探明储量，亿桶	占世界比例，%	储产比，年
北美	2275	13.3	32.3
中南美（拉美）	3279	19.2	119.9
欧洲及欧亚大陆	1615	9.5	24.9
中东	8135	47.7	69.9
非洲	1280	7.5	44.3

续表

地区（组织）	探明储量，亿桶	占世界比例，%	储产比，年
亚太	484	2.8	16.5
世界总计	17067	100	50.6
其中：			
经合组织	2440	14.3	28.8
非经合组织	14627	85.7	57.9
欧佩克	12205	71.5	84.7
非欧佩克	4862	28.5	25.2
独联体	1482	8.7	28.6
欧盟	51	0.3	9.3

数据来源：根据《BP世界能源统计年鉴》（2017版）整理。

表1-4 世界天然气储量数据统计表

地区（组织）	探明储量，万亿立方米	占总量比例，%	储产比，年
北美	11.1	6.0	11.7
中南美（拉美）	7.6	4.1	42.9
欧洲及欧亚大陆	56.7	30.4	56.3
中东	79.4	42.5	124.5
非洲	14.3	7.6	68.4
亚太	17.5	9.4	30.2
世界总计	186.6	100	52.5
其中：			
经合组织	17.8	9.5	13.9
非经合组织	168.8	90.5	74.3
欧盟	1.3	0.7	10.8
独联体	53.6	28.7	70.1

数据来源：根据《BP世界能源统计年鉴》（2017版）整理。

（二）世界石油资源消费及地区分布

石油和天然气是现代工业发展的动力源，工业的发展和人们生活方式的转变都需要消费大量的油气资源。《BP世界能源统计年鉴》（2017版）数据显示：世界石油的消费量由2000年的每天7660万桶上升到2016年的每天9656万桶，世界天然气的消费量由2000年的2.4117万亿立方米上升到2016年的3.543万亿立方米。2016年世界石油天然气消费量统计分别见表1-5、表1-6。

表1-5 2016年世界石油消费量统计表

地区（组织）	消费量，百万吨	占总量比例，%
北美	1046.9	23.7
中南美（拉美）	326.2	7.4
欧洲及欧亚大陆	884.6	20.0
中东	417.8	9.5
非洲	185.4	4.2
亚太	1557.3	35.2
世界总计	4418.2	100
其中：		
经合组织	2086.8	47.2
非经合组织	2331.4	52.8
独联体	195.5	4.4
欧盟	613.3	13.9

数据来源：根据《BP世界能源统计年鉴》（2017版）整理。

表1-6 2016年世界天然气消费量统计表

地区（组织）	消费量，亿立方米	占总量比例，%
北美	9680	27.3
中南美（拉美）	1719	4.9
欧洲及欧亚大陆	10299	29.1
中东	5123	14.5
非洲	138.2	3.9
亚太	7225	20.4
世界总计	35429	100
其中：		
经合组织	16441	46.4
非经合组织	18988	53.6
独联体	5467	15.4
欧盟	4288	12.1

数据来源：根据《BP世界能源统计年鉴》（2017版）整理。

亚太经济合作组织国家是石油和天然气资源的主要消费国，但其消费比重在总额中有下降趋势，而非经合组织国家的消费比重有所上升。这说明经济结构的转变影响了各国对油气资源的需求：经合组织国家基本完成了经济结构向高科技产业的转型，对油气资源的需求在达到高峰后基本保持稳定或有所下降；而非经合组织国家由于工业化进程加快，对油气资源的需求量急剧扩大。以国别而言，美国、日本等能源消费大国对石油和天然气资源的需求依然旺盛不衰，中国、印度、俄罗斯和巴西等国家对油气资源的需求与日俱增。

2012年1月19日，BP公司发布了《BP2030能源展望》的前瞻性分析报告。该报告认为，全球一次能源需求在过去20年内增长了45%，这一数字在未来20年预计将达到39%，年均增长率为1.7%，2020年之后需求增长会有所放缓。非经合组织国家能源消费到2030

年将比现在增长 68%，年均增幅达 2.6%，并构成世界能源消费增长的 93%；相对来说，经合组织国家能源消费到 2030 年将仅比现在增长 6%，年均增长 0.3%。2030 年全球液体燃料需求预计将达到 1.024 亿桶/天。未来 20 年的净增长将达 1650 万桶/天，并全部来自非经合组织国家的新兴经济体。未来 20 年三分之二的非经合组织国家能源需求增长以及超过四分之三的全球能源需求净增长都将来自亚洲的非经合组织国家，经合组织国家对石油和其他液体燃料的总体需求到 2030 年大约将降至 1990 年的水平。

（三）世界石油天然气资源的供给（生产）状况

世界石油天然气资源的探明可采储量和世界对石油天然气资源的需求量决定了世界石油和天然气资源的产量。世界经济的不断发展产生了对石油天然气资源持续的强烈需求。《BP 世界能源统计年鉴》(2017 版) 的统计数据显示，世界石油的产量由 2000 年的 36.118 亿吨上升到 2016 年的 43.824 亿吨，天然气的产量由 2000 年的 2.4134 万亿立方米上升到 2016 年的 3.5516 万亿立方米。

从各区域的石油产量可以看出，其产量与储量分布基本相对应。中东地区石油资源储量最为丰富，成为石油主产区。2016 年中东石油产量占世界总产量的 34.2%，欧洲和前苏联地区、北美、中南美洲紧随其后，是世界主要石油生产区。2016 年世界前十五个石油生产大国分别是俄罗斯、沙特阿拉伯、美国、伊拉克、伊朗、中国、加拿大、阿拉伯联合酋长国、科威特、巴西、委内瑞拉、墨西哥、尼日利亚、安哥拉和挪威，其中 5 个是中东国家，8 个是欧佩克组织国家。天然气的生产主要集中在储量丰富和消费量大的地区和国家。2016 年世界天然气生产中，北美地区占总量的 26.7%，欧洲和前苏联地区占 28.2%。非经合组织的产量占总产量的 63.9%，经合组织的产量只占 36.1%。以国别而言，前 10 个天然气生产大国依次是美国、俄罗斯、伊朗、卡塔尔、加拿大、中国、挪威、沙特阿拉伯、阿尔及利亚和印度尼西亚。2016 年世界石油、天然气产量分别见表 1-7、表 1-8。

表 1-7 2016 年世界石油产量表

地区（组织）	产量，百万吨	占总量比例，%
北美	882.6	20.1
中南美（拉美）	384.5	8.8
欧洲及欧亚大陆	860.6	19.6
中东	1496.9	34.2
非洲	374.8	8.6
亚太	383.0	8.7
世界总计	4382.4	100
其中：		
经合组织	1060.0	24.2
非经合组织	3322.4	75.8
欧佩克	1864.2	42.5
非欧佩克	2518.2	57.5
独联体	694.5	15.8
欧盟	70.8	1.6

数据来源：根据《BP 世界能源统计年鉴》(2017 版) 整理。

表1-8 2016年世界天然气产量表

地区（组织）	产量，立方米	占总量比例，%
北美	9484	26.7
中南美（拉美）	1770	5.0
欧洲及欧亚大陆	10001	28.2
中东	6378	18
非洲	2083	5.9
亚太	5799	16.3
世界总计	35516	100
其中：		
经合组织	12816	36.1
非经合组织	22706	63.9
前苏联地区	7643	21.5
欧盟	1182	3.3

数据来源：根据《BP世界能源统计年鉴》（2017版）整理。

（四）石油天然气资源分布与消费格局失衡决定了开展国际石油合作的必然性

世界石油天然气资源的分布呈现出极度不平衡性。世界常规石油天然气资源主要集中在中东—北非、中亚—俄罗斯和北美三个地区，世界石油天然气供应主要依赖中东；而世界石油天然气消费的主要集中在北美、亚太和欧洲地区。石油天然气资源分布与消费格局的严重失衡，一方面造成对世界石油天然气资源和市场的争夺此起彼伏，另一方面，促使石油天然气消费国之间、消费国与资源国之间、资源国与资源国之间展开国际石油合作，以促进国际石油贸易和流通，满足全球经济社会发展对石油天然气的巨大需求。

二、石油工业耗资大、风险高

石油工业包含多个部门，由于各个部门不同的技术经济特征，我们习惯上把它们分为：上游的勘探开发，中游的石油贸易和运输（包括管道运输、船舶运输和其他形式的运输等），下游的油品炼制和成品油销售。但石油的特性和其生成的环境决定了石油工业的任何一个部门都具有以下共同特点：

（一）石油工业耗资大

首先，就石油工业的上游——勘探开发来讲，由于石油埋藏在深深的地下，而地层的构造是非常复杂的，要找到和开发石油就必须要依次进行地球物理勘探、钻勘探井、储量评价、钻开发井、安装生产设备等作业，都必须动用大量的人力和物力，使用大型的机械设备和尖端的技术，这需要大量的资金投入，耗资巨大。

其次，就石油工业的中游——石油贸易和运输来讲，由于石油资源分布和消费的不平衡性，决定了石油贸易和运输的全球化。比如居世界石油消费量前三位的美国、中国、日本，它们都主要从中东、北非、西非、南美等地进口石油，从进口地到目的地的距离少则数千公里多则数万公里，要花费巨大的费用。

最后，就石油工业的下游——油品炼制和成品油销售来讲，必须要投入巨大的资金建设炼制设备和销售网络。

(二) 石油工业风险高

石油工业的各个环节都伴随着大量的随机因素，投资多、周期长、风险大。对石油公司而言，一般面临两种风险：与时间有关联的风险和与时间无关联的风险。

1. 与时间有关联的风险

与时间有关联的风险其风险程度随着时间而增长，主要包括：

（1）政治风险：主要指资源国政府法律不健全而出现的立法变化，政治、经济政策方面的变化，以及爆发革命或战争等政治上的不稳定因素。

（2）经济风险：包括将来油价的变化、石油市场的供需情况变化、成本费用的通货膨胀等随时可能发生的不可预见的危险。

（3）技术风险：①客观因素，包括自然条件（如暴风雨、地震、台风、海浪等）对作业的严重损害和意外事故（如火灾、爆炸、平台倾倒等）造成的对作业的严重损害；②主观因素，包括技术设计、施工操作、测量工作的不完善导致工程失败的可能性，以及施工过程中所需物资供应中断等造成的损失等。

以上情况，很难预测是否或何时发生，但有一点很明显，就是随着时间的增长其风险性也增大。

2. 与时间无关联的风险

石油勘探开发的主要风险是勘探风险，也可以说是勘探阶段的地质风险，是一种与时间无关联的风险。其风险主要表现在两个方面：一是能否找到油气流；二是能找到多大储量的油田。

综上所述，世界石油资源分布与消费格局失衡决定了开展国际石油合作的必然性。同时，石油工业需要多部门、多学科的密切合作，技术要求严，耗资巨大，风险甚高，建设周期长、生产成本高、短期效益不佳，尤其是海洋石油的开采，还要受海洋水文、气候变化剧烈、海底情况复杂等因素的影响，开发难度大，风险系数也大。因此，单靠哪一个国家或哪一个公司的财力和技术条件是难以负担的，这就决定了开展国际石油合作是石油工业发展必不可少的。可以这么说，没有国际石油合作，就没有石油工业的蓬勃发展，就无法满足世界各国不断增长的石油消费，就没有世界经济和社会的巨大进步和发展。

三、国际石油合作的发展近况

(一) 国际石油合作成为亚太经济合作热点之一

20世纪80年代前五年，亚太地区发达国家美国、日本、加拿大的经济增长率为2.5%，除菲律宾外，亚太地区发展中国家和地区的经济增长率都在5%以上。进入21世纪以后，亚太地区的经济发展更加引人注目，世界银行2005年11月16日发布的数据显示，2003年到2005年，世界高收入国家的平均经济增长率是3%，而亚太地区除美国、日本等发达国家以外的平均经济增长率却高达8%。即使在金融危机后全球经济复苏缓慢的背景下，亚太地区也是全球经济增长的重要引擎，亚行报告表示，三分之二的亚洲发展中国家的经济增长加速，使亚洲成为全球经济增长的最大贡献者，亚洲经济增长对全球增长贡献率高达60%。

亚太地区经济迅速发展，对石油等能源的需求日益增大，但是亚太地区的石油资源十分贫乏。《BP世界能源统计年鉴》（2017版）显示，亚太地区石油探明可采储量为484亿桶，只占世界石油探明可采储量的2.8%；亚太地区石油产量为3.83亿吨，占世界石油产量的8.7%；而同期亚太地区石油消费量为15.573亿吨，占世界石油消费总量的35.2%。亚太地区天然气探明可采储量为17.5万亿立方米，占世界天然气探明可采储量的9.4%；而同期亚太地区天然气消费量为0.5799万亿立方米，占世界天然气消费总量的16.3%。

亚太地区固体、液体和气体能源主要生产国分别是中国、澳大利亚、印度尼西亚和印度。在这些国家中，中国从1993年起就变为石油净进口国，到2003年，年进口石油已超过1亿吨；根据美国能源信息署最新公布的报告，中国2017年原油进口总量为840万桶/日，超过美国的790万桶/日，是世界第一大原油进口国，全年进口总量为4.2亿吨。印度尼西亚是亚太地区的一个石油出口大国，但它出口的石油远远无法满足亚太地区进口石油的需求；印度煤炭和石油产量在亚太地区虽说较大，但无法满足本身需要，也要靠进口能源维持经济运转。由于亚太地区经济的飞速发展，而国内石油产能的增长赶不上经济发展对能源需求的增长，导致整个亚太地区石油产量和消费量之间的缺口将日益增大。以中国、日本、韩国、印度为代表的亚太地区，经济增长较快，但由于严重依赖进口能源，各国均加强国际石油贸易和跨国油气投资，以获得能源资源保障经济发展。因此，国际石油合作成为亚太经济合作热点之一。

（二）中东石油仍是国际合作和竞争的主要目标

中东是欧洲人以欧洲为中心而提出的一个地理概念，主要指阿拉伯半岛地区，包括西亚12个阿拉伯国家与伊朗、土耳其、以色列、塞浦路斯、阿富汗以及北非的埃及等18个国家和地区，面积740万平方公里。它衔接亚、非、欧三大洲，拥有丰富的石油资源，战略位置十分重要。《BP世界能源统计年鉴》（2017版）的数据显示，2016年中东地区石油探明储量为8135亿桶，占世界石油探明储量的47.7%；天然气探明储量为79.4万亿立方米，占世界天然气探明储量的42.5%。中东还是石油生产最集中的地区，在全球六大石油产区中位于第一，平均每天生产石油达454.13万吨，占世界日均总产量的34.5%。中东特殊的地理位置和丰富的石油资源，使得其成为国际石油合作和竞争的主要目标。

（三）拉美地区石油工业全面对外开放

拉美地区蕴藏着十分丰富的石油资源。统计显示，截至2016年底，拉美地区石油储量为3279亿桶，占世界石油总储量的19.2%，是世界第二大石油产区。拉美的石油主要集中在墨西哥和委内瑞拉。近年来，随着新技术的应用和投资的增加，哥伦比亚、阿根廷和巴西等国也相继发现了新的大油田。

拉美地区是世界上最早的石油生产地之一，其油气资源非常丰富。近几年，该地区经济情况好转，各国相继出台或修改完善了有利于本国石油生产的石油法规和优惠政策，使拉美又重新成为世界石油工业最具吸引力的地区之一。委内瑞拉丰富的重油资源、优惠的石油政策和完善的石油法规，也同样吸引了大批国际投资者，其中美国大陆石油公司、阿莫科石油公司、中国石油天然气集团公司等都同委内瑞拉签订了重油资源及奥里乳化油的合资开发项目。巴西为了满足国内持续增长的原油与天然气需求，其勘探开发领域每年需要数百亿美元投资。为了应对当前世界石油形势并拉动经济发展，以巴西、委内瑞拉和墨西哥为代表的一些拉美主要石油生产国还纷纷推出中长期战略性投资计划,加强石油和天然气的勘探和开发。此外,哥伦比亚、特立尼达和多巴哥、智利与乌拉圭等也都加紧石油立法或修改石油法规,加强与外国石油公司开展国际石油合作。

(四) 非洲地区的国际石油合作也呈明显上升趋势

近年来,世界石油地缘政治出现了新的格局和新的热点地区,非洲已探明的石油储量不断上升,产量和出口量均快速增长,在全球能源供应格局中的地位大幅提升。《BP世界能源统计年鉴》(2017版)显示,2016年非洲地区石油探明储量为1280亿桶,占世界石油探明储量的7.5%;非洲地区天然气探明储量为14.3万亿立方米,占世界探明储量的7.6%。其石油储量高于亚太,天然气储量逼近亚太,高于北美和拉美。近年来,非洲石油产销量不断增加,2016年非洲石油产量达到3.748亿吨,占世界总产量的8.6%。由于非洲国家的经济发展水平普遍较低,工业薄弱,本国消费数量较小,各产油国的石油主要供出口。

非洲地区拥有巨大的油气资源潜力,特别是西部非洲。非洲许多国家为了发展本国石油工业,纷纷颁布优惠政策,鼓励外国石油公司投资,国际石油公司对非洲地区石油工业的投资也在不断加强。目前,道达尔、艾克森-美孚、雪佛龙-德士古、壳牌等世界顶级石油公司都已在非洲进行了大量投资;另外,包括中国石油天然气集团公司等在内的许多国家石油公司都进入非洲石油市场。非洲地区的国际石油合作呈明显上升趋势。

目前,非洲已成为中国第二大原油来源地,中国与非洲的石油贸易呈迅速增长势头。中非在石油领域的合作已经辐射到苏丹、利比亚、阿尔及利亚、突尼斯、埃及、尼日尔、尼日利亚、乍得、安哥拉等国。

复习思考题

1. 什么是国际石油合作?包含哪些类型?有什么特点?
2. 世界上主要能源组织有哪些?其基本职责是什么?
3. 国际石油合作产生的原因有哪些?

第二章
国际石油合作的法理基础

国际石油合作是资源国利用外国投资共同开发自然资源的一种国际合作形式，通常由资源国政府或国家公司同外国投资者签订协议，在资源国指定的开发区，在一定的年限内，允许外国投资者同资源国合作进行勘探、开采自然资源，按约定比例承担风险，分享利润。

国际石油合作的环境主要包括法制环境、政治环境、社会文化和教育环境、经济环境等，其中法制环境既重要又复杂，是国际石油合作中的一个决定因素。国际石油合作中法制环境是由国际法、国际经济法和各国有关石油法规相互作用而形成的。

第一节 法的基本理论

一、法的概念

法是指国家按照统治阶级的利益制定或认可，并以国家强制力保证实施的行为规范的总和。法的本质是统治阶级实现阶级统治的工具。具体地讲，法的概念包含了三层含义：其一，法是被上升为国家意志的统治阶级意志的体现。法是统治阶级意志的体现，这说明法具有阶级性。法不是超阶级的，法只能是在经济上、政治上居于支配地位的阶级意志的体现。其二，法是由国家制定或认可的具有普遍约束力的行为规则。其三，法是由国家强制力保证其实施的。

通过对法的本质属性的认识不难看出，法作为一种特殊的社会规范，具有如下一些基本特征：（1）法是由国家制定或认可并具有普遍约束力的规范；（2）法是由国家强制力保证其实施的规范；（3）法是规定人们的权利、义务的规范。

二、法律权利与法律义务

（一）法律权利

法律权利（又称权利），是国家通过法律规定，对法律关系主体作出或者不作出某种行为，以及要求他人作出或者不作出某种行为的许可和保障。法律权利是一个和法律义务相对应的概念。一切法律权利都受到国家的保护，当权利受到侵害时，权利享有者有权向人民法院或者有关主管机关申诉或请求保护。

权利的表现形式多种多样，归纳起来有以下五种：（1）权利享有者有权按照自己的意愿，在法律规定的范围内以作为的形式作出一定的行为；（2）权利享有者按照自己的意愿，在法律规定的范围内以不作为的形式作出一定的行为；（3）权利享有者有权要求相对的义务承担者以作为的形式作出一定的行为；（4）权利享有者有权要求相对的义务承担者以不作为的形式作出一定的行为；（5）权利享有者在其合法权利受到非法侵害时，有权依法请求有关国家机关给予保护。

法律权利从不同的角度可以作出不同的分类：（1）依据权利主体的不同，可分为公民的权利和国家机关及其工作人员的职权；（2）根据权利的内容不同，可分为人身权利、政治权利、经济权利、文化教育权利、社会权利和诉讼权利等；（3）根据权利主体所面对的义务主体不同，可分为绝对权利和相对权利。

（二）法律义务

法律义务（又称义务），是指法律所规定的法律关系主体依法承担的某种必须履行的责任，是法律关系的主体依据法律规范必须为一定行为或不为一定行为。为保证权利人的权利得以实现，当负有义务的主体不履行或不适当履行自己的义务时，要受到国家强制力的制裁，承担相应的责任。

法律义务的表现形式有以下三种：（1）义务承担者按照权利享有者的要求以作为的形式作出某种行为；（2）义务承担者按照法律的规定以不作为的形式作出某种行为；（3）义务承担者不履行义务时，权利享有者有权请求国家机关依法采取必要的强制措施，强迫义务承担者履行义务，而义务人必须忍受国家的强制。

法律义务从不同的角度可以作出不同的分类：（1）根据义务主体的不同，可以分为公民的义务和国家机关及其工作人员的职责；（2）根据履行义务的方式不同，可分为积极义务和消极义务。

（三）法律权利和法律义务的关系

1. 权利和义务相互依存

权利和义务作为构成法律关系的内容要素，是紧密联系、不可分割的。在法律关系中，权利和义务相互依存。义务的存在是权利存在的前提，权利人要享受权利必须履行义务；任何一项权利都必然伴随着一个或几个保证其实现的义务；法律关系中的同一人既是权利主体又是义务主体，权利人在一定条件下要承担义务，义务人在一定条件下要享受权利。

2. 权利和义务相互独立

权利不能被看作是义务，义务也不能被视为权利，混淆两者的界限，必然会导致法律上的错误。也就是说，权利和义务有各自的范围和限度，超出了这个限度，就不为法律所保护，甚至是违反法律的。具体而言，超出了权利的限度，就可能构成"越权"或"滥用权利"，属于违法行为；而要求义务人作出超出其义务范围的行为，同样是法律所禁止的。

3. 权利和义务在一定条件下互为对应

权利意味着对利益的获取与实现，义务意味着对利益的付出与负担；法律确立的不同社会主体之间利益的获取或付出的状态，构成了在一定条件下他们相互之间可以自己做出或不做出某一行为，或者要求他人做出或不做出某一行为的基本准则。权利以其特有的利益导向和激励机制作用于人的行为，义务以其特有的约束机制和强制机制作用于人的行为，最终达到不同的社会主体基于对自身权利义务的准确理解与行使。

三、法律关系

（一）法律关系的概念与特征

法律关系是法律规范在调整人们行为过程中形成的法律上的权利和义务关系，或者说，法律关系是指被法律规范所调整的权利与义务关系。它是基于法律规范而形成的特殊的社会关系。就其内涵和外延而言，它除了具备社会关系的一般特征外，还具有为一般社会关系所不具备的特征：

（1）法律关系是以相应的法律规范为前提而产生的社会关系；
（2）法律关系是以法定权利和义务为内容的社会关系；
（3）法律关系是由国家强制力保障的社会关系。

（二）法律关系的构成要素

任何法律关系，均由法律关系的主体、客体和内容三要素构成。

1. 法律关系主体

法律关系主体是法律关系的参加者，即在法律关系中一定权利的享有者和一定义务的承担者。在中国，法律关系主体一般包括公民、机构和组织以及国家。

（1）公民（自然人）。这里的公民既指中国公民，也指居住在中国境内或在境内活动的外国公民和无国籍人。

（2）机构和组织（法人）。这主要包括三类：一是各种国家机关（立法机关、行政机关和司法机关等）；二是各种企事业组织和在中国领域内设立的中外合资经营企业、中外合作经营企业和外资企业；三是各政党和社会团体。

（3）国家。在特殊情况下，国家可以作为一个整体成为法律关系主体，包括国家权力机关和行政机关。

任何组织和个人，要想成为法律关系主体，实际享有权利和承担义务，就必须具备一定权利能力和行为能力。权利能力是法律关系主体参加一定的法律关系，依法享受权利和承担义务的资格，根据法律关系主体的不同，权利能力可以分为自然人的权利能力和法人的权利能力两种。行为能力是指法律关系主体能够通过自己的行为实际取得权利和承担义务的能力。

2. 法律关系客体

法律关系客体，是指法律关系主体之间的权利和义务所指向的对象。法律客体是法律关系发生和存在的前提。

在现实生活中，由于人们在物质和精神上的需要是多方面的，因而法律关系主体的权利和义务所指向的对象也是多种多样的。一般说来，法律关系客体包括物、行为和精神财富三种。

3. 法律关系内容

法律关系内容就是指法律关系所包含的权利和义务。从本质上看，权利是指法律保护的某种利益；从行为方式的角度看，它表现为要求权利相对人可以怎样行为，必须怎样行为或不得怎样行为。义务则是对法律所要求的意志和行为的限制，以及利益的付出。权利和义务

是法律调整的特有机制,是法律行为区别于道德行为最明显的标志,也是法律和法律关系内容的核心。

四、法律在国际石油合作中的作用

(一)维护国际经济秩序,保证国际石油合作顺利开展

石油与当代国际经济政治形势变化之间有着千丝万缕的联系,从当代国际政治的演变看,历次重大的事件无不与石油有关;从当代国际经济的演变看,国际石油合作对国际经济秩序的影响也非常重大。尤其在第二次世界大战后,社会主义国家的出现,社会主义阵营的形成,以及一些第三世界国家的不断独立、相互联盟,使第二次世界大战后形成的国际经济秩序发生了深刻的变化。加上资本主义世界经济危机、"东西问题"(社会主义国家与资本主义国家之间)、"南北问题"(发展中国家与发达国家之间)、"南南问题"(广大发展中国家之间)交织在一起,相互斗争,又互相依存,形成了新的国际经济关系的复杂局面。

为了维护、调整新的国际经济秩序,联合国大会制定并通过了一系列宣言、决议和协定等,初步奠定了国际经济新的法律秩序的基础,如 1974 年先后通过的《建立新的国际经济秩序宣言》和《行动纲领》、《各国经济权利和义务宪章》,以及石油输出国组织的历次协定、决议、声明等,这些为争取建立新的国际经济秩序所作的努力甚至斗争,不仅丰富了国际经济法的内容,同时也使国际经济法进入新的发展阶段。

(二)统一认识和规范国际石油合作,保障合作者的合法权益

在国际石油合作中,由于东西方文化和历史的差异,导致东西方人们对法律的认识和理解有较大差别,从而使合作双方对某些问题容易产生分歧或争端。如果不相互了解彼此法律以及对法律问题的认识,就难以消除分歧,合作者的合法权益就难以得到保障。

西方国家的法律意识比东方国家的法律意识强。在西方国家,法律是每一个公民都必须关心的事情,而能够自觉地用法律来维护自己的合法权利。列尼·戴维和约翰在《世界主要法律体系》中写道:法律是公正的一面镜子,在这种观念下,法律甚至比公平本身更优,超出法律之外,社会存在的仅仅是一片混乱、无政府状态、权势独断专横或发生暴力冲突。因此,法律在西方是受到崇敬的,认为法院是公正的神殿,法官是神殿里的祭司。

在远东一些国家的传统观念中,包括中国、日本等,则否认西方的观点,认为法律武断的工具,而不是公正的象征;法律在社会不安定的情况下适用,而不是为了维护社会秩序的正常运转。

在以前的国际石油合作中,西方人在交易中往往要通过长时间的谈判最后才达成协议或签订合同,在谈判中把将要发生或可能发生的事情进行谈判,达成协议,并将它们用文字的形式记录下来,以便在出现争端时依靠法律来维护自己的合法权益;而中国等一些东方国家,则没有西方国家那么规范,依靠"道德"、讲究"信誉"、相信"义气",结果吃亏上当的不少,一旦出现争端,难以用法律来保障自己的合法权益。因此,在国际石油合作中,如果双方对某一问题产生分歧或争端,而双方不能自己解决时,对西方的律师来说,最基本的观点是,这些分歧或争端只有通过法院来解决,事实上多数的争端也都是通过法院得到解

决的；而远东一些国家对于分歧或争端则多用协商、调停来解决。

但是，随着时代的发展、社会的进步，国际石油合作不断完善，人们的法律意识也得到了提高，不论东西方国家，人们越来越看重法律在国际石油合作中的作用。在签订国际协议、合同中，双方都有根据法律维护自己利益的权利，一般在没有超出法律义务、法院公正判决的情况下，利用法律来保护自己都认为是道德的。因此，在目前的国际石油合同中，各国石油公司都十分重视法律规范，专门规定了重要的法律条款，如适用法律条款、协商和仲裁条款等。尤其在争议的处理中，尽管有许多国家强调，外国投资者与其所在国之间的争议应交由所在国法院或行政法庭解决，但也有很多国际石油合同规定，双方事宜应按照国际仲裁办法解决。有些石油合同还规定，有关争议问题必须在双方一致同意的某个特定的仲裁法庭解决，如果不能就此达成协议，则双方应将有关事宜交由某个著名国际仲裁机构解决。诸如此类的法律条款，表明人们已充分认识了法律在国际石油合作中的重要作用，并自觉地用法律来维护自己在石油合同中的合法权益。

（三）创造合作的良好法律环境，建立稳定的合作关系

在国际石油合作中，"有约必守"原则极为重要。石油合同一旦开始执行，其内容便不能再行更改，这是许多石油公司的一贯立场。为了维护它们的这一立场，在许多合同文本中都订有"侵犯"条款，其用意就是要限制东道国政府将来对合同条款加以更改的行为。然而，实际上一项长期合同在其整个有效期内发生一些情况变化是不可避免的。有些政府认为有必要按照某些办法定期地就合同条款同合作方重新谈判，并对合同条款加以适当的修订。但是这些重新谈判和修订必须要有完善的法律来规范和调整，否则，就会使跨国石油公司在取得勘探面积时信心不足。这样不仅会影响石油合同的履行，而且还影响合作关系的稳定。因此，要想与外国石油公司建立起长期稳定的合作关系，就必须使资源国与外国石油公司双方当事人通过合同确立的国际石油合作关系，建立在法律保障的基础上，从而为双方的长期合作创造良好的法律环境。

此外，法律还有助于资源国加强对国际石油合作的监督和管理，以维护国家主权和经济独立，防止有损国家利益行为的发生；同时，法律许可保证石油合同的合法有效性和监督当事人履行合同，促进国际石油合作的顺利开展。

第二节 国 际 法

一、国际法的特征及性质

国际法是关于国家和其他国际社会成员在国际社会中的权利、义务和责任的法律规范，是对国家和其他国际法主体在国际关系中具有法律约束力的各种原则、规则和制度的总称。它是规范国际石油合作环境的重要法律制度，其目的是解决国与国之间的争论，维护世界和平。

（一）国际法的特征

（1）国际法的主体主要是国家；

(2) 国际法所调整的对象是国际关系，国际法是调整以国家为主导的国际关系的法；

(3) 国际法是对国际社会所有成员具有法律约束力的各种原则、规则、制度的总称；

(4) 国际法主要是通过国家之间的条约和习惯而形成，以及国际社会的"国际公认"而确立的；

(5) 国际法是国家依靠单独或集体的自身行为加以实施的法律。

（二）国际法的性质

国际法的性质主要涉及法律性和国际性这两个问题。

1. 国际法的法律性

作为规范国际社会的法，国际法是具有约束力的法律规则而不是国际道德规范。它是与国际礼仪和国际道德不同的社会现象。20世纪以来，特别是联合国成立以后，一方面，国家往往通过订立条约的方式确立相互间合作的规则；另一方面，《联合国宪章》所确立的国际法治的精神以及联合国对国际法的编纂使国际法的法律性更加清楚、明确。并且，国际联盟时代的国际常设法院及其运作，联合国时代的国际法院及其运作，已构成20世纪的国际法律体系中的重要组成部分。

1969年《维也纳条约法公约》明确提出了强行法规则的概念，而此后的国际法律实践不断肯定国际法中存在强行法规则的结论，因而国际法不仅是法，而且其规则还可以分为强行法和任意法。总之，国际法是法律，国际法告诉国家哪些行为是可以做的，哪些是不可以做的。

2. 国际法的国际性

作为适用于国际社会的法，国际法的"国际性"是其区别于国内法的显著特征。关于国际法的国际性可以从下面几个方面分析：

第一，社会基础的国际性。国际法的社会基础是国际社会，而国内法的社会基础是国内社会。

第二，调整对象的国际性。国际法的调整对象是国际关系，国际法是以国际关系为对象的法律，国际法律关系是以法律形式表现出来的国际关系。

第三，形成方式的国际性。国际法是在国家之间交往中以习惯或条约等各国共同同意的方式形成的法律，是国际社会公认的产物，不是一国单方的行为。

总之，国际法是"国际社会的法"，国际法的法律性与国际性是密不可分的。

二、国际法的基本原则

国际法的基本原则是指在国际法规范体系中，那些被各国公认的、具有普遍意义的、适用于国际法一切效力范围的、构成国际法的基础的法律原则。它具有如下特征：(1) 各国公认，一项原则要成为国际法基本原则，必须得到各国公认，这种公认或者反复体现在各国缔结的双边或多边条约之中，或者作为国际习惯被各国接受，从而对接受的国家都产生法律拘束力；(2) 具有普遍意义，国际法的基本原则超越了国际法个别领域、贯穿于个别领域并对这些领域起指导作用，它是适用于国际法的一切效力范围的具有普遍意义的全局性原则；(3) 构成国际法基础。国际法的基本原则之所以被称为"基本"，是因为国际法上的其他具体原则、规则、规章和制度或者由它派生或引申出来，或者符合它的精神，它是这些具体原则、规则、规章和制度的效力基础。国际法的基本原则一般反映在一些重要的国际法文献之中。

（一）联合国宪章原则

1970年10月24日联合国大会通过《关于各国依联合国宪章建立友好关系及合作之国际法原则之宣言》（以下简称《1970年原则宣言》），该宣言所确立的国际法的基本原则可以归纳为以下七条：

(1) 国家主权平等原则；
(2) 各民族平等及自决原则；
(3) 禁止非法使用武力或武力威胁原则；
(4) 和平解决争端原则；
(5) 不干涉内政原则；
(6) 国际合作原则；
(7) 履行国际义务原则。

（二）和平共处五项原则

和平共处五项原则是指互相尊重主权和领土完整、互不侵犯、互不干涉内政、平等互利、和平共处等五项原则组成的国际法基本原则体系。中国在倡导和平共处五项原则方面，对现代国际法作出了重大贡献。例如，1954年4月29日中印签订的《关于中国西藏地方和印度之间的通商和交通协定》首倡"和平共处五项原则"；这五项原则同年又被中印和中缅之间的两个联合声明所重申，并于此后得到世界上大多数国家的接受和赞同；后来经1955年万隆第一次亚非会议的重申和世界大多数国家的承认，已经确立为国际法的基本原则之一。和平共处五项原则在内容和精神上与宪章及其他国际文件所确认的国际法基本原则相一致。与此同时，五项原则更准确地反映了国家之间关系的基本特点和国际社会的现实情况，更突出地强调了国家遵守国际关系准则的相互性以及权利和义务的统一。五项原则既是国际法的基本原则，也是中国独立自主、和平外交政策的核心，它们的倡导和广为接受被认为是中国、印度和缅甸等国对现代国际法的重大贡献。

三、国际法的渊源

国际法的渊源是指国际法规范形成的方式和表现形式。一般认为，联合国《国际法院规约》第三十八条的规定说明了国际法渊源的内容。该条规定如下："一、国际法院对于陈述各种争端，应依国际法裁判之，裁判时应适用：（1）不论普通或特别国际协约，确立诉讼当事国明白承认之规条者；（2）国际习惯，作为通例之证明而经接受为法律者；（3）一般法律原则为文明各国所承认者；（4）在第五十九条规定之下，司法判例及各国权威最高之公法学家学说，作为确定法律原则之补助资料者。二、前项规定不妨碍法院经当事国同意本'公允及善良'原则裁判案件之权。"

（一）国际条约

国际条约是国家间的书面协议。它对缔约国具有法律拘束力，而对非缔约国并无拘束力。

就条约对缔约国的拘束力而言，条约可分为双边条约和多边条约。关于条约或公约，一个国家可以签署全部条款，也可以只签署部分条款，对已签署的条款必须遵循，对未签署的可以声明保留意见或修改后签署。国际条约还可以按照条约作用分为普遍性条约和造法性条约两大类。普遍性条约规定缔约国之间的权利义务关系，而造法性条约则创设新的国际法规则或者确认或改变现有的一般国际法规则。例如，石油天然气的开发面临着双重征税的问题，资源国要征税，石油公司本国政府也可能要征税，一些国家为此签署了避免双重征税的双边条约，这些双边条约现已变为国际法的一条规则，促进了国际投资。

可见，不论双边、多边或一般性条约，都是国际法的重要渊源。但其中最有意义的是普遍性条约、造法性条约。

（二）国际习惯

"习惯"一词常与"惯例"混用。惯例有广义与狭义之分：广义的惯例包括习惯在内，外交文件上所用的"惯例"一词，既包括有法律拘束力的习惯，也包括尚未具有法律拘束力的"常例"；而狭义的惯例则仅指尚未具有法律拘束力的常例。

国际习惯是国际法的重要渊源，也是国际法的古老渊源，因为国际法的现象最早就是以不成文法的形式出现的，许多国际法规范都是通过习惯形成的。1945年联合国《国际法院规约》界定的国际习惯是各国在其实践中通过重复类似的行为而形成的具有法律拘束力的行为规则。

国际习惯与国际条约不同，如果说国际条约是国际社会以明示协议的方式确立国际法规则，那么国际习惯则是以默示协议的方式确立国际法规则。由于国际习惯是以国家的行为，而不是以法律文本的形式来表述国际法的原则、规则和制度，所以通常称之为"不成文法"。在国际实践中，除国家的行为可以形成国际习惯外，国际组织的行为也可以形成国际习惯。

国际法的渊源除国际条约、国际习惯外，还有一般法律原则、国际组织的决定和决议、国际司法裁判等。

四、国际法的主体

国际法的主体（又称国际人格者），是指具有独立参加国际关系并依国际法直接享受权利和承担义务的国际法律关系参加者。国际法主体必须具备如下条件：（1）独立参加国际关系的能力；（2）直接承受国际法上述权利和义务的能力；（3）是依国际法确定的国际法律人格者；（4）具有独立进行国际求偿的能力。在现代国际法上，国家是最基本的主体，政府间的国际组织和正在争取独立且已建立政权组织的民族等类似国家的政治实体，也是国际法的主体。个人，包括自然人和法人，不是国际法的主体。

（一）国际法中的国家

1. 主权国家的概念

主权国家指拥有独立主权的国家，即具有固定领土、一定的居民、一定的政权组织形式和主权的政治单位。主权国家是国际社会的最基本成员。

国家曾经是国际法的唯一主体，随着国际关系的发展，国际法中其他主体形成和发展，国家逐渐成为国际法的基本主体。国家作为国际法的基本主体主要取决于以下因素：（1）国家具有主权，可以自主参与和发展各类国际法律关系；（2）国家是国际法规范的基本对象；（3）国家既是制定和发展国际法的基本主体，又是遵守和实施国际法的基本主体。

2. 国家要素

国家作为国际法主体应具备四个要素：（1）有确定领土。领土是国家首要的构成要素，是国家存在和发展的物质基础，没有领土不可能有定居的居民，更不会有政府和主权。（2）有定居的居民。居民是国家的基本要素之一，居民是指共同生活在一个社会里的个人集合体。（3）有一个政府。政府必须是实际上对领土和居民实行有效统治的政权；政府是国家的组织特征，是执行国家职能的机构，它代表国家对内实行管辖权，对外进行交往。（4）享有主权。主权是一个国家独立自主地处理对内、对外事物的最高权力。

主权，即国家主权，是国家固有的在国内的最高权和对外的独立权。一国的主权不可分割，不可转让，神圣不可侵犯。

（二）国家的基本权利和义务

国家的基本权利是国家固有的不可缺少的和根本性的权利，一般包括独立权、平等权、自保权和管辖权。

（1）独立权，指国家按照自己的意志处理本国内外事务而不受任何外来控制和干涉的权利。独立权是国家主权的根本体现。

（2）平等权，指国家以平等的资格和身份参与国际关系，承受具体的国际权利义务并负担国际责任的权利。

（3）自保权（也称自卫权），指国家采取防御和自卫措施保卫其生存和独立不受侵犯的权利。自保权包括两个方面的内容，一是进行国防建设以防备可能来自外国的侵犯的防御权；二是单独或与其他有关国家一起抵抗外国武力进攻的自卫权。

（4）管辖权，指国家通过立法、司法和行政等措施，对其领域内的人、物和事件以及境外特定的人、物和事件进行管理和处置的权利，主要包括：①国家对其领域内一切不享有特权与豁免的人、物、事进行管辖的权利，即属地管辖权；②国家对无论位于何地的具有本国国籍的人以及对在国外侵害本国人合法权益的外国人进行管辖的权利，即属人管辖权；③国家对在该国域外犯有危害该国安全、领土完整、政治独立及其他重大政治、经济利益等罪行的外国人进行管辖的权利，即保护性管辖权；④国家对任何人在任何地域所犯的严重危害国际社会普遍利益的罪行进行管辖的权利，即普遍性管辖权。其中，前两种管辖权是国家管辖权的最主要的形式。

根据国家主权平等原则，国家享有管辖豁免权。就司法管辖而言，除非经过一国的同意，该国的行为和财产不得在外国法院被诉，其在外国的财产也不能被扣押或强制执行。

国家的基本义务是指国家固有的、不可缺少的和根本性的义务。根据国家主权平等原则，任何国家在享有上述各基本权利的同时，也应负担以下各项基本义务：不得非法使用武力或武力威胁；不得以任何理由和任何方式干涉别国内政；应以和平方法解决本国与别国的争端；忠诚履行本国已公认的国际法原则、规则以及有效国际条约所负担的义务；在国际关系的各个方面彼此合作，以维护国际和平与安全，促进全人类人权及基本自由的尊重与遵行，并促进世界经济与社会方面的发展；等等。

五、国际法规定的领土

（一）国家领土和领土主权不可侵犯原则

国家领土指国家主权支配和管辖之下的地球的特定部分，是国家行使主权的主要范围和空间，包括陆地、水域以及陆地和水域的上空和底土。没有领土就不可能有国家，更不可能有国家主权和国际社会、国际法的存在。

领土主权是国家对其领土及其领土范围内的人、物、事所享有的最高权力，其内容主要有：(1) 领土所有权，包括对本国领土的所有权、使用权和处置权。(2) 领土管辖权，即对本国领土范围内一切不享有特权与豁免的人、物、行为或事件的最高的、排他性的管辖权。(3) 领土完整权利。领土主权和领土完整是国家独立的重要标志，也是国家主权的重要组成部分，因此，国家领土神圣不可侵犯。国家领土完整和领土主权不容侵犯已成为现代国际法的基本原则之一。

（二）领土的构成和国家边界

1. 国家领土

国家领土由领陆、领水、领空以及领陆和领水的底土等四部分组成。(1) 领陆是一国疆界以内的全部陆地，包括大陆和岛屿，是国家领土最重要、最基本的部分，领水、领空附着于陆地而存在。(2) 领水是位于一国领土内的全部水域，由内水和领海两部分组成。一国的内水指国家疆界内除领海之外的所有水域，包括境内的河流、港口、湖泊、运河、内海、内海湾、历史性海湾、内海峡等；领海是指邻接一国领陆及其内水的一定宽度的海域。内陆国由于没有海岸，其领水组成中不含领海。(3) 领空是领陆和领水之上的空气空间，是国家领土不可分割的组成部分，国家对其领空拥有完全的、排他的主权，其他国家只有在经其同意的情况下方可飞越或使用其领空。(4) 领陆和领水之下的底土也是国家领土的组成部分，包括地下水、水床和资源，完全受到一国主权的管辖。

2. 国家边界

国家边界（即国界），是确定国家领土范围的界限，也是划分一国领土与他国领土、一国领土与公海或专属经济区及一国领空与外层空间的界限，可分为陆地边界、水域边界、空中边界和地下层边界。国家边界主要基于传统习惯而形成，依据条约而划定。

国家边界的作用主要有两个：第一，向其他国家宣示国家领土的范围，除非国际条约或国际习惯有相反的规定，任何他国和他国国民非经允许不得跨越；第二，分隔一个国家与另一国家的领土。因此国家边界的划分常常是两个国家之间的事情，国家之间的国界争端也常常由此引起。

国家边界与领土不可分，它构成国家领土的一部分。因此，侵犯国家边界，就是侵犯国家领土主权。

边境则是领土边界两边一定距离范围内的区域。

第三节 国际海洋法

国际海洋法是指关于各种海域的法律地位以及调整国际法主体在各种海域从事各种行为的原则、规则和制度的总和。它是现代国际法的一个重要部门，也是规范国际海洋石油勘探与开发活动的主要国际法制。其内容包括：各种海域的法律地位和制度；各国在各种海域中的权利和义务；各国在利用海洋方面具有共同利益的规则以及争端解决的原则和方法。

国际海洋石油勘探与开发的国际法规主要体现为相关的国际条约或国际公约，例如1958年的第一次联合国海洋法会议，通过了"日内瓦海洋法公约"，它由《中华人民共和国领海与毗连区公约》《大陆架公约》《公海公约》以及《公海捕鱼与养护生物资源公约》四个海洋法公约组成。再如《联合国海洋法公约》（1982）建立了海洋新秩序的法律框架，涉及内海、领海、毗连区、专属经济区、大陆架、公海、国际海底区域、群岛水域、用于国际航行的海峡等九种海域的法律地位及一系列法律制度，是当代国际关系中最重要的国际法律文件之一。

一、领海与毗连区

（一）领海

1. 领海的概念

领海是指沿海国陆地领土及其内水以外并邻接陆地和内水的一定宽度的海域，在群岛国的情况下则及于群岛水域以外邻接的一带海域。

2. 领海的宽度

《联合国海洋法公约》（1982）第三条规定："每一国家有权确定其领海的宽度，直至从按照本公约确定的基线量起不超过12海里的界限为止。"目前，世界上已经有一百多个国家确定其领海宽度为12海里。

领海基线是沿海国确定领海宽度的起始线。《联合国海洋法公约》（1982）规定，领海基线有两种：一是正常基线，即低潮线（也称自然基线）；二是直线基线（也称折线基线），即以连接海岸向外突出的地方和近岸岛屿的最外缘上所选的基点的直线作为领海的起始线。在测算领海宽度值时，有些国家同时使用上述两种基线，称为混合基线。

中国《1958年关于领海的声明》和《中华人民共和国领海及毗连区法》都确定中国的领海宽度从领海基线量起12海里，并且明确规定中国采用直线基线方法确定领海基线。1996年5月15日，中国公布了大陆领海的部分基线和西沙群岛的领海基线。2012年9月10日，中国政府发表声明，公布了钓鱼岛及其附属岛屿的领海基点基线。

领海的外部界限，简称领海外限（海上国界线），是一条其每一点同基线最近点的距离等于领海宽度的线，它与领海基线平行。根据各国实践，划定领海外限的方法主要有交圆法、共同正切线法、平行线法。

3. 领海的法律制度

领海是国家领土的构成部分，处于沿海国的主权管辖之下。国家对领海的主权及于领内的水域、上空、海床和底土。沿海国对其领海内的一切人和物享有排他的管辖权,在此前提之下,外国船舶在一国领海享有"无害通过权"。"无害通过"是指外国船舶(不包括飞机)在不能损害沿海国的和平、良好秩序和安全,可以不必事先通知或征得沿海国同意而连续不断地通过其领海。"无害通过"不适用于领海的上空。

沿海国的领海主权主要表现在以下方面:(1)沿海国对其领海享有属地优越权,因而对领海内的人和事物(除国际条约或国际习惯的限制外)行使排他的管辖权;(2)沿海国对其领海内的一切资源享有专属权利,任何外国或个人非经允许不得进行开发利用;(3)沿海国对其领海上空享有专属权利,外国航空器非经允许不得飞入或飞越该国领海上空;(4)沿海国享有沿海航运的专属权利;(5)沿海国有制定、颁布有关领海内航行、缉私、移民、卫生等方面的法律和规章的权利。

（二）毗连区

毗连区是指一国领海以外与领海毗连的一定宽度海域。《联合国海洋法公约》(1982)规定,毗连区从领海基线量起不超过24海里。

国家有权在其毗连区内行使下列必要管制:(1)防止在其领土领海内违反其海关、财政、移民、卫生的法律或规章;(2)惩治在其领土或领海内违反上述法律或规章的行为。可见国家在毗连区内行使管制是为了维护本国主权和法律秩序,是为了对违法者进行追究和惩罚。

1992年颁布的《中华人民共和国领海及毗连区法》规定:"中华人民共和国毗连区为领海以外邻接领海的一带海域,毗连区的宽度为十二海里。"

二、大陆架

（一）大陆架的概念

按照地质地理学的概念,大陆架是指海床从海岸起逐渐向外倾斜,直到大陆坡为止的海底平坦区域。从地质构造上看,大陆架及其矿物资源是大陆在水下的自然延伸。大陆架上蕴藏的许多非生物资源是与大陆有密切关系的。

大陆架的法律概念与地理学上的大陆架有联系,但不相同。地理学上的大陆架是从海岸开始,而法律上的大陆架是从领海外开始;地理学上的大陆架以大陆坡为止,而法律上的大陆架超过了大陆坡。

《大陆架公约》(1958)定义了法律上的大陆架概念。该公约第1条规定:"大陆架一词是指:(1)邻接海岸但在领海范围以外,深度达200公尺或超过此限度而上覆水域的深度容许开采其自然资源的海床和底土;(2)邻近岛屿海岸的类似的海底区域的海床和底土。"

《联合国海洋法公约》(1982)第七十六条对大陆架的定义为:沿海国的大陆架包括其领海以外依其陆地领土的全部自然延伸,扩展到大陆边外缘的海底区域的海床和底土(注意不含海水带),由陆架、陆坡、陆基、海床和底土构成。沿海国大陆架的宽度从领海基线量起如果不到200海里,可以扩展到200海里处;如果超过200海里,可以延伸到不超过350海里处,或不超过2500米等深线以外100海里处。

世界各地大陆架的地质地理情况是极为复杂的,一般说来,大陆架包括陆架、陆坡和陆基,但并不是所有的大陆架都包括这三种结构。因此,确定大陆架的外界需要根据当地的地质地理情况有一定的灵活性。自然延伸是确定大陆架外界的科学根据。

（二）大陆架的法律地位

大陆架不是国家领土的组成部分，大陆架是沿海国陆地领土的自然延伸，属于自然权利、无须宣布或占领即享有。大陆架的法律地位包括下述几个方面。

1. 沿海国对大陆架的权利

大陆架是沿海国的一个资源管辖区域。大陆架上有埋藏在底土里的矿物资源，如金、银、铂、铜、铬、钨、铀、石油、天然气等；有定居在海床上的生物资源，如藻类、贝类等。根据《联合国海洋法公约》（1982）的规定，沿海国为勘探大陆架和开发其自然资源的目的，对大陆架享有主权权利。这种权利是专属的，即如果沿海国不勘探大陆架或开发其自然资源，任何人未经沿海国明示同意，均不得从事这种活动；而且这种权利还是沿海国所固有的，它并不取决于有效或象征的占领或任何明文公告。主权权利不是主权，而是沿海国为勘探和开发大陆架的自然资源所必要的和与这种活动相关的一切权利，包括管辖权以及防止和处罚违法行为的权利。

沿海国对大陆架的主权权利内容主要包括：（1）勘探、开发自然资源的权利，自然资源包括海床和底土的矿物和其他非生物资源，以及属于定居种的生物；（2）授权和管理为一切目的在大陆架上进行钻探活动的专属权利；（3）建造、使用、管理人工岛屿和设施的专属权利，并对它们拥有专属管辖权。

沿海国对大陆架的权利不影响上覆水域或水域上空的法律地位。《联合国海洋法公约》（1982）规定，其他国家在大陆架的权利包括：（1）在大陆架上覆水域或水域上空航行或飞越的权利；（2）在大陆架上铺设海底电缆和管道的权利，但管道路线的划定须经沿海国同意。

按照《大陆架公约》（1958）的规定，大陆架上覆水域具有公海的法律地位。而根据《联合国海洋法公约》（1982），如果沿海国主张专属经济区，那么200海里内的大陆架上覆水域及水域上空则适用专属经济区制度；而在200海里以外的大陆架上覆水域及水域上空则适用公海制度。

2. 外大陆架的开发和利用

世界各海域的大陆架情况是很不一致的，有宽有窄，资源的蕴藏也不一样，因此所得的利益也不一样。为了照顾大陆架窄的国家、内陆国和发展中国家的利益和需要，《联合国海洋法公约》（1982）规定，沿海国对从测算领海宽度的基线量起200海里以外的大陆架上的非生物资源的开发，应缴付费用或实物，根据公平分享的标准分配给各缔约国。

目前，外大陆架的划界问题越来越受到国际社会的重视，成为国际海洋法领域又一个新的热点问题。《联合国海洋法公约》（1982）缔约国大会第十一次会议通过决议，要求1999年5月6日之前成为《联合国海洋法公约》（1982）缔约国的国家必须在2009年5月6日之前完成200海里以外大陆架的外部界限以及有关的法律程序工作。俄罗斯于2001年率先向联合国大陆架界限委员会提交了大陆架外部界限的申请；随后，巴西、澳大利亚和爱尔兰也提交了申请；2009年5月11日，中国常驻联合国代表团向联合国秘书长提交了关于200海里以外大陆架外部界限的信息。

（三）相邻相向国家间的大陆架划界问题

大陆架是大陆在水下的自然延伸，在同一个大陆上常有许多不同的国家，这就产生同一个陆架的相邻和相向国家间的划界问题。而大陆架的地质构造复杂，周围国家的海岸地形、社会经济情况也各有不同，因此一些国家之间就大陆架划界问题发生争端，但争端的根本问题主要是划界的原则问题。从国际实践来看，国际所主张的划界原则主要包括自然延伸原则、公平原则和协议等距离中间线和特殊情况原则等。

1. 自然延伸原则

自然延伸是地理学上的术语，在大陆架由地理和地质学上的概念演变为法律概念时，自然延伸也就成为确立大陆架法律制度的重要原则。

自然延伸指沿海国之海岸前端向海的持续延伸。大陆架区域是沿海国陆地领土向海和在海下的自然延伸。沿海国根据对其大陆领土的主权，并作为沿海国为勘探海床和开发其自然资源的目的对大陆架行使主权权利的扩展，对于构成其陆地领土自然延伸到海洋或海下的大陆架区域的权利，事实上自然就存在。简言之，这是一种固有权利。为行使这种权利，无须经过特别法律程序，也不必履行任何特定法律行为。国际法院1969年"北海大陆架案"充分体现了该原则。

2. 公平原则

所谓公平原则，不仅指必须采用公平的划界方法，更重要的是要达到公平的结果。《联合国海洋法公约》（1982）第八十三条规定："海岸相向或相邻国家间大陆架的界限，应在《国际法院规约》（1945）第三十八条所指国际法的基础上以协议划定，以便得到公平解决。"虽然没有明确规定适用于大陆架划界的任何具体原则，但国际实践和国际司法判例确立了公平原则在大陆架划界中的地位。

例如，1967年西德与丹麦、荷兰之间关于北海大陆架的划界争端被提交国际法院。国际法院于1969年作出判决，确认《大陆架公约》（1958）对非缔约国西德无拘束力，等距离原则也不是大陆架权利上一项国际习惯法规则。国际法院在"北海大陆架案"的判决中还指出，划界应依公平原则，并考虑一切有关情况，使每一方尽可能多地得到作为其陆地领土自然延伸的所有部分，而不侵犯另一方的陆地领土的自然延伸。又如1977年"英法大陆架仲裁案"、1982年"突尼斯—利比亚大陆架案"、1985年"利比亚—马耳他大陆架案"等案件，也一再重申并发展了公平原则。

3. 协议等距离中间线和特殊情况原则

《大陆架公约》（1958）第六条规定，相邻相向国家间大陆架的疆界划分，首先应由有关各方协议决定。如果在大陆架上有特殊情况，则根据特殊情况，有关各国协议划定一条疆界线；如果没有协定，也没有什么特殊情况，就可采用等距离中间线原则划定疆界。这就是所谓的"协议等距离中间线和特殊情况原则"。

20世纪60年代，北海、波罗的海，波斯湾沿岸一些国家相继缔结了划分大陆架的协定。20世纪70年代，澳大利亚和印度尼西亚，印度尼西亚和马来西亚、泰国先后就围绕印度尼西亚大陆架的划界达成了协议；加拿大和丹麦就格陵兰与加拿大之间大陆架的划界达成了协议。这些协议有的是采用中间线，有的根据该地区存在的特殊情况另划一条疆界线。

在实践上，国家间的大陆架划界多采用等距离中间线原则。但是，按照海牙国际法院（ICJ）的意见，这个原则并没有成为有强制性的习惯国际法规则，今后的实践也不能创立这样的规则。

三、专属经济区

（一）专属经济区的概念

专属经济区是指领海以外并邻接领海，从领海基线量起宽度不超过 200 海里的海域，包括水域、海床及其底土。在此区域内，沿海国对其自然资源享有一定的主权权利和管辖权。

专属经济区既不是领海，也不是公海，沿海国对专属经济区不拥有主权，但享有《联合国海洋法公约》（1982）规定的某些主权权利。沿海国在专属经济区的权利具有排他性和资源性的特点。

《联合国海洋法公约》（1982）在第五部分专门对专属经济区制度作了规定。目前，绝大多数沿海国都宣布了 200 海里专属经济区或专属渔区。

（二）专属经济区的法律地位

1. 沿海国的资源权利

根据《联合国海洋法公约》（1982）第五十六条第一款的规定，沿海国对于专属经济区的权利包括：（1）勘探、开发、养护、管理海床和底土及其上覆水域的生物或非生物自然资源的排他权利；（2）从事海水、风力利用等其他经济性勘探开发的排他性权利；（3）建造、使用、管理人工岛屿和设施；（4）海洋科研、海洋环保方面的管辖权。

2. 沿海国的管辖权

根据《联合国海洋法公约》（1982）第六十条第二款的规定，沿海国对专属经济区内人工岛屿、设施和结构的建造和使用、海洋科学研究、海洋环境保护和保全等事项享有管辖权。

3. 其他国家的权利和义务

根据《联合国海洋法公约》（1982）第五十八条的规定，其他国家在专属经济区内享有船舶航行、飞机飞越、铺设海底电缆和管道的自由。但是，其他国家在专属经济区行使其权利和义务时，应遵守沿海国按照本公约的规定和其他国际法规则所制定的与本部分不相抵触的法律和规章。

（三）相邻相向国家间的专属经济区的划界问题

《联合国海洋法公约》（1982）关于专属经济区划界的规定与关于大陆架划界的规定在文字上完全相同，其第七十四条规定："海岸相向或相邻国家间专属经济区的界限，应在国际法院规约第三十八条所指国际法的基础上以协议划定，以便得到公平解决。"这条规定表明，专属经济区划界应以国际法为基础，通过协议划定，并且必须达到公平的结果。

四、公海与国际海底区域

（一）公海

1. 公海的法律地位

公海指不包括在国家的专属经济区、领海、内水、群岛国的群岛水域内的全部海域。

公海的法律地位：（1）公海不属于任何国家领土的组成部分，也不在任何国际法主体管辖之下，它属于主权国家管辖范围以外的海域；（2）公海是全人类的共同财富，公海对所有国家开放，任何国家不得有效地将公海的任何部分置于其主权之下，不得将其任何部分据为己有，不得对公海本身行使管辖权；（3）公海应只用于和平目的。

2. 公海自由原则

公海自由原则是公海法律制度的基础和主要原则，也是现代国际海洋法的基本原则之一，它是指公海对所有国家开放，不论其为沿海国或内陆国。任何国家不得有效地声称将公海的任何部分置于其主权之下。因此，公海不是任何国家的领土，任何国家通常没有在公海的任何部分行使其立法、行政、管辖或警察的权利。

公海自由的具体内容：（1）航行自由；（2）飞越自由；（3）捕鱼自由；（4）敷设海底电缆和管道的自由；（5）建造国际法所容许的人工岛屿和其他设施的自由；（6）科学研究自由。

（二）国际海底区域

1. 国际海底区域的法律地位

《联合国海洋法公约》（1982）规定，国际海底区域是指国家管辖范围以外的海床和洋底及其底土，也就是各国大陆架或专属经济区以外的深海洋底及其底土，国际海底区域占全部海洋面积的65%，蕴藏着丰富的油气等矿产资源和极有经济价值的多金属结核等矿物资源。

国际海底区域的法律地位：（1）国际海底区域及其资源是人类共同继承财产；（2）任何国家不应对国际海底区域的任何部分或其资源主张主权或行使主权权利；（3）对国际海底区域内的资源的一切权利属于全人类，由联合国国际海底管理局（International Seabed Authority，简称ISA）代表全人类行使；（4）国际海底区域的法律地位不影响国际海底区域上覆水域的法律地位，或这种水域上空的法律地位；（5）国际海底区域应对所有国家开放，不加歧视地专为和平目的利用；（6）国际海底区域内的活动应为全人类的利益而进行。

2. 平行开发制度和国际海底管理局

1）平行开发制度

国际海底区域法律制度的一项基本内容是资源开发制度，《联合国海洋法公约》（1982）对此作了比较全面的规定。在谁有权勘探开发国际海底区域资源的问题上，形成了所谓的"平行开发制度"。

"平行开发制度"就是指国际海底区域资源的开发由国际海底管理局企业部和由缔约国或国营公司或在缔约国担保下的具有缔约国国籍或由这类国家或其国民有效控制的自然人或法人以协作方式进行。

2）国际海底管理局

国际海底管理局是缔约国按照《联合国海洋法公约》（1982）第十一部分组织和控制国际海底内活动，特别管理国际海底资源的专门机构，总部设在牙买加金斯敦。《联合国海洋法公约》（1982）所有缔约国均是国际海底管理局的当然成员。

国际海底管理局的主要职能：（1）处理请求核准勘探工作计划的申请并监督已核准勘

探工作计划的履行；（2）推行国际海底管理局和国际海洋法法庭筹备委员会所作出的关于已登记先驱投资者的决定；（3）监测和审查深海底采矿活动方面的趋势和发展；（4）研究深海底矿物生产对生产相应矿物的发展中陆地生产国的经济可能产生的影响；（5）制订海底开发活动及保护海洋环境所需要的规则、规章和程序。（6）促进和鼓励进行海底采矿方面的海洋科学研究。

2000年7月，国际海底管理局大会和理事会通过了人类历史上第一部涉及多金属结核深海采矿法典——《国际海底区域内多金属结核探矿和勘探规章》。

五、中国的大陆架与专属经济区

（一）中国大陆架与专属经济区概述

1. 中国的大陆架

中国大陆周围有渤海、黄海、东海和南海4个海区，有宽广的大陆架，属于大陆架宽度超过200海里的18个国家之一。渤海和黄海海底全部为大陆架，而渤海是中国的内海，其全部大陆架完全在中国主权支配之下；东海有2/3的海底是大陆架，最宽约400海里；南海大陆架占海底面积的1/2以上。

1998年实施的《中华人民共和国专属经济区和大陆架法》规定了中国大陆架的基本制度：（1）中国大陆架是中国领海以外依本国陆地领土的全部自然延伸，扩展到大陆边缘的海底区域的海床和底土；如果从测算领海宽度的基线量起至大边外缘的距离不足200海里，则扩展至200海里。（2）与海岸相邻或者相向国家关于大陆架的主张重叠的，在国际法的基础上按照公平原则以协议划定界限。（3）中国为勘查大陆架和开发大陆架的自然资源，对大陆架行使主权权利。（4）中国拥有授权和管理为一切目的在大陆架上进行钻探的专属权利。（5）任何国家在遵守国际法和中国的法律、法规的前提下，在中国的大陆架享有敷设海底电缆和管道的自由；但敷设海底电缆和管道的路线，必须经中国主管机关同意。（6）中国对在大陆架违反中华人民共和国法律、法规的行为，有权采取必要措施，依法追究法律责任，并可以行使紧追权。

2. 中国的专属经济区

《中华人民共和国专属经济区和大陆架法》第二条规定，中国的专属经济区为中国领海以外并邻接领海的区域，从测算领海宽度的基线量起延至200海里。

该法第五条规定，任何国际组织、外国的组织或个人进入中国的专属经济区从事渔业活动，必须经中国主管机关批准，并遵守中国的法律、法规及中国与有关国家签订的条约、协定；中国主管机关有权采取各种必要的养护和管理措施，确保专属经济区的生物资源不受过度开发的危害。该法还就中国专属经济区内的自然资源、跨界种群、高度洄游鱼种、海洋哺乳动物等生物资源的开发、养护和管理、对人工岛屿、设施和结构的管辖权等作了规定。这些规定符合《联合国海洋法公约》中的相关规定。

（二）中国与相邻和相向国家之间的专属经济区和大陆架划界问题

相邻和相向国家之间的专属经济区和大陆架划界问题一直以来都是非常重要的，由于国家之间对某些区域的权利要求发生重叠，难免发生划界争端。世界上有大约152个沿海国家，海岸相邻或相向的国家之间有 380 处海洋边界需要划定，目前只解决了约三分之一。为了解决划界问题，《大陆架公约》（1958）和《联合国海洋法公约》（1982）都作出了相关规定。

1. 中国在划界问题上的立场

中国一贯主张以和平方法解决领土争端，反对诉诸武力或以武力相威胁；对于涉及与邻国的海洋疆界，应根据《联合国海洋法公约》（1982）和其他国际法规则通过协商划定。

中国在划界问题上的立场具体体现为：第一，协议划界，即划界应当由有关国家通过协议加以解决，反对单方面将自己的划界立场强加于对方；第二，公平原则是一项公认国际法原则，划界应当根据公平原则，并考虑各种因素；第三，等距离方法只是一种划界方法，只有在能够达到公平结果时才能被使用，而且必须由有关国家通过协议加以使用。

2. 中国在黄海、东海和南海的划界问题

在中国的近海大陆架上，有极为丰富的自然资源。中国的大陆架除渤海外，都存在着与邻国的划界问题，如在黄海与朝鲜、韩国，在东海与韩国、日本，在南海与越南、马来西亚、菲律宾等国都存在着划界问题。

1）中国在黄海与朝鲜和韩国的划界问题

黄海全部位于大陆架上，有 6 万平方海里的沉积盆地，其中含有良好的油气前景。此外，黄海还有 12 个一年四季均可捕鱼的海水渔场，为世界所少有。中国与朝鲜的划界相对比较容易解决；中国与韩国的划界，两国从 1995 年开进行磋商。中国主张适用公平原则，韩国主张以中间线作为划界的出发点，但是双方的争议并不是很大。在与韩国正式划界之前，中国与韩国于 2000 年 8 月 3 日正式签署《中华人民共和国和大韩民国政府渔业协定》，以便在渔业问题上达成临时安排。

2）中国在东海与日本的划界问题

东海是中、韩、日三国领土环绕的半闭海，大陆架面积约占东海总面积的 70%。东海的油气资源十分丰富，还有 14 个渔场。正是由于东海的丰富资源，划界问题才引起相关国家的重视。按照大陆架是沿海国陆地领土自然延伸的原则，东海大陆架是中国陆地领土的自然延伸，属于中国的大陆架。

关于东海专属经济区和大陆架划界，应该注意下面几个问题：

（1）通过协议划界。"协议划界"是中国的一贯立场，也是《联合国海洋法公约》（1982）第七十四条和第八十三条规定的关于专属经济区和大陆架划界的基本原则。在东海北部存在确定中、韩、日三国划界交叉点问题，在三方没有达成协议之前，任何未经相关国家同意的行为或做法对该国都是无效的。应该特别指出的是，1974 年日本与韩国签订《共同开发大陆架协定》，在中国享有权利的东海大陆架区域划定所谓"共同开发区"，并擅自进行勘探和开发活动。中国政府发言人对这一非法活动郑重申明，"这是侵犯中国主权的行为"。1980 年 5 月初，日本和韩国在它们片面划定的开发区的西侧开始进行钻探试采，中国政府再次声明"根据大陆架是陆地领土自然延伸的原则，中华人民共和国对东海大陆架拥有不容侵犯的主权权利。东海大陆架涉及其他国家的部分，应由中国和有关国家通过协商加以划分""《日韩共同开发大陆架协定》完全是非法的、无效的"。1981 年 11 月 28 日，日本和韩国签订的《渔业协定》中，在中、韩、日三国交界水域划定了日本和韩国的专属经

济区；2005年7月，日本授予日本帝国石油公司在东海中日争议海域的试开采权。这些行为都是违反国际法的，也激起了中国政府的多次抗议。对此，中国重申其"协议划界"的一贯立场，指出"在三国交界水域应由三方协商解决划界问题，排除任何一方擅自划界的做法是违反国际法的"。

（2）钓鱼岛等岛屿的主权归属及其在划界中的效力问题。这是中日东海大陆架划界面临的重要问题，也是相当复杂的问题，中日之间也存在很大分歧。中国从20世纪70年代开始有很多民间活动，学者们在这方面也有不少的著述。关于钓鱼岛的法律地位，中国政府的立场是钓鱼岛等岛屿历来属于中国领土的组成部分。这一立场在《中华人民共和国领海及毗连区法》中明确予以宣布：中华人民共和国的陆地领土包括中华人民共和国大陆及其沿海岛屿、台湾及其包括钓鱼岛在内的附属各岛、澎湖列岛、东沙群岛、西沙群岛、中沙群岛、南沙群岛以及其他一切属于中华人民共和国的岛屿。

（3）冲绳海槽在划界中的作用问题。东海大陆架的东、西两部分之间有一个巨大的冲绳海槽。中国主张东海大陆架是中国大陆领土的自然延伸，属于中国的大陆架，因此不与日本共享一块大陆架，中国的大陆架外部界限按照自然延伸原则一直延伸到冲绳海槽为止。但是日本方面则反对中国的观点，认为冲绳海槽只是两国大陆架的一个偶然凹陷，不足以中断两国大陆架的连续性，因此中日共享一块大陆架，应按照中间线原则划界。由此看来，用科学的证据证明冲绳海槽是中国和日本大陆架的天然分界线是问题的关键。但是，从1985年"利比亚—马耳他大陆架划界"案国际法院的判决来看，问题并不是那样简单。中国的陆地领土自然延伸到冲绳海槽，日本的大陆架从其领海基线量起扩展到200海里处，结果造成了一定的"权利重叠区域"。如何在这个重叠区域划界并且在划界时考虑冲绳海槽的存在是应该进一步考虑的问题。

3）中国在南海划界中的效力问题

中国在南海有四个群岛，即东沙群岛、西沙群岛、中沙群岛和南沙群岛，这些都是中国的领土，这些群岛周围有广阔的大陆架。而一些周边国家根据种种理由对自古属于中国领土的南沙诸岛主张主权，并强占岛屿，形成"四国五方"军事占领、"六国七方"资源开发的局面。

由于包括岛屿在内的陆地领土与海洋之间的密切联系，中国在南海的四个群岛是中国在南海海洋划界的关键问题。中国对南海诸岛的主权以最早发现并命名、最早开发经营以及由中国政府最早行使管辖权为基础。所有这一切都是有史可考、有案可查，且有大量出土文物可证的。《中华人民共和国领海及毗连区法》明确宣布中华人民共和国的陆地领土包括东沙群岛、西沙群岛、中沙群岛、南沙群岛四大群岛。

但是，中国对南海诸岛，特别是西沙群岛和南沙群岛的主权从20世纪60年代末开始面临挑战，挑战主要来自越南、菲律宾、马来西亚和文莱。由于南沙群岛及其附近海域的丰富油气等自然资源以及该群岛的战略意义，这些国家纷纷对其提出各种主权要求并从20世纪70年代开始擅自进行占领或开发资源等活动。中国政府坚持对南海诸岛享有主权的一贯立场，在对任何违反国际法并侵犯中国主权和损害中国主权权利的主张或行为予以明确抗议的同时，谋求用和平的方法解决与这些国家之间的岛屿争端。为此，中国根据《联合国海洋法公约》（1982）的相关规定，以"九段线"所划定的南海诸岛范围为基础，依群岛制度来主张中国在南海的管辖海域。

2000年12月，中国与越南签署了《关于两国在北部湾领海、专属经济区和大陆架的划界协定》和《北部湾渔业合作协定》，这是中国与周围邻国签订的第一个海洋划界协定。在其海域，中国迄今尚未与任何一个邻国划定彼此之间的海洋疆界。1996年中国在批准《联合国海洋法公约》（1982）时声明，中国将与海岸相向或相邻的国家，通过协商，在国际法基础上，按照公平原则划定各自海洋管辖权界限。中国的《专属经济区和大陆架法》在法律上确定了这一立场。如果未能划定界限，双方可以作出某种都能接受的共同安排。

第四节　国际经济法

国际经济法是随着国际经济关系的发展而在第二次世界大战后形成的一个新兴的法学学科，是调整国际经济关系的法律规范的总称。它是国际经济秩序的政治经济和社会观念在法律上的体现，也是调整和规范国际石油合作行为的主要法律部门。

超越国界的国际石油合作，其双边、多边、区域性甚至全球性经济活动的加强，使得国际经济关系及其相互交往中所产生的具有跨国性的各种法律问题有着越来越频繁、越来越复杂的趋势。为了适应这一客观需要，保证国际石油合作的顺利开展，更需要进一步发展和完善国际经济法以及有关的石油法规。

一、国际经济法的概念及其特征

（一）国际经济法的概念

国际经济法调整不同国家的自然人、法人及其他经济实体之间、国家和国际组织之间，以及他们相互之间的经济关系，包括不同国家的平等当事人之间的经济交往关系、主权国家对此项交往进行管理和管制的关系，以及国家或国际经济组织就它们之间的经济关系进行相互协调的关系。所以，国际经济法是表现为一国范围内的涉外经济立法、国际公约和国际惯例中的法律规范的总称。

随着国际经济法的发展和研究的深入，国际经济法也逐渐形成了许多分支，主要有国际投资法、国际贸易法、国际金融法、国际税法、国际经济组织法、国际海商法、国际经济贸易争议解决法律制度等，既有调整国际经济关系的实体法规范，也有相应的程序法规范。

（二）国际经济法的特征

1. 国际经济法主体的独特性

国际经济法的主体是指参与国际社会中各种经济关系的国家、国际经济组织、自然人、法人及其他经济实体。在国际经济交往实践中，自然人和法人是直接参与国际经济活动的当事人，国际贸易、国际技术转让、国际投资、国际金融等经济活动主要是通过自然人和法人进行的。国家作为国际经济法的主体，其主要作用是对国际经济活动进行管理与监督；而国际经济组织在国际经济活动中更多地发挥着协调各国调整国际经济活动的立法的作用。

在国际石油合作中，资源国政府和外国石油公司是国际石油合作的主要主体。

2. 国际经济法调整对象的国际性

国际经济关系即超越一国范围的自然人、法人、国家和国际经济组织相互之间的经济贸易关系、技术转让关系、投资关系、金融关系等经济关系。它既包括一国的涉外经济关系，也包括外国对另一外国的经济关系等多边的国际经济关系。这些关系可以分为三个层次：第一，平等当事人之间的国际经济交往关系，即"横的关系"，如国际货物买卖、运输、保险、支付、合资经营、合作经营等。第二，国家对国际经济交往关系的当事人及其有关活动实施管理或管制的关系，即"纵的关系"。在此项关系中，国家与其所管理的当事人的法律地位不是平等的，二者之间是管理与被管理、管制与被管制的关系。例如，资源国的外商投资管理部门对石油合作经营合同实施审批，国家海关依法对进出口货物征收关税等。第三，国家或国际经济组织之间通过双边或多边国际公约或协定确立的国际经济关系，如贸易、投资、税收等方面的关系。

3. 国际经济法规范的多重性

国际经济法的规范是表现为一国调整涉外经济关系的立法，以及国际公约和国际惯例中的各种法律规范的总称。与国际经济法所调整的国际经济关系相适应，国际经济法的规范也可分为三个层次：第一，调整平等当事人之间的国际经济交易活动的"私法"规范，如合同中的规范。其特点是当事人在不违反有关国家法律的情况下，自由地设定他们之间的权利与义务。第二，国家对当事人所从事的国际经济交易活动实施管理和管制的"公法"规范。这类规范一般属于"强制性"规范，即不是当事人通过协议即可改变的规范，如各国有关关税、所得税、外汇管理、商品进出口管理等方面的法律规范。对于此类规范，当事人只有遵守的义务，而无权自行作出改变。第三，调整国家或国际经济组织之间的国际法规范。这类规范主要为双边或多边国际公约或协定，以及国际惯例中的规范。

4. 国际经济法调整范围的广泛性

国际经济法的调整范围主要有：（1）关于外国经济地位的国内立法和国际法；（2）关于国际商业交易的私法方面，如货物买卖、运输、契约的法律等；（3）关于国际贸易的国内法规，如关税法规、税法、进出口管制法规、外汇管制法规等；（4）关于外国人投资的国内立法和国际法，包括鼓励外国人投资、投资保护、投资优惠待遇等法规，国有化与征收，投资争端解决方式，法律适用等；（5）关于国际贸易制度、国际货币与金融和国际机构投资制度的国际法和国际经济组织法，如国际货币基金组织、世界银行、区域性国际开发银行的法律，国际商品协定等；（6）关于区域经济一体化的条约、法律，如欧洲联盟、安第斯条约组织的法律等；（7）国际税法，包括课税管辖权范围、关于解决双重课税的法律等。

综上所述，国际经济法是研究和规范一切关于超越国界并涉及任何经济利益的交易和交往的法律、规则和制度，不论进行交易和交往的主体是国家、国际经济组织，还是自然人、法人或跨国公司；它也不拘泥于传统的国际法与国内法、公法与私法的严格界限。而且，正是由于国际经济法有其独特的主体、调整对象和与此相适应的法律规范，才成为一个独立的法律部门。

二、国际经济法的基本原则

国际经济法的基本原则，是指对国际经济法全部规范都有普遍指导意义，适用于国际经济法所有领域并为国际社会所普遍接受的原则。

（一）国家主权和对自然资源的永久主权原则

国家主权原则是国际法的基本原则，也是国际经济法的基本原则，而在经济方面，它特别表现为国家对自然资源的永久主权。它是国家主权原则不可分割的部分，是构成新的国际经济秩序的基础。然而，这一原则的确立则是经过长期斗争的。

原属殖民地的国家在政治上取得独立后，在经济上往往还处在受外国剥削和掠夺的地位，自然资源掌握在外国公司或跨国公司手中，经济发展受到严重障碍。在20世纪60年代以前，一些发展中国家为了维护国家的经济主权，开始了收回国家权益的斗争。例如，1951年伊朗政府将长期控制该国经济命脉的英伊石油公司收归国有；1954年，危地马拉政府没收了被美国联合果品公司长期霸占的几十万公顷的土地；1958年至1959年，印度尼西亚将荷兰人的资产收归国有。20世纪60年代以后，特别是在70年代初期，发展中国家为了本国经济独立和发展，相继对外国公司实行国有化，以维护国家对自然资源的主权，其中以石油、矿业部分占压倒多数。

20世纪60年代后，各国对一切经济活动拥有完整的、永久的主权，这项原则得到普遍的承认。1962年12月联合国大会通过的《关于自然资源永久主权宣言》（第1803号决议）中就宣告："各国必须根据主权平等原则，互相尊重，以促进各民族和各国自由有利行使其对自然资源之主权"；"侵犯各民族及各国对其自然与资源的主权，即系违反联合国宪章的精神与原则，且妨碍国际合作的发展与和平的维持"。1974年5月联合国大会第六届特别会议通过的《建立新国际经济秩序宣言》中规定："各国对本国的自然资源以及一切经济活动拥有完整的、永久的主权……这种权利是国家享有完整的永久主权的一种体现。任何国家都不应遭受经济、政治或其他形式的胁迫，阻挠它自由充分地行使这一不可让渡的权利。"1974年12月联合国大会第29届会议通过的《各国经济权利和义务宪章》第二条第一款中规定："每个国家对其全部财富、自然资源和经济活动享有充分的永久主权，包括所有权、使用权和处置权在内，并得自由行使此项主权。"关于国有化和赔偿问题该宪章第二条第二款作了这样规定："在将外国财产的所有权收归国有、征收或转移时，应由采取此种措施的国家给予适当的赔偿，要考虑到它的有关法律和规章以及该国认为有关的一切情况。因赔偿问题引起的任何争论均应由实行国有化国家的法院依照其国内法加以解决，除非有关各国自由和互相同意根据各国主权平等并依照自由选择方法的原则寻求其他和平解决办法。"这就消除了1962年联合国大会有关决议中存在的措辞不明确的缺点，为国家对自然资源的永久主权和对外国产业实行国有化的权利提供了切实的保障。

尊重资源国对自然资源的永久主权在国际合作开发关系中具体表现在以下几个方面：

（1）不管外国人通过何种方式取得在一定时期内对一定区块的自然资源的勘探和开发产生的权利，都毫不涉及对自然资源的所有权，对自然资源的所有权和管辖权永久属于资源国。资源国有权自主制定有关勘探、开发和分配资源的法律，有权制定批准、限制或禁止外国人开采自然资源的法规，并行使管辖权。

（2）在产品和利润分配方面，资源国有充分理由享有更多的权益。在产品税收方面，资源国有权制定税法，规定税率和对外国合同者的税收优惠待遇并且在合作开发企业中聘用人员、采购设备和物资，以及利用服务等方面享有优先权。

（3）在整个合作开采生产过程中，资源国有检查、监督的行政管理权，并对外国合同者的违法行为有警告、罚款等方面的行政惩罚权。

(4）资源国有权取得在开发过程中新得到的资源情况和技术情况等有关的资源和情报。

（二）公平互利原则

基于国家主权原则，国家不分大小、强弱和贫富，在国际经济法面前一律平等。大国、强国、富国不能以大压小，以强凌弱，以富欺贫。公平概念是新的国际经济秩序的主要概念之一，公平互利原则是作为国际法基本原则之一的平等互利原则的新发展。

在现代科学技术条件下，所有国家在经济上是互相联系、互相依靠的。各国只有实现共同的发展，才能实现各国的繁荣和发展。任何一个国家或国家集团在谋求本身的发展时都不能置别的国家的利益于不顾。只有在公平互利原则的基础上建立起新的国际经济关系，才能纠正目前存在的贫富悬殊的不合理现象，才能实现所有国家在经济上的均衡发展。

《建立新国际经济秩序宣言》（1974）序言指出，新国际经济秩序"应该建立在一切国家待遇公平……的基础上"；《各国经济权利与义务宪章》（1974）也宣告其基本宗旨是"促进建立以一切国家待遇公平、主权平等、共同受益和协力合作为基础的国际经济新秩序"；该宪章还规定，所有国家在法律面前一律平等，并作为国际社会的平等成员，有权充分和有效地参加为解决世界经济、金融和货币问题作出国际决定的过程，并公平分享由此而产生的利益。《各国经济权利与义务宪章》（1974）规定的"国际经济关系的基本准则"中，就包括有"一切国家主权平等"和"公平互利"。只有平等才能互利，不公平就谈不上什么互利。

（三）国际经济合作发展原则

进行国际合作以谋发展，是国际经济关系的基本原则之一，同时也是所有国家一致目标和共同义务。

要发展经济，改善和提高人民生活，从外部条件来说，必须开展国际经济合作。历史证明，一个国家闭关自守，不与别国开展经济合作与交流，是很难发展经济的。而开展国际合作又需要以互相尊重国家主权、贯彻公正、平等、互利原则为基础，否则也就实现不了国际合作；即使勉强建立了合作关系，也是维持不下去的。从这个角度来看，国家经济主权原则，公正、平等、互利原则和国际合作发展原则是紧密联系、不可分割的。

《关于各国依联合国宪章建立友好关系与合作的国际法原则宣言》（1970）强调了各国间相互合作的义务，指出各国不论在政治、经济及社会制度上有何差异，均有义务在国际关系各方面彼此合作。各国应在促进全世界尤其是发展中国家的经济增长方面彼此合作。《各国经济权利与义务宪章》（1974）中要求所有国家在经济、社会、文化、科学和艺术领域进行广泛的合作，以促进全世界尤其是发展中国家的经济发展和社会进步。

（四）有约必守原则

"有约必守"来源于古罗马法，是一条古老的民商法原则。后来这条原则被援引运用于国家与国家之间的政治、经济等方面的外交关系，成为传统国际法中的一条习惯法规则，也成为了国际公法上的一条基本原则。有约必守原则通常也被称为条约必须遵守原则或者条约必须信守原则，它包括"条约必须遵守"以及"合同（契约）必须遵守"这两重含义。

1. 条约必须遵守

在国际经济法层面的有约必守原则是指当事国依据国际法缔结的双边经济或者多边经济

条约成立生效后,非经依法解除,就要受到该条约的约束,必须切实履行自己的国际经济义务;否则就构成国际侵权行为或国际不法行为,并承担由此引起的国际法律责任。《维也纳条约法公约》(1980)在序言中强调"条约必守遵守原则乃举世所公认",该《公约》第二十六条规定:"凡有效之条约对其各当事国有拘束力,必须由各该国善意履行。"第二十七条明文规定:"一当事国不得援引其国内法规定为理由而不履行条约。"

2. 合同(契约)必须遵守

在私法层面,即就自然人、法人之间或他们与国家之间的合同(如在国际石油合作中的石油合同)来说,有约必守原则是指有关各方当事人一旦达成协议,依法签订合同,该协议就具有法律上的约束力,非依法律或当事人同意,不得单方擅自改变;任何一方无合法原因,不履行或不完全履行合同义务的,对方有权请求继续履行或解除合同,就不履行或迟延履行所造成的损失要求赔偿。

对于国际经济交往而言,有约必守原则在国际经济法领域起着显著的作用,理所当然地成为各国应当遵循的基本国际经济法原则。国家之间签订的各种国际经济条约,只有在缔约各方都善意遵守和切实履行的情况下,才能产生预期的法律效果,实现特定的经济目的,并促进各国经济的长足发展。

三、国际经济法的渊源

国际经济法既包括国际法规范,也包括国内法规范。因而国际经济法的渊源,将涉及国际经济条约、国际惯例、国际组织决议和规范性文件、国内涉外经济立法以及判决和裁决等问题。

(一)国际经济条约

国际经济条约是国家、国际组织间所缔结的调整其经济关系中权利与义务的国际协议。国际经济条约对缔约国有拘束力,适用"条约必须遵守"这一国际法原则,从而是国际经济法的重要渊源。

重要的多边造法性国际经济条约有:《保护工业产权巴黎公约》(1883)、《保护文学艺术作品伯尔尼公约》(1886)、《关于提单统一法律规定的国际公约》(1924)、《统一汇票、本票法公约》(1930)、《统一支票法公约》(1931)、《国际货币基金组织协定》(1944)、《国际复兴开发银行协定》(1944)、《承认与执行外国仲裁裁决公约》(1958)、《解决国家与他国国民之间投资争议公约》(1965)、《联合国海上货物运输公约》(1978)、《联合国国际货物销售合同公约》(1980)、《联合国国际货物多式联运公约》(1980)、《多边投资担保机构公约》(1985)以及《建立世界贸易组织的马拉喀什协议》(1994)等。此外,还有大量区域性的多边国际经济条约和双边国际经济条约等。

(二)国际惯例

一些重要的国际条约和国内立法都承认国际经贸惯例的规范性和拘束力。《联合国国际货物销售合同公约》(1980)中规定,(1)双方当事人已同意的任何惯例和他们之间确立的任何习惯做法,对双方当事人均有拘束力;(2)除非另有协议,双方当事人应视为已默示地同意对他们合同的订立适用双方当事人已知道或理应知道的惯例,而这种惯例,在国际经贸上已为有关特定贸易所涉同类合同的当事人广泛知道并为他们所经常遵守。中国《民法通则》第一百四十二条第三款规定，中华人民共和国法律和中华人民共和国缔结或者参加的国际条约没有规定的，可以适用国际惯例。

某些非政府国际组织，如国际商会将一些国际经贸惯例编纂成文，形成《托收统一规则》（1995）、《跟单信用证统一惯例》（2007）、《国际贸易术语解释通则》（2010）等，为国际经贸界所广泛接受，影响很大。

在国际石油合作领域，最重要的国际惯例是一个国家在没有支付公平的补偿之前，资源国不能征用外国的财产。这一原则在西方国家中被普遍采用。但第二次世界大战之后，一些发展中国家对此提出了挑战。美国的很多石油公司在亚洲、非洲、南美洲等国家投资，这些国家较贫穷，石油是他们致富的财源，资源国害怕这些大石油公司控制其国内经济，到20世纪60至70年代，这些国家就把外国石油公司财产没收为国有。西方观点认为，外国的财产被没收为国有，资源国应支付一定的公正的补偿费，这一点很重要，因为它将会影响到资源国将来吸引投资方面的问题；否则，资源国将会被认为是不稳定的国家，难以吸引大量的外国投资。中国在国际上进行的石油勘探、开发合作，都是严格按照国际惯例和市场原则进行的。

（三）国际组织决议和规范性文件

国际组织决议和规范性文件，指国际组织尤其是世界性国际组织按照其宪章、章程规定的法定程序所制定的规范成员国之间权利义务关系的决议和法定文件。国际组织中由各成员国参加的最高权力机构，讨论其职权范围内的事项而通过的决议和制定的规范性文件，也是国际经济法的渊源。

（四）国内涉外经济立法

按照广义国际经济法的观点，调整涉外经贸关系的国内立法，也是国际经济法的渊源。如中国先后制定的《对外合作开采海洋石油资源条例》《中外合资经营企业法》《中外合作经营企业法》《外资企业法》以及《对外贸易法》和《反倾销条例》《反补贴条例》等，都是调整涉外经贸关系的国内立法。

（五）判决和裁决

国际法院的判决、国际仲裁机构的裁决以及国内法院的判决和国内仲裁机构的裁决，有些在国际经济法上是很有价值的。

如设在荷兰海牙的联合国国际法院从建立以来受理了几十件案件，其中就包括国际经济法方面的案件，如涉及外国投资的"巴塞罗那机车案"（Barcelona Traction Case）和涉及外国投资国有化的"西西里电子公司案"（ELSI 案）。然而，按照《国际法院规约》（1945）第五十九条的规定，国际法院的判决只对本案和本案当事人有拘束力。尽管如此，国际法院在适用和解释国际法时要对国际法的原则和规则加以认证和确定，而这种认证和确定在国际实践中是受到尊重的。

此外，国际仲裁机构，特别是WTO争端解决机构（DSB）和解决投资争议国际中心（ICSID）的裁决，对国际经济法也很重要。

国内法院的判决，其法律效力则视其隶属于英美普通法系或大陆法系而不同。在隶属于英美普通法系的国家和地区（包括中国香港地区），上级法院判决中的判决要旨，按照遵循先例原则对下级法院具有拘束力，属于国际经济法的渊源；在大陆法系国家和地区（包括中国澳门地区），则不是法律渊源，但对法院审理类似案件具有参考意义。

四、国际石油合作中投资保护的国际法制

（一）国际投资与国际石油合作中的投资保护

1. 国际投资与国际投资法

1）国际投资

国际投资是国际资本流动的一种重要形式，是指一国的投资者以营利为目的，将本国的货币、物资、专利、商标以及其他财产权利等资本投入到别国的一种经济活动。国际投资的种类有国际直接投资和国际间接投资两类。

国际投资的主要方式包括合作开发自然资源、在国外设立外资企业、在国外设立合资经营企业、在国外设立合作经营企业、国际信贷、发行国际债券、收购国外企业、国际技术转让等。

2）国际投资法

国际投资法是指调整跨国私人直接投资关系的有关国内法和国际法规范的总称。

国际投资法有鲜明的特征：(1) 国际投资法仅调整国际私人投资关系，而且仅调整国际私人直接投资关系，不包括国际间接投资关系；(2) 国际投资法所调整的国际私人直接投资关系既包括国内关系，也包括国际关系，主要体现为私人外国投资者与东道国及其法人、个人间以及同本国政府间的关系，也包括东道国与投资者母国政府间的关系；(3) 国际投资法的主体包括国家政府、国际组织、自然人和法人，范围非常广泛。

2. 国际石油合作中的投资保护

1）国际石油合作中的政治风险

石油资源的开发，具有风险大、投资多、技术要求高、建设投产周期长的特点，单靠资源国本国的资金、技术，往往难于形成规模。因此，许多发展中国家，甚至一些发达国家，都采取与外国投资者进行国际合作的方式来开发石油资源。对于外国投资者来说，与资源国合作开发自然资源，虽然利润大，但风险也大。外国投资者在国际石油合作的直接投资中，可能遭遇各种风险。除了自然灾害和一般商业风险外，也可能遭遇到特别的风险即政治风险。国际石油合作中保护投资的法律体制主要是针对政治风险而构建的。

政治风险也称非商业性风险，是指与东道国政治、社会、法律有关的、人为的、非投资者所能控制的风险。"人为的"是指由东道国政府所为行为产生的风险，包括东道国政府及政府机构或类似团体的积极作为和消极不作为所引起的，通常是给外国投资者造成不利影响的特别风险。例如东道国基于国家及社会公共利益的需要，对外国投资企业实行国有化、没收或征用；或因国际收支陷于困境，实行外汇管制，禁止或限制外国投资者原本利润汇回本国；或因东道国发生革命、战争、内乱等，使外国投资企业资产遭受重大损失以至不能经营等。政治风险的形成与东道国政府行为直接相关，而且往往涉及东道国政治和政策的稳定性，非投资者所能控制。

典型的政治风险包括汇兑险、征收险、战争和内乱险、违约险、迟延支付险。不同类型的风险可能重叠，同一投资事故可能产生基于不同风险的求偿权。

2) 国际石油合作中投资保护法律的产生

政治风险的存在，会严重影响投资者的安全与利益，同时也会影响资本输出国的利益。当然，外国投资者可以采取各种措施避险，如联合多个石油公司组成投资开发集团，或同时在不同的国家和地区进行开发活动，以分散风险；在协议中订立稳定条款，使其权益不受以后法律不利变化的影响；要求资源国通过立法或协议对其投资开发活动提供政府保证，保证在开发期间其投资的安全，避免政治风险等。

针对政治风险发生的可能性，为避免风险发生或减少风险发生后所产生的损害，以改善投资环境，鼓励国际私人资本的流动，世界各国纷纷建立了国际投资保证制度，即资本输出国的海外投资保险（或保证）制度。它是针对保护本国人在海外投资遭遇政治风险的具体法律措施。

所以无论是资本输入国还是资本输出国，为了保证其国内法能够充分发挥在保护和鼓励国际投资方面的效力，都在积极寻求建立一种共同的国际法律体制。于是，保护国际投资的国际法制、两国间的双边投资条约、区域性投资协定和多国间的投资保证公约便得到了迅速的发展。其中《多边投资担保机构公约》（1985）和《解决国家与他国国民之间投资争议公约》（1965）是最重要的关于国际投资保护的国际法规范，其相关的"多边投资担保机构"和"解决投资争议国际中心"两者的业务和功能，互相配合，相辅相成，其主要宗旨和共同效应都在于通过"国际立法"（国际公约），切实保护海外投资者的权益，改善国际投资环境，促进资本跨国流动。

（二）《多边投资担保机构公约》（1985）与 MIGA 体制

国际石油合作中的外国石油公司往往通过"多边投资担保机构"为在石油资源国家（即东道国）的石油开发投资项目投保，当该投资项目在东道国遭遇政治风险时，可从该机构获得一定保障。

《多边投资担保机构公约》（Convention Establishing the Multilateral Investment Guarantee Agency，简称《汉城公约》）于1985年世界银行年会通过，1988年4月12日因签字国和认缴资本总额均达到生效条件而生效。公约全文共十七章六十七条，另有两个附件和两个附表，主要是为了建立一个"多边投资担保机构"（Multilateral Investment Guarantee Agency，以下简称MIGA）。MIGA是"世界银行集团"的第5个新增成员，它通过直接承保各种政治风险，为海外投资者提供经济上的保障，并且进一步加强法律上的保障。

1. 公约的宗旨和目标、机构的职能

公约的宗旨是鼓励会员国之间相互投资，尤其是向发展中国家融通生产性投资，以补充国际复兴开发银行、国际金融公司和其他国际开发金融机构的活动。MIGA以完全法人资格并根据公约规定通过履行以下两个基本职能来实现这一目标：其一，在一会员国从其他会员国取得投资时，对投资的非商业性风险予以担保，包括共保和分保；其二，通过技术援助、政策咨询、投资政策与经验的磋商、交流信息、推动签订投资协议等辅助性活动，促进会员国改善投资环境，以吸引更多外资。

2. MIGA 的法律地位和组织机构

MIGA 是一个具有完全法人资格的国际组织，在法律上、财务上具有独立性，有权签订合同，取得并处理动产和不动产，进行法律诉讼。公约还赋予该机构相应的特权和豁免权。

依据公约的规定，该机构的组织机构有三级：理事会、董事会和总裁及工作人员。

3. MIGA 的担保业务范围

《多边投资担保机构公约》（1985）规定，MIGA 所担保的政治风险是指东道国政府的行为（包括作为与不作为），还包括其所同意、授权、批准或指示的作为和不作为。

MIGA 具体承保下列四种非商业风险：

1）货币汇兑险

货币汇兑险是指投保人投资之后，东道国采取各种措施限制或者消极限制投保人将其货币兑换成可兑换性货币或投保人可以接受的其他货币，以及限制投保人将其货币转移出东道国境外，因而给投保人造成损失的风险。其中消极限制货币汇兑主要是东道国在投保人提出兑换或转移的 90 天内未作行为，或者在担保合同规定的期限内未作行为的情况。机构承保货币汇兑险时，应在与投保人之间所签订的合同中写明所要兑换的货币、兑换基数和日期以及索赔所用的汇率种类。

2）征收和类似措施险

征收是国家通过法令把财产所有权从所有者手中直接转移到国家手里，即东道国政府采取的立法行为或行政上的作为或不作为，实际上剥夺了投保人对其投资及其收益的所有权或控制权，包括征收、国有化、征用、查封、扣押、冻结以及没收。公约规定的征收险，主要指以下三种情况：(1) 东道国的任何立法或行政行为，这类行为违反了投资合同，违反了东道国国内法或所承担的国际条约义务；(2) 东道国的行政懈怠行为，它是东道国的行政当局在一段时间内或担保合同确定的日期内应作为而未作为；(3) 东道国采取的一系列行政措施，累计效果相当于征收，即使这些措施的单一行为属于政府正常管理行为的范畴。

但政府的正常征税、关税和价格控制、其他依经济法规和环保劳动法规以及为维护公共安全而采取的措施不在此保险之列。

3）违约险

东道国政府不履行或违反与投保人签订的合同，构成东道国政府对投保人的违约。MIGA 在符合下列条件时，予以担保：(1) 投保人无法求助于司法或仲裁部门对违约的索赔作出裁决，主要指四种情况：一是该东道国缺乏司法或仲裁机关，二是虽有司法机关，但缺乏司法独立，三是这些机关无权作出最终判决或裁决，四是由于东道国设置障碍，使外国投资者无法求助于这些机构；(2) 该司法或仲裁机关未能在担保合同规定的合理期限内作出裁决；(3) 虽有裁决但无法执行。总之，东道国政府不但违反其与投资人之间的合同，而且拒绝司法。

4）战争与内乱险

MIGA 对发生在东道国境内任何地区的任何军事行动和内乱提供担保。其中，军事行动是指不同国家政府的武装力量之间的战争行为，或同一国家内相互竞争的政府的武装力量之间的战争行动，包括经宣战或未经宣战的战争。内乱指针对政府的有组织的暴力行动，其目的在于推翻政府或将政府从特定的区域赶走，具有政治或意识形态的目的。内乱包括革命、暴乱、叛乱、军事政变、骚乱，不包括罢工、学潮和针对投资者个人的恐怖主义行为。

由于战争是东道国所不能控制的，所以 MIGA 一般不能向东道国要求代位求偿权，因而 MIGA 对赔偿责任的范围有较大限制。只有在投资项目的资产已被转移、毁坏或遭到物理上的损害，或者投资项目的生产经营受到其他形式的实质性干涉的情况下，MIGA 才赔付损失。由于军事行动或内乱使商业机会减少或商业经营条件恶化而给投资者造成的损失，MIGA 概不赔付。

5) 其他非商业风险

公约规定，MIGA 经投资者与东道国的联合申请，董事会特别多数票通过，可将担保范围扩大到上述四种风险以外的除货币贬值或降低定值以外的任何其他非商业风险。

4. MIGA 对担保合格性的要求

机构担保的投资项目，必须符合三个方面的要求，即合格的投资、合格的投资者和合格的东道国。

1) 合格的投资

MIGA 对担保的投资项目在条件、类型、时间上作了种种限制，投资必须符合以下四个条件，才是合格的投资：（1）必须在经济上合理；（2）必须具有发展性质，能对东道国经济的发展作出贡献；（3）必须同时符合东道国和投资者本国的法律；（4）必须与东道国宣布的经济发展目标和重点相一致。

2) 合格的投资者

合格的投资者是指符合下列条件的自然人或法人：（1）该自然人必须是东道国以外的成员国的国民；（2）该法人在东道国以外的成员国登记并在该国设有主要营业所，或者其多数资本为东道国以外的一个或几个成员国国民所有；（3）该法人必须是在商业基础上进行经营的，即根据商业原则，独立核算，自负盈亏，并在经营活动中拥有足够的自主权。

经投资者和东道国联合申请，董事会特别多数通过，可以把合格投资者的范围扩大到东道国的自然人和在东道国注册的或其多数资本为东道国国民所有的法人，但其投资必须是从东道国国外移入的。

3) 合格的东道国

合格的东道国必须符合以下条件：（1）是一个发展中国家，公约限定只有发展中国家成员国才能成为合格的东道国，反映了 MIGA 特别鼓励资本流入发展中国家的目标和宗旨；（2）是一个同意多边机构特定风险的国家；（3）是一个经 MIGA 查明，投资可以得到公平平等待遇和法律保护的国家。

5. MIGA 的代位权

风险发生后，投资者即可根据与 MIGA 订立的担保合同向 MIGA 索赔，MIGA 一经向投保人支付或同意支付赔偿，即代位取得投保人对东道国或其他债务人所拥有的有关已投保投资的各种权利或索赔权。MIGA 作为投资者的代位权人所取得的财产的待遇，应等同于这些财产在投资者手中的待遇。各个成员国都应当承认 MIGA 的此项权利。

根据公约的规定，投资者在向机构索赔之前必须履行下列义务：（1）寻找当地行政救济，不包括司法救济；（2）遵守东道国的法律和法令，对其投资项目加以控制，以避免或减少可能的损失；（3）妥善保存求偿的文档记录，以备机构查阅。

（三）《解决国家与他国国民之间投资争议公约》（1965）与 ICSID 体制

《解决国家与他国国民之间投资争议公约》（Convention on the Settlement of Investment Disputes Between States and Nationals of Other States，简称《华盛顿公约》）是世界银行提交各国政府签署的保护国际投资的国际法规范，于 1966 年 10 月 14 日生效。其宗旨和目的是"创立一个旨在为解决国家和外国投资者之间的争议提供便利的机构"，以有助于"促进相互信任的气氛，从而鼓励国际私人资本更多地向那些希望引进外资的国家流入"。随即根据《华盛顿公约》（1965）第一条的规定，正式设置了解决投资争议国际中心（International Center for the Settlement of Investment Dispute，以下简称 ICSID），作为负责组织处理国家与他国国民间投资争端的常设专门机构。

ICSID 通过受理和处断国际投资争议，为海外投资者在东道国所可能遇到的各种政治风险（非商业性风险）提供法律上的保障。例如外国石油公司与资源国政府之间因在资源国投资开发石油资源而产生的特定争议，即可通过 ICSID 解决东道国与外国投资者之间的争议。

1. ICSID 的法律地位及管辖权限

ICSID 是根据《华盛顿公约》（1965）设立的国际法人，具有完全的国际法律人格。其法律行为能力包括缔结合同的能力，取得和处理动产和不动产的能力，起诉的能力。ICSID 由行政理事会、秘书处、调解人小组和仲裁人小组等组成。

ICSID 的管辖权限：（1）凡提交中心仲裁的投资争议的当事人，其中一方必须是公约缔约国或该缔约国的公共机构或实体，另一方则应是另一缔约国的国民（即外国投资者，包括自然人、法人及其他经济实体）。（2）凡提交中心解决的特定争议，当事双方必须订有将该特定争议提交中心解决的书面仲裁协议，而此项协议的存在，是中心取得对该特定争议行使管辖权的必要的实质要件。且一旦双方当事人订立了书面的将该特定争议提交中心解决的仲裁协议，任何一方当事人均不得单方面撤回其已经表示的同意。（3）根据《华盛顿公约》（1965）的规定，中心管辖权应扩及缔约国及其公共机构或实体与另一缔约国国民之间因直接投资而产生的任何法律上的争议。这就是说，中心对投资争议的仲裁，仅限于由于投资而产生的法律争议，而不是其他方面的争议。因此，争议只有同时具备以上三个实质要件，才属于中心管辖的范围。

2. ICSID 的仲裁程序

（1）仲裁申请。拟将争议提交中心解决的任何缔约国或缔约国的国民，应向中心秘书长提出书面仲裁申请。其内容包括争议的事实，当事双方的身份，以及它们同意依照中心的调解和仲裁规则仲裁等。

（2）仲裁庭的组成及权限范围。仲裁庭可以由双方同意的独任仲裁员或三名仲裁员组成。在后一种情况下，由当事各方各自指定一名仲裁员，第三名仲裁员（首席仲裁员）由当事双方协商指定。

（3）仲裁审理。仲裁程序应当按照公约的规定进行。除当事双方另有约定外，应当依照双方同意提交仲裁之日有效的仲裁规则进行仲裁。仲裁庭在解决争议的过程中，按照《华盛顿公约》（1965）第四十二条的规定，应当适用双方共同选择的法律。如无此项选择，应当适用争议一方的法律，包括该法律中有关的冲突规则，以及可适用的国际法规则。按照许多东道国的有关国际投资的法律，在东道国的投资，必须适用东道国的法律。

（4）仲裁裁决。仲裁裁决应当以全体成员的多数票作出，并应采用书面形式，由赞成此裁决的成员签署。裁决应当处理提交仲裁庭解决的所有问题，并说明裁决所依据的理由。

（5）仲裁裁决的承认与执行。中心的裁决相当于缔约国法院的最终判决，各缔约国法院不得对它进行任何形式的审查，包括程序上的审查；也不得以违背当地的社会公共秩序为由而拒绝承认与执行；任何一方当事人也不得对中心裁决提出任何上诉或采取任何除公约规定以外的补救办法。除依公约有关规定停止执行的情况外，当事各方及各有关缔约国法院均应遵守和履行中心的裁决。

（四）中国政府与外国投资者之间投资争议的解决

中国政府与外国投资者之间的争议解决方法，体现在中国有关的国内立法、中国缔结或参加的双边或多边国际公约中。中国已经同一百多个国家订立了投资保护协定，还加入了《多边投资担保机构公约》（1985）和《华盛顿公约》（1965）。

根据中国近年来的立法与实践，中国国家与外国投资者之间的争议，除通过双边协商解决外，主要有以下三种情况。

1. 当地救济的方法

当地救济的方法即通过中国国内行政管理机构或司法机构解决的方法。例如，中国与荷兰、法国、丹麦等国订立的投资保护协定均规定，对于缔约一国与缔约另一国投资者之间关于该投资者在缔约一国领土和海域内的投资争议，投资者可选择如下的解决方法：（1）向投资所在缔约国的主管行政当局或机构申诉并寻求救济；（2）向投资所在国有管辖权的法院提起诉讼。以上方法适用于所有的在中国境内投资的外国投资者，无论其所属国是否与中国订有双边投资保护协定。

2. 通过国家之间的解决方法

通过国家之间解决东道国与外国投资者之间的争议，可以采取以下方法：

（1）外交谈判的方法，即通过国家之间协商的方法解决，但使用这种方法的前提条件，应当是在用尽当地救济后，争议仍然未能得到解决。此种方法适用于一切与投资争议有关的场合，无论外国投资者所属国是否与中国订有双边协定或者均为有关国际公约的缔约国。

（2）代位求偿的方法。此种方法主要适用于外国投资者所属国与中国订有双边协定的国家，或者均为有关国际公约的缔约国的情况。根据中国与其他国家订立的投资保护协定，如果对方国家对其国民在中国境内的投资提供了保险或担保，并据此向其在中国投资的国民支付了赔偿，中国政府承认缔约另一方对其国民权利的代位，但此项代位不得超过其国民应当享有的权利。根据《多边投资担保机构公约》（1985），该公约缔约国的国民也可向该公约项下的多边投资担保机构（MIGA）投保公约规定的风险。根据该公约第十八条的规定，如果 MIGA"在对投保人支付或同意支付赔偿时，投保人对东道国其他债务人所拥有的有关投保投资的权利或索赔权应由 MIGA 代位"。而所有缔约国都应承认 MIGA 的上述权力。此外，对于那些未与中国订立上述协定或共同参加国际公约的国家，如果该国对其国民在中国境内的投资提供了保险或担保，并据此向其在中国投资的国民支付了赔偿，也可采用此种方法。

3. 国际仲裁的方法

中国于1990年2月签署了《华盛顿公约》（1965），1993年2月6日正式加入此公约。中国政府在加入时已经向 ICSID 发出通知：根据公约第24条（4）款，中国政府只考虑将由于征收和国有化而产生的赔偿争议交由 ICSID 管辖。因此，中国政府与该公约缔约国国民之间的投资争议，在双方订有书面仲裁协议的情况下，也可提交 ICSID 仲裁解决。向 ICSID 提交的争议中，除了根据《华盛顿公约》（1965）产生的投资争议外，包括中国在内的许多双边投资保护协定中也有关于将该双边投资协议项下的争议提交 ICSID 解决的规定。

中国与一些国家签订的双边投资保护协定中，也有一些包括通过仲裁解决国家与对方投资者之间的投资争议的规定。而对于那些与中国无此协定或未能参加《华盛顿公约》（1965）的国家，如果这些国家的投资者与中国政府订有通过仲裁解决投资争议的仲裁协议，也可通过仲裁的方式解决此项争议。

第五节　国际石油合作中的国内法

一、矿产资源法

有关矿产资源的法规，大多数国家都称为"矿业法"。它是自然资源法律中，历史较为悠久的一种。欧洲在近 200 年以前，即开始形成了专门的矿产法。西方国家的矿产法，大都在 20 世纪先后形成。

由于社会制度不同，各国的矿产资源法规的基本内容也有所不同。多数国家不允许私人对矿产资源有所有权，但有的国家则允许有些矿物可为私人所有，如英国法规规定，除金、银外，其他矿物允许私人所有。

世界各国的矿产资源法律，大体可分为两种类型：一种是纲领性的，如苏联的地下资源法纲要、加拿大的矿业法，这种法必须由地方政府进一步立法加以补充；另一种是全国性的完善法规，如德国矿业法和中国的矿产资源法。

各国的矿业资源法规虽然有所区别，但也有一些共同特点：

（1）各国的矿产资源或者主要的矿产资源，大部分属于国家所有，在使用这些矿产资源时，必须依法办理手续。勘探权或探矿权或勘探许可证等是一大类，开采许可、采矿权等又是一大类。构成复杂的因素是土地所有制。在资本主义国家中，这个问题比较复杂。因此也使取得探矿权、采矿权等的法律条款占了很大的篇幅。在这些规定中，对时间与空间的限定、对权属取得与转移规定比较细致。

（2）有的国家在矿产资源法规中列举了各个矿产名称，有的专门列举了本国具有特色的矿产的有关规定，有的矿业法中对矿产品运输、销售等也作了法律规定。同时，对大陆架的矿产设施、研究等要求也包括在矿业法中。矿业法管辖的矿种在不断扩大，有关矿业活动的立法工作也在加强。

（3）对安全生产、环境保护、矿产资源的保护等有关法律规定，在矿业法中逐步完善，而这些方面的技术要求，也往往写在法中。

（4）立法工作是服务于国家政治需要的。除立法的经济效益、社会效益、环境效益外，必须考虑政治战略的需要。许多发展中国家针对自己的矿产资源优势，专门制定了一些法规以维护本国的利益。目前的一个重要问题就是在立法中，如何限制与防止矿业跨国公司的控制。

二、石油天然气法律与法规

各国针对石油天然气的法律和法规大致有三种形式。

（一）石油法

石油法是针对石油工业专门颁布的单行法。例如泰国有关油气资源管理的法律有两个：一个是石油法，另一个是石油所得税法。它们均于1971年颁布，后经1973年、1979年和1989年三次补充修改后，更加完善。泰国石油法简明扼要，易于操作，适用于整个石油业并覆盖了各道工序。

（二）归于其他法律之中

有些国家没有专门的石油法，但在其他法律之中体现了对石油工业的管理。美国就是如此。美国陆上和外大陆架的资源开发由两个法来管理：一是1920年修正的矿产土地租让法；二是修正的外部大陆架土地法。美国没有国家石油公司，其领土上的勘探与开发，一般是由私营公司和联邦政府一起遵从以上法律，依据租约或合同来进行。以上两个法的主要内容有：国籍限制、土地所有权、租用面积、投标规定、海上区域规定、海上租用面积、海上租约期限、海上投标规定、陆上租约期限、矿区使用费、税的规定、地面租金规定及其他。

（三）作为特定矿种进行管理

有些国家既无专门的石油法，也未在其他法律中对石油工业的管理作详尽的规定，而是通过政府的特殊规定来管理石油工业。例如中国自1982年至今，先后颁布了《中华人民共和国对外合作开采海洋石油资源条例》《中华人民共和国对外合作开采陆上石油资源条例》《矿产资源勘查区块登记管理办法》和《矿产资源开采登记管理办法》《中华人民共和国石油天然气管道保护法》等法律法规，对石油工业进行管理。

三、其他与石油工业有关的法律

（一）税法

税法中与石油工业有关的规定主要有：（1）公司（企业）所得税；（2）有的国家为限制石油公司因油价暴涨获取暴利而额外增收的暴利税（美国称为暴利税，英国称为石油收益税，挪威称为特别税）；（3）许多国家通过折旧折耗、利息减免、税收抵免和解决双重征税而实施的税收放宽政策；（4）经营销售税，如美国某些州采用的单位生产税，中国的增值税，某些国家的销售税；（5）矿产资源税；（6）房地产税；（7）车船牌照税等。

（二）环境保护法及相关的规定

由于温室效应、酸雨和臭氧层破坏等三个全球性的主要环境问题都与石油工业有密切的联系，因而许多国家除制定环境保护法外，还经常把有关环境保护的规定作为条款写在本国的石油法和有关条例中，或写在具体合同中。这些条款一般规定了禁止污染的有关内容，有时也对污染可能造成的损失规定出需要承担的民事责任等。

复习思考题

1. 国际法的概念和特征是什么?
2. 一国的领土构成是什么?
3. 国际海洋法律法规有哪些?
4. 领海的概念是什么?领海主权体现在哪些方面?
5. 专属经济区的概念及其权利是什么?
6. 国际经济法体系包括哪几个方面?

第三章 国际石油合作的法律模式

国际石油合作的法律模式是指石油合同双方当事人用以确定双方权利和义务主要内容的某种具体形式，实际上是石油资源国同外国企业合作开发本国石油资源而依法订立的关于石油勘探、开发、生产和销售的合同。

国际上合作开采石油资源的合同模式有很多，归纳起来主要包括许可证制合同、产品分成合同、联合经营合同、风险服务合同四种。合同的选择对合作双方意义重大，选用什么样的合同就会体现出什么样的权利义务关系。

第一节 许可证制合同

许可证制模式是石油资源国政府与外国石油公司之间最古老的合作类型，许可证制合同是国际上最早的石油合同。一般来说资源国从这种合同中得益较少。一项许可证制合同的主要内容是国家准予外国石油公司或石油公司集团在一定的地区和时期内实施各种石油作业的权利，包括勘探、开采、运输和销售等。资源国通常只征收矿区使用费和与石油作业有关范围内的特种税额。

根据许可证制合同内容的变化，可以分为传统许可证制和现代许可证制两种合同。

一、传统许可证制

最早的传统许可证制又可以称作租让制，是1901年英国阿塞公司在中东波斯（伊朗）签订的租让合约，直到20世纪50年代中期租让制仍然是反映石油资源国政府与外国石油公司合作关系常见的比较简单的合作形式。租让制合同的主要特征是：

（1）租让区面积大，时间长。有时租让区甚至包括国家的全部领土，或者至少包括国家领土中最有前景的区域。租让期通常为60~70年，最长达99年。

（2）资源国收益仅限于矿区使用费。矿区使用费的费率通常采用统一不变的形式，一般相当于原油产量的八分之一，而不是根据外国石油公司所获的利润多少而定。

（3）承租者在作业经营各方面都拥有实际的完全管理权，其中包括决定勘探速度、决定新油田投产、决定产量、制定价格。资源国可以参与一些管理，但仅限于在承租企业的董事会中有象征性的少数几名代表而已，对于决策发挥不了实际的有效影响。

（4）勘探、开发以及经营所需的全部资金都由承租者直接以股权投资的方式提供。

二、现代许可证制

传统许可证制合同被认为不公平，20世纪五六十年代殖民制度瓦解后，传统许可证制合同基本不再签订，逐渐演变为现代许可证制合同，即矿业税收制协议。

从传统许可证制合同演变而来的矿业税收制合同又称许可证合同，最基本的特点是：投资者获得的是原油和天然气实物，向资源国政府交纳矿区使用费和所得税。现代许可证制合同对传统许可证制合同中许多最不利的条款内容作了重大修改。

（1）租让区面积缩小、时间缩短，增加了定期面积撤销规。通常的做法是：将国家领土，包括近海区域，划分为区块，根据合同授予承租者的区域仅限于若干区块。近期的租让合同还规定，最初租让区域中的绝大部分要逐步撤销。租让期一般限定在6～10年内。如果租让期满时，有商业性数量的石油生产，则按当时情况，可以根据双方议定的条款对合作延期。

（2）除矿区使用费外，资源国增加了收取公司所得税和各种定金。按公司净收益征收的所得税，至少是纯利润的50%。矿区使用费可随产量增长或价格上涨采用递增费或滑动费率。定金包括签约定金、发现油田定金、达到规定产量水平的定金等。

（3）资源国政府有权对外国石油公司的重大决策进行审查和监督。资源国政府要求外国石油公司必须完成的最低限度的勘探工作量，批准油田开发计划和确定价格等。

（4）在开发阶段资源国有权参股。参股是指国家直接参与租让制或通过它自己的石油公司参与租让制，这是在中东地区广泛应用的体制。中东地区的参股从20世纪70年代早期的25%逐步升到60%。图3-1是租让制合同收入分配的一个实例❶。

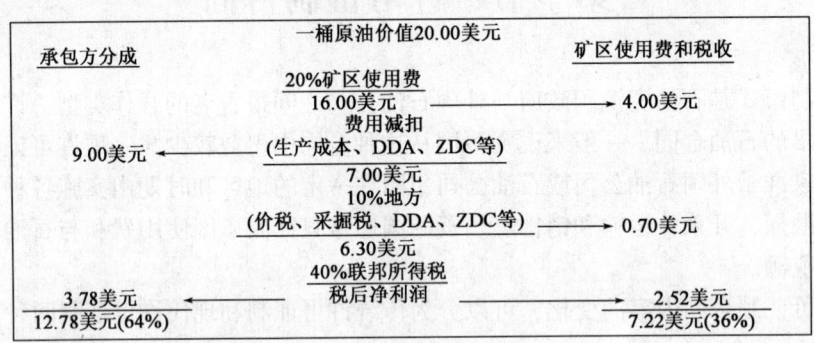

图3-1 租让制收入分配实例

DDA—折旧、折耗和摊销；ZDC—无形钻井成本

目前采用现代许可证合同的国家主要有文莱、泰国、俄罗斯、哈萨克斯坦、巴基斯坦、澳大利亚、巴布亚新几内亚、美国、加拿大、英国和挪威等。

三、利弊分析

传统许可证制合同的主要弊端在于，它授予外国石油公司相当大的权力，没有规定国家参与权，因而背离了主权国对其自然资源享有永久主权的原则，使资源国政府处于单纯的征税者的地位，其事实上是向外国石油公司出让自然资源所有权。而现代租让制合同则强调资源国对其自然资源的所有权，这种对所有权的保护不只是象征，而且体现了国家对其自然资源主权的进一步认识。

现代许可证制合同也确立了允许国家在勘探和生产阶段控制外国石油公司作业的管理系统，如英国、挪威。因此，现代租让制虽然具有传统的名称，但是在性质上却大相径庭。传

---

❶ 葛艾继，郭鹏，许红. 国际油气合作理论与实务. 北京：石油工业出版社，2004.

统的租让制合同不仅把自然资源的所有权割让给外国石油公司，而且还允许外国石油公司采用适合自己的生产技术和节奏来勘探和开发资源。现代许可证制合同确认了资源国在选择开发技术和自然资源消耗速度两方面的重要作用。

许可证已从传统的租让类型演化到国家主权及对租让区全部作业实施监管为基础的协议。虽然这种类型的合同名称没变，但是在现代许可证制合同中，资源国和外国石油公司之间的相互关系已经达到非常高级的程度。

现代许可证制合同不论其是否着重于矿区合作费或所得税，它最有利的一点是资源国政府在经济上基本无风险，管理上也比较简便，而且花费较低。此外，如果采用竞争性招标，资源国还可以获得数额可观的定金或较多的矿区使用费以及较高的所得税。这种许可证制的经济条款与其他类型合同的经济条款相比，更有利于资源国的经济收益。

第二节　产品分成合同

20世纪60年代初，印度尼西亚首创了产品分成合同，这种合同起初用于农业部门，然后推广到石油工业部门。产品分成合同是资源国保留矿产资源的所有权，承包商通过作业服务，利用生产出的原油进行成本回收和获得产品分成的合作形式。第一个产品分成合同诞生于1966年，由独立印尼美国石油公司与印度尼西亚国家石油公司签订。产品分成合同的成功应用，使这一合作模式很快被东南亚、非洲、拉丁美洲以及中东等地区的许多国家所采用，如秘鲁、马来西亚、危地马拉、利比亚、埃及、叙利亚、约旦、中国、孟加拉国和菲律宾等国。

一、产品分成合同的基本内容

产品分成合同比许可证制合同更能体现出较高级的石油资源国与外国石油公司的关系。按照产品分成合同，通常由国营石油公司代表国家，在其自然资源的开发中起到更积极的作用。这种协议的实质包含着石油公司与国家的伙伴关系，以保证最合理地开发已发现的石油资源。然而，一般都是把开发的作业阶段委托外国石油公司负责实施。产品分成合同有基本模式和直接分成模式两种类型。

（一）基本模式

任何产品分成合同基本模式一般都有三个基本内容（图3-2）：

（1）成本回收。由于外国石油公司是独自承担与某一发现有关的勘探费用，而国家要到生产阶段才占有份额，因而在协议里允许外国石油公司回收其初期投资。达到此目的的常规做法是一般称为"成本油"，即允许外国石油公司为了回收其初期投资可以分得该油田产量的一定百分比，数量由谈判决定。

（2）利润分成。在交付了协议规定的"成本油"之后，剩余的产量称为"利润油"，由国家和外国石油公司分成。一般是通过谈判确定每一个合同的分成比例，但是分成比例一般都与产量高低有关。

（3）缴纳税费。全部产品分成合同通常都包含有由外国石油公司按其所得"利润油"数量纳税的规定。

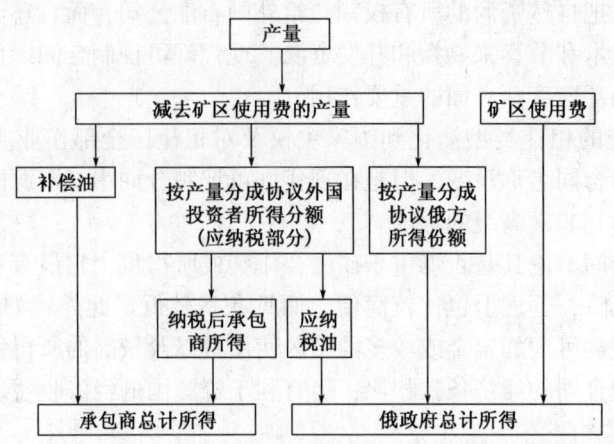

图 3-2 产品分成协议框架图——基本模式（以俄罗斯为例）

（二）直接分成模式

产品分成合同的直接分成模式比较简便（图 3-3），它是避免资源国政府与外国石油公司之间在税收计算方法问题上争执不休的最好模式之一，世界上普遍采用，只是其方式各有不同，常见的有秘鲁式和印度尼西亚式两种。

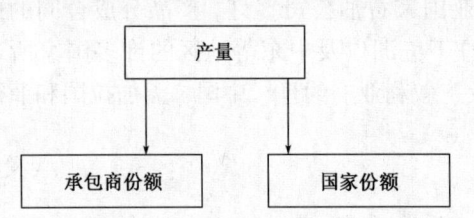

图 3-3 产品分成协议框架图——直接分成模式

（1）秘鲁式，即资源国政府只获得从井口生产出来的全部油气中预先确定的一个份额，其余部分归外国石油公司回收其费用并获得利润。资源国政府份额一般高达 60% 或 60% 以上。事实上这是一种很高的矿区使用费。

（2）印度尼西亚式，全部产量的 40% 用以回收费，余下的 60% 中的 65% 归政府、35% 归外国石油公司。这意味着在生产的早期阶段，只要外国石油公司完全用 40% 作回收费用，资源国政府就可得到 39%（60%×65%）的产品。但是当项目进入生产高峰期时，费用回收率就会低于 40%，政府的份额就慢慢增加。因此，这与预留最大限额费用回收油的利润分成合同没有实质性的差别。

二、产品分成合同的主要特征

（1）外国石油公司不拥有全部原油，只拥有其份额油，只是合同承包者，简称合同者。全部产品分成为两部分：一部分是用来偿还费用的"成本油"；另一部分是"利润油"，由资源国政府或国家石油公司与签订合同的外国石油公司分享。

（2）资源国除政府外，另设国家石油公司，代表国家参股，参与经营管理并对合同者进行监督。

（3）合同者独自承担勘探风险，如果没有商业性的发现，外国石油公司要承受损失。签约公司还要负担开发和生产费用。合同对定期撤销面积作了规定。生产期产品在扣除税费后限额回收生产作业费和投资，"利润油"在扣除政府所得后由双方分成。

（4）合同者担当作业者，但在其回收投资后作业权移交国家石油公司。

三、利弊分析

（1）产品分成合同的显著特点之一是从生产一开始，资源国政府就可得到自己份额的"利润油"，从而获得收益。"利润油"的分配可随产量的不同而变动。

（2）产品分成合同通常均规定，凡已发现的石油都必须留归资源国政府或国家石油公司所有，在石油产量达到出口水平前，外国石油公司无权处理它自己的那份石油。外国石油公司和国家石油公司可分别承担销售石油的任务，外国石油公司也可受托代理销售属于资源国的那份石油。有时，产品分成合同还规定，所产石油可供应国内市场，其价格参照实际生产成本确定，而不是按照国际市场价格。

（3）产品分成合同通常还硬性规定，外国石油公司必须在合同规定的勘探期内投入一定的勘探费用和承担钻井义务工作量，并根据规定期限分批分期地撤销勘探面积。

（4）有些产品分成合同把一些联合经营的条款内容也包括进去，资源国国家石油公司有权从签约的石油公司手里购买一部分股权，实际就等于参股。国家石油公司在参股后，除了必须支付股份比例分摊的全部费用外，也可按照参股比例分享利润。

（5）在石油价格发生大幅度变动的情况下，产品分成合同对于如何来调整最初签约时双方议定的资源国与外国石油公司的分成比例，并支付暴利税问题没有作出规定，因此，在油价飞涨的今天，产品分成合同对石油资源国是极为不利的。

（6）产品分成合同虽然规定了资源国政府可以通过经营委员会或管理委员会来参与对石油作业和经营的监督，但是不管勘探和开发费用多少，也不论外国石油公司的利润率如何，国家都必须能够得到商定的最低限度的产量份额。

第三节　联合经营合同

联合经营合同是外国承包商与资源国国家石油公司之间的联合经营的合同形式。在国际石油勘探开发协作中，联合经营的方式由意大利埃尼集团（ENI）最早采用。

一、联合经营的组织形式

（1）由国家石油公司与外国石油公司组成具有独立法人资格的实体，按参股比例分享利润。作为一个独立纳税单位，由国家或国家石油公司与外国石油公司联合经营，这一联合实体可根据签订的合同担负石油生产，有时也承担石油销售工作。参加联合经营的各方按照在企业中参股的比例分享利润。

（2）双方不共同组成实体，以各自的法人实体进行合作和履行合同。这种组织形式不要求组成一个由资源国政府或国家石油公司与外国石油公司所共有的独立经营公司，而是根据协议，每一方在开发区和由这一开发区所产的全部石油中，均有各自直接的不可分的开采利益。这实际上是一种合伙形式。

（3）由双方共同组成非营利的合作组织。非营利的合作组织通常指定一方为作业者，负责按照实际成本费用实施全部开发和生产作业，所需资金由国家石油公司与外国石油公司共同提供。新组成的合作组织不销售产品，而是根据一项总体联合经营合同的规定由作业者向国家石油公司与外国石油公司交付所获得的石油。

二、联合经营合同的主要特征

（1）不论采用哪一种形式的联合经营，所有重要决议都必须提交给各方都有代表参加的董事会或管理委员会审批通过。董事会或管理委员会的代表名额可以按照各方所占资金股份的比例委派，也可以另作规定。有些决议，如钻初探井，各方代表均有权表决通过。通常对年度勘探开发预算、对石油发现的商业价值评定、油田开发规划和开采速度、二次采油计划，以及石油销售政策等重要事项，都列入议事日程，由董事会或管理委员会予以审批通过。

（2）在联合经营合同中，以资源国或资源国国家石油公司为一方，外国石油公司为另一方，双方在联合进行石油勘探开发和生产经营中分享权益。根据联合经营协议中规定的条款，双方共同承担风险、费用，分享产品和利润，联合经营的双方或每一方参加联合经营的公司通常要负责向政府支付矿区使用费和税金。

（3）在很多联合经营合同中都规定，如果没有商业性发现，外国石油公司要承担勘探费用和风险。如果在勘探结束时，没有发现具有商业性价值的油藏，联合经营合同可告终止。联合经营合同通常还规定有外国石油公司的钻勘探井工作量和投资义务，以及分期归还勘探区域。

（4）联合经营合同有时也规定，由外国石油公司负责筹措勘探开发的全部费用，并在规定期限内以分期摊还的办法回收投资费用。因此，每年将按一定百分比回收投资，列入费用支出，不计所得税。

（5）有的联合经营合同规定，外国石油公司还要预先为国家石油公司垫付应由国家石油公司承担的那份费用。外国石油公司预先垫付的费用，一经开始生产，就可通过国家石油公司直接偿还的办法加以回收，或者把联合经营中国家所占有的股份中的一部分转归外国石油公司的名下。石油资源国政府也可以通过下列一种或几种方式来支付应承担的股权费用：

①提供勘探、开发和生产石油的权利；
②提供使用基础设施（通常指道路、通信、储存设施等）和其他设施的权利；
③提供数据资料和其他信息；
④提供信用证；
⑤推迟征收或放弃矿区使用费或其他税收；
⑥规定鼓励投资的措施，如加速折旧和加快分期偿还；
⑦在勘探风险不复存在并找到商业性储量后才直接征收税费。

三、利弊分析

（1）联合经营合同把石油资源勘探的资金风险（有时还有开发的资金风险）都加在外国石油公司的头上。在联合经营体制内，资源国政府可以让外国石油公司只负担勘探阶段的全部费用，或者也包括开发阶段的投资。开发阶段的风险比勘探阶段要少，如果东道国或其国家石油公司有条件提供开发阶段所需的资金，这样，既对东道国有利，也可使外国石油公司从开发阶段的资金负担和风险中解脱出来，从而会愿意接受百分比较高的国家参股，国家总的花费会因此而降低。

（2）联合经营可以作为一种媒介物使资源国在石油经营方面取得专业技能和管理经验。为达到这一目的，可以让本国人员在监督经营作业的管理委员会中供职，并让国家石油公司参加企业的经营活动。有些联合经营合同规定，外国石油公司一旦回收完成资本投资，国家石油公司就可充当作业者；也有的在合同中规定，管理委员会的组成可以改换。要求提供培训并在各级部门，包括技术和监督部门中雇用本国人员，这些措施都有助于实现学习经验，掌握技术、锻炼队伍、培养人才的目标。

（3）联合经营合同的弊病在于，政府的财政收入可能因外国石油公司玩弄各种手段而减少。如果外国石油公司窜改转手价格，按纯收入应缴纳的税费就会减少。这样一些花招和手段对于按所得税或类似办法缴纳税费的一切形式的合同都是不利的。但是，对于联合经营合同方式，这类花招的危害就特别大，因为股利通常也要受到损害。转手价格不仅危及股利，而且还减少了应纳税的纯收入。与所得税损失相比，股利损失更大，因为支付给分公司的利息和偿还借贷的本金都是在股利分配前从利润中挪支的，因此，资源国政府作为股东应得到的股利就要减少了。

第四节 服 务 合 同

服务合同是指由资源国拥有矿产所有权和经营权，外国石油公司提供资金和技术、勘探开发油气资源的一种合同形式。如果获得成功，通过销售油气回收成本，以剩余收入的一部分向承包商支付酬金。使用服务合同的国家主要有阿根廷、巴西、智利、厄瓜多尔、秘鲁、委内瑞拉和菲律宾；此外，土库曼斯坦和吉尔吉斯斯坦的修井项目也采用服务合同模式。

服务合同分为无风险的纯服务合同和风险服务合同，风险服务合同是根据利润收费，而无风险的纯服务合同则不然。

一、无风险的纯服务合同

这种合同只是简单的协议，与作业服务协议十分相似，据此外国石油公司代替国家石油公司或其他国家机构实施勘探和生产作业，其风险由国家承担，任何发现均是国家独有的财产。对订约人而言，没有勘探风险，也没有任何产出的油或气的转让。与所有其他类型石油合同一样，外国石油公司必须按根据服务合同所得的利润纳税。

石油储量可靠或财力雄厚的国家可以采用无风险的纯服务合同，阿拉伯海湾的欧佩克成员国就通常采用这种服务合同。如果采用这一类型的服务合同，政府要自己承担全部或部分勘探风险，实际上就是国家石油公司雇用外国石油公司作为承包者。从理论上讲，这种方式与外国石油公司承担勘探风险的方式相比，可以使石油资源国大大减少付给外国石油公司的报酬。沙特阿拉伯就比较多地采用了这种合同。在沙特阿拉伯，外国石油公司组成了阿美石油财团，该财团除了回收应偿还给它的费用外，还按每桶原油近20美分的标准收取服务费。阿美石油财团为沙特阿拉伯国家石油公司提供从勘探、开发直到生产的全面服务。

二、风险服务合同

在服务合同中，采用较多的是风险服务合同。风险服务合同有些类似产品分成合同，合同通常规定，外国石油公司不仅要为勘探提供全部风险资金，而且还要为油田的开发提供所需的全部资金，相当于为国家石油公司提供有息贷款。如果没有油气发现，外国石油公司停止勘探并取消合同；一旦有油气发现，国家石油公司或外国石油公司可以进行开发。这种服务合同所找到的全部资源均属国家财产。对外国石油公司有效服务的报偿不是像产品分成合同那样分享石油产量,而是直接支付现金,在油田投产后于一定年限内偿还。偿还的方式可以是现金,也可按国际市场价格购买原油,还可享受一定的折扣,利息通常也可以享受优惠。此外,还要按产量水平支付外国石油公司一定的报酬。

油田一经投产,国家石油公司就必须支付全部作业费用。风险服务合同通常也包括其他类型合同的一些条款。诸如工作量计划、撤销勘探区、在规定期限内若无石油发现则终止合同等。

这种服务合同在20世纪60年代后期才开始被采用,特别是产油国和希望得到石油供应的国家往往愿意采用这类合同。如伊朗(1966年)、伊拉克(1968年)、委内瑞拉(1971年)都签订了这类服务合同。有些外国石油公司与巴西、尼日利亚的国家石油公司也签订了类似合同。

这类服务合同与产品分成合同的不同点在于:在产品分成合同中,外国石油公司以承担风险为交换条件,一般要求得到20%~50%的所产原油;而在服务合同中,外国石油公司一般只能在规定期限内以市场价格3%~5%的折扣购买20%~50%的所产原油。因此,直到目前为止,只有在拥有丰富数量的探明储量或有优势的石油地质前景,特别是很有希望找到大油田、能供应外国石油公司所需要的原油的国家才签订这种服务合同。

三、利弊分析

与许可证制合同、产品分成合同和联合经营合同等合同方式相比,服务合同能使国家或国家石油公司得到更多的收益。但迄今为止,这类合同只在一些勘探风险相对小或很可能找到规模较大油田的地区才得到采用,如伊朗、尼日利亚和巴西就属于这样的地区。

一般来说,在服务合同中,不论投资规模大小,外国石油公司从投入资金中所得的报酬是相同的,因此,这类合同对外国石油公司的激励不太大。能否签订服务合同,使国际石油合作顺利开展,取决于许多因素。在众多因素中,最重要的是找到石油的可能性有多大,其储量有多少,外国石油公司在石油供求关系中处在何种地位,资源国政府在谋求取得这种协议方面所具有的知识、能力以及处理复杂事务的水平和经验等。

第五节 特殊合同

特殊合同是目前国际油气合作领域出现的一种新兴的合同形式。除没有产品分成合同中的成本回收和利润分成外,特殊合同在合同内容上类似于产品分成合同。在特殊合同中直接规定承包商获得油气的份额。但是由于合同模式特殊,结构复杂,包含数学公式、未知因素和公式牵动等因素,同时与投资收益直接挂钩,使合同复杂化,因而被称为特殊合同。特殊合同与服务合同、产品分成合同存在相同之处,但是在项目的收支、核心内容、追求目标及风险方面存在差异。在特殊合同形式下资源国政府对承包商的收支控制更加严格。

一、特殊合同的主要内容

特殊合同的主要内容有四部分:
(1)前期投资。由承包商在生产经营过程中每年代资源国政府履行投资义务,来抵扣资源国政府对于招标区块的前期投入费用。

（2）义务投资。风险勘探阶段的投资完全由承包商承担，并且规定了最低义务工作量。

（3）投标值。在特殊合同中，一般给出投标值的范围和判断中标的标准。投标值直接决定承包商的收益水平，是承包商收益率的反算值，与产量、投资和操作费用等因素成曲线关系。投标值的确定是特殊合同的核心内容，也是油气产品分配的重要因素。承包商在投标初期确定的投标值与投标者收益水平紧密相关，直接影响承包商的收入。投标值确定后，资源国政府能够清楚了解承包商每年应尽义务及获得的权益、油气产量。

（4）油气利润分配。确定了投标值，整个合同就清晰了，以该投标值乘以总产量就是承包商的份额油气。

二、特殊合同的风险

在特殊合同中以投标值对项目承包商的收益进行控制，承包商必须按照投标值确定的油气产品分配比例或原油的价格来计算在项目中的收益，享受油气产品利润分配。对于承包商而言，在项目运作过程中必须按照最初开发方案的产量曲线进行生产，否则承包商达不到预期的收益水平。同时，承包商的收入与油价息息相关，会产生一定的风险。如果项目的产量达不到预期水平或者国际油价低迷，承包商则可能在合同到期时无法完全回收投资，出现风险。此外，由于调整因子的作用使得涉及项目实际生产经营过程中的产量、投资、油价和操作费用以及资源国的国家政治、金融等因素产生的全部风险完全由承包商所承担。

三、利弊分析

特殊合同形式与其他合同形式相比，出现较晚，是一种新兴的合同。由承包商投出一个标值来决定其是否中标。标值与承包商进入区块的费用、对今后储量的认识、未来的开发方案、承包商收益水平密切相关。对于承包商而言，特殊合同形式具有更高的风险；对于资源国而言，收入更为稳定，并能随着承包商产量的提高而获得更多的收益。

复习思考题

1. 什么是国际石油合作的法律模式？
2. 当前国际石油合作合同模式有哪些？各有什么特点？
3. 什么是成本油？什么是利润油？
4. 风险服务合同的概念和基本内容是什么？

第四章
国际石油合作中的共同开发制度

第一节 共同开发的概念

一、共同开发的法律定义

海上石油共同开发的实践始于1958年。法学家们曾针对海上跨界或未划界海域的石油资源开发利用如何适用国际法规则进行过深层次的理论探讨,并先后提出捕获原则、领土主权原则、共有产权、功利合作等理论或学说。共同开发从20世纪60年代渐被人提及,并因70年代、80年代多个国家间的成功实践而成为国际法所普遍接受的概念。

共同开发被认作是两国间解决主权问题的过渡手段,为最终解决主权归属创造条件。但何谓共同开发,理论界迄今对此仍未取得完全一致的理解和适用,产生了多种关于共同开发的定义,但理论上界定共同开发主要采取两种定义方式:宽泛性定义和限制性定义。

宽泛性定义将共同开发视为对某一特定区域的矿藏具有权利的国家在某种形式下的共同管理。如哥伦比亚大学亚洲法律研究中心主任伊恩·汤森德高尔特(Ian Townsend-Gault)就曾指出,共同开发是指"一个或一个以上国家决定把它们对某一特定区域拥有的任何权利联合起来,为勘探开发海洋矿物的目的在某种程度上进行某种形式的共同管理"。

1983年8月,参加在夏威夷召开的关于南海碳氢矿物潜力及共同开发可能性的第二次研讨会的法律专家们提出的"结论和建议"认为,石油资源的共同开发是一个内涵相当广泛的概念,从纯粹商业性的联合开发到单方面的开发都算是共同开发。

而多数学者倾向于采取限制性定义的方法,将共同开发限于国家间在协定基础上的合作。德国基尔大学国际法学者拉戈尼指出:"共同开发是国家之间就勘探和开发跨界或位于重叠主张区域的某些非生物资源储藏、矿田或矿体所进行的合作。"此基础上,他进一步指出,共同开发应具备四个基本要素:(1)指定一块特定区域;(2)该区域应蕴藏有开发潜力的资源;(3)订立协定或具有法律拘束力的文件,确定进行油气田勘探开发作业的管辖权和法律;(4)明确勘探开发的条件与条款。

还有学者采取进一步的限制态度,将共同开发仅限于跨界的联合开发或重叠主张区域的共同开发。如迦戈塔认为,共同开发概念适用于跨越国际边界线的油田以防止一方攫取相邻一方的资源,因此发展了联合开发资源的概念。中国海洋和石油法专家高之国教授将国际上纯粹的商业性特点联合开发予以排除,并从狭义的角度出发,将共同开发定义为:"共同开发是在最终划界前,为了开发和分配争议海区的潜在自然资源,两个或多个国家基于政府间的国际协议而共同行使主权权利和管辖"。上海学者蔡鹏鸿也采取该观点,认为共同开发是指争议方在建立协定基础上,对一块争议海域非生物资源进行以开发为目的的国家间的一种特殊经济合作方式。

学者因各自理论研究的出发点及侧重点不同导致对共同开发概念的认知存在偏差。实践中，跨界石油资源的共同开发通常使用"联合开发"，该概念偏重于经济目的；而共同开发概念内涵更为丰富，除经济目的外，还服务于其他的目的，如和平勘探争端区域的矿藏等。因此，共同开发概念包括跨界联合开发和重叠区域的共同开发。对此，本书将共同开发界定为："有关国家在相互间协定的基础上，以某种合作方式勘探和开发跨越国际海上边界线或重叠主张海洋区域的石油天然气资源。"在共同开发概念中，更主要的可能是资源分配的平等。但在实践中，共同并不意味着平等，这里"共同"背后的含义取决于有关国家间占优先地位的地理、地质、政治和经济环境等多方面因素。

二、共同开发的发展

共同开发现象是伴随着海洋石油资源的开发与沿海国扩大海洋管辖权而产生的，共同开发的历史发展大致分为三个阶段。

（一）产生阶段

第一阶段为产生阶段，从1958年到1969年，即从世界上第一个海洋共同开发协定——1958年巴林和沙特阿拉伯划分波斯湾大陆架协定的产生到1969年国际法院作出北海大陆架案的判决。这一阶段，零星出现了5个共同开发协定，它们依次是：1958年2月22日巴林和沙特阿拉伯的《关于波斯湾大陆架划界协定》，1960年4月荷兰与前联邦德国签订的《关于合作安排埃姆斯—多拉德条约》及1962年5月签订的《关于合作安排埃姆斯—多拉德条约的补充协议》，1965年7月7日科威特与沙特阿拉伯签订的《关于划分中立区的协定》，1967年1月伊朗和伊拉克签订的《关于共同开发砍那申—卡娜—南伊沙油田的协定》，1969年3月20日卡塔尔和阿布扎比签订的《关于解决两国间岛屿的海洋边界线和主权权利的协定》。虽然每一个共同开发的实例都受制于本国环境而呈现出不同的特点，但它们依旧在个案的基础上为今后的共同开发指明了基本发展方向。

其中，1960年4月荷兰与前联邦德国签订的《关于合作安排埃姆斯—多拉德条约》及1962年5月签订的《关于合作安排埃姆斯—多拉德条约的补充协议》搁置了两国在埃姆斯河口区域的主权争议，在争议区的格洛宁根天然气田建立了一个共同开发区，双方在这个共同开发区里临时划分了一条管辖线，对各自一侧进行勘探和开发，但双方平摊开发费用，共享开发收益。由于这一方式成功解决了争议，因此国际法院1969年在对于北海大陆架案的判决中，引用了这个案例，在判决中提出了争议区域共同开发的解决办法。

1969年国际法院在北海大陆架案的判决中指出大陆架划界所应依据的原则后进一步指出：保护矿藏的统一性是划界谈判中应当予以合理考虑的一种实际因素，如果存在保护矿藏的统一性问题，选择共同开发尤为适宜。虽然国际法院对这个问题没有作更多的说明，但该判决仍然为此后共同开发实践提供了法律支持。

与此同时，自20世纪60年代中叶，一些国家的划界条约中开始出现"矿物资源条款"，又称"单一地质构造条款"，并迅速得到普及。1976年5月英国和挪威达成了《关于开发弗里格油田和从油田向英国运送天然气的协定》。"单一地质构造条款"的出现，表明划界的缔约国已经开始认识到除划定海洋边界线以外，对于将来可能发现的跨界矿藏，某种形式的合作是必不可少的。至1969年底，已有14个划界条约使用了这一条款，它们分别是

1964 年荷兰和前联邦德国，1965 年英国和挪威、英国和荷兰、英国和丹麦、丹麦和挪威、丹麦和前联邦德国，1966 年丹麦和荷兰，1968 年挪威和瑞典、民主德国和波兰、沙特阿拉伯和伊朗、阿布扎比与迪拜，1969 年苏联与波兰、伊朗和卡塔尔、印度尼西亚和马来西亚。可以说，这一条款为解决未来发现的跨界矿藏问题起到了预示作用。

（二）发展阶段

第二阶段是发展阶段，这一阶段自 1969 年北海大陆架案判决到《联合国海洋法公约》（1982）于 1994 年生效前。在国际法院判决的鼓励下，共同开发的做法很快从欧洲扩展到全世界。在这 25 年的时间里，先后共产生 10 余个共同开发协定：1971 年 11 月 29 日伊朗与沙迦《谅解备忘录》，1974 年 1 月 29 日法国与西班牙《关于在比斯开湾划分大陆架的条约》，1974 年 5 月 16 日苏南与沙特阿拉伯《关于在共同区共同开发红海海床和底土自然资源协定》，1976 年英国与挪威《关于开发弗里格油田和从油田向英国运送天然气的协定》，1979 年 2 月 21 日泰国与马来西亚《关于为开发泰国湾两国大陆架划定区域海床资源而建立联合管理局的谅解备忘录》，1981 年 10 月 22 日冰岛与挪威《关于冰岛与扬马延岛之间大陆架协定》，1988 年 8 月利比亚与突尼斯大陆架划界与共同开发协定，1989 年 12 月 11 日澳大利亚与印度尼西亚的《帝汶缺口条约》，1992 年 6 月 5 日马来西亚与越南关于共同开发的《谅解备忘录》，1993 年 10 月 14 日塞内加尔与几内亚比绍的《管理及合作协定》及 1995 年 6 月 12 日两国的《关于管理及合作机构的组织及运营的议定书》，1993 年 11 月 12 日哥伦比亚与牙买加的《关于海洋划界的条约》，等等。

《联合国海洋法公约》（1982）规定，沿海国均可要求最远达 200 海里的专属经济区，对于区域内的资源享有主权权利。这样，全世界产生了约 420 处需要划定的海洋边界。截至 2003 年，其中只有约 160 处得以划定，其余边界尚存争议。正是因为争端边界如此之多，很多国家采取了共同开发的方式。

共同开发发展至该阶段后期，世界各国更加注重于从实际角度看待共同开发，协定文本趋于简化，甚至出现了只规定基本原则和框架的一页备忘录，具体开发事宜由双方成立的联合委员会或各自指派的石油公司进行谈判。随着专属经济区的产生及确立，个别国家甚至将渔业方面的合作也纳入了共同开发。

此外，1970 年以后，英国和挪威大陆架划界协定中的"单一地质构造条款"的实践遍布世界各地，成为标准性条款。截止到 1990 年，在达成的约 140 个海洋边界条约中，约有一半以上的条约采用了"单一地质构造条款"或类似的合作条款。应该说，在划界条约中列入"单一地质构造条款"已成为一种普遍的做法，成为划界条约中不可或缺的组成部分，它直接奠定了有关国家间日后进行共同开发的法律基础。

（三）平稳阶段

第三阶段是平稳阶段，也可称沉寂阶段，自《联合国海洋法公约》（1982）1994 年生效以后至 2005 年。这段时期共有 3 个共同开发协定出现，即 1995 年英国与阿根廷签订的《关于在西南大西洋近海活动进行合作的联合声明》，2001 年 2 月 21 日尼日利亚与圣多美普林西比签订的在几内亚湾两国专属经济区重叠区共同开发石油资源的协定，2001 年 7 月 5 日澳大利亚与东帝汶临时政权签订的《关于东帝汶海油气资源开发的谅解备忘录》。该阶段，从地域范围来看，共同开发首次实践于南美洲的大西洋西南部和非洲西海岸的中部地区。但总体来看,这一时期的共同开发并不活跃。

由于《联合国海洋法公约》(1982)的出现和生效,人们倾向于适用《公约》或通过《公约》规定的第三方强制程序来解决海域划界问题,共同开发相对受到冷落。与之相应,这一阶段国际上对共同开发的理论探讨趋向冷淡,研究水平整体上停滞不前,基本徘徊在20世纪90年代初的水平。

三、共同开发的法律特征

(一) 国家主体性

国际意义上的共同开发以当事国之间存在政府间协议为前提,其主体必然是达成协议的国家,显著区别于一般经济实体间的商业性联合开发。因为在国际法上,只有独立主权国家才对沿海大陆架和专属经济区的石油资源勘探开发享有主权权利。在石油储藏跨越海上边界或位于重叠海洋区域的情况下,当事国对该处共同矿藏均享有主权权利,但该项主权权利缺乏完全的排他性效力。而最大限度地维护双方权利的方式显然是有关国家就此进行合作,以协定的形式就石油资源的勘探与开发、收入分享、财政负担、活动管理、法律适用等作出制度安排。这种合作协定构成双方在具有共同利益的石油资源区域进行开发活动的法律基础。有关国家的成功实践和多数学者的观点均支持将共同开发建立在国家间协议的基础上。

(二) 任择性

共同开发不是基于强制性的国际法而采取的,而是由有关国家之间基于政治和经济上的原因自由采取的行动,是一种完全自然的过程。在现有的多边国际法律文件中并无关于共同开发的明确规定;从国家实践的角度,目前的共同开发案例只有20余个,数目很有限,而且在这有限的实践中,有关国家更多是基于各自现实的功利性考虑,并没有将共同开发作为一种法律确信。

共同开发在其合作方式上表现出更为显著的选择性,即不存在一个普遍接受或固定的模式,实践中,共同开发存在一国代理、联合经营和超国家管理等多种模式。

尽管共同开发具有任择性,但因多国成功实践而出现向国际惯例方向发展的趋势,共同开发逐渐暗含了一定程度的鼓励性和禁止性。一方面,它鼓励有关国家在面临主权或海域划界争议的窘境时尽力达成临时性的开发以寻求过渡措施;另一方面,它不鼓励、甚至禁止一国进行单方面的勘探和开采。

(三) 客体共享性

共同开发协定权利和义务所指向的对象是两国间的共同矿藏,它跨越了国家间海域分界线或位于主张重叠区。共同矿藏在构造上具有单一性的特点,一方单方面开采必然会对资源的整体性造成破坏,从而损及另一方的相关权利。石油具有极强的流动性,受吸附作用的影响,一国完全可以通过对本国境内的开采活动而将整个共同矿藏开发殆尽。因此,共同资源无论是按一般法律原则抑或是国际法,都要求有关当事国之间进行一定程度的合作。当事国之间以协议的形式约定共同开发事宜,尽可能地实现双方共享资源开发带来的收益。

(四) 临时性

《联合国海洋法公约》(1982)第七十四条和第八十三条是关于专属经济区和大陆架划

分问题的条款,其中规定:"在达成划界协议前,有关各国应基于谅解和合作的精神,尽一切努力作出实际性的临时安排,并在此过渡期间内,不危害或阻碍最后划界协议的达成。"这表明,严格意义上的共同开发主要是一种针对某一特定区域的石油资源进行合作勘探开发的协定安排,作为有关国家完成正式划界前的过渡,具有临时的性质。

在跨界海洋石油矿藏联合开发的情况下,一般来说,共同开发随着跨界商业性石油发现的生产期结束而终止;而在重叠主张的争端海洋区域,共同开发在多数情况下不涉及解决划界争端本身,也不是对边界问题的永久性安排,它一般随着海洋边界线的最终划定或设立的共同开发区不再成为必要而终结。有些共同开发协定明确规定了有效期,如规定 20~50 年有效期不等,在该期限内,有关国家将继续进行海洋边界谈判,尽力解决划界问题。

当然,如果有关国家愿意,共同开发是可以作为永久性安排的。有些国家在划定他们间的大陆架边界时,还在边界线两侧的一定范围内建立一个共同开发区。如果将共同开发作为临时性安排的有关当事国最终没能达成划界协定,这种临时性安排就可能成为永久性的。

(五) 功能性

共同开发是从有关国家保护和利用石油资源的经济需要做出的一种功能性安排,是一种符合实际的做法。对于利益冲突的当事国来说,海域划界争端长期无法解决而阻碍石油资源的勘探开发,或双方恶意进行竞争性勘探开发,均会不利于石油资源的及时、充分利用。与其一损俱损或无休止地争论,不如暂时"搁置争议,共同开发",以寻求符合经济效益原则的勘探开发方式,使双方都能够从商业性石油发现和生产中获得最大的经济效益。有关国家完全可以为功能性目的达成共同开发协定,在协定中约定以某种共同方式制定许可权受让人进行石油资源的勘探和开发,而仍保留各自对海底石油资源的权利。

具体地说,共同开发的功能性表现在:(1)以符合双方利益的方式毫不迟延地、有效地勘探开发石油资源为目标;(2)国家间的这种合作安排不影响第三国依国际法在大陆架或专属经济区享有的其他海洋权利或合法用途;(3)这种合作安排或活动通常不意味着任何一方放弃其权利或权利主张,在重叠主张区域的共同开发的情况下,这种合作安排或活动亦不得视为对双方权利主张的承认;(4)这种合作安排本身或活动不构成支持或否定任何一方对有关区域及其石油资源的权利或权利主张的法律基础,也不能创设任何新的权利或扩大现有权利主张。

(六) 独特性

位于不同海洋地理环境的国家,他们在处理跨界石油储藏或争端资源区域的共同开发时,对各自功能性的不同追求决定当事国考虑的政治、经济、历史传统等因素不尽相同。因此,每个共同开发协定都是独特的,都有其特定的政治背景、共同开发方式和实用目的,不存在放之四海而皆准的范例。英国国际法与比较法学会指出:"在这些事例(共同开发)中,每一个都可能有很多的变化形式,似乎尚未有一个事例能值得不同政治经济制度、冲突传统和民族敏感性的国家普遍接受。"如有的共同开发只是联合管理,有的则是资源共享或收益分享或参股安排,有的在共同开发协定有效期内搁置划界问题,有的则继续进行划界谈判。

四、共同开发的类型

共同开发可从不同角度进行分类,较常见的分类法有以下几种:

（1）按共同开发与国际海洋边界线的关系，可分为跨界联合开发和重叠主张区域的共同开发。前一种是界线已确定情况下的共同开发，如英国和挪威两国于1965年划定了北海大陆架界线，两国于1976年又签订了共同开发协定；冰岛和挪威两国则是在1981年划定挪威扬马延岛与冰岛之间的边界线的同时设立共同开发区，这类共同开发可以被看成是对既存边界线的补充和完善。后一种是划界前在主张重叠区的共同开发，此时，共同开发协定可被看成是边界线的临时替代物。

（2）按共同开发的管理模式，一般有代理制、联合经营和超国家管理三种模式。所谓代理制模式，是指由当事国一方代表双方管理共同区的开发，从管理角度来看，该种管理模式最为简单易行，如巴林与沙特阿拉伯间的共同开发。所谓联合经营模式，是指国家间或被其指定的石油公司间的强制合资制度，如哥伦比亚和牙买加的共同开发等。所谓超国家管理模式，是当事国成立联合管理局，代表双方管理共同开发区的一切活动，如马来西亚和泰国的共同开发，从管理角度看，该种管理模式最为复杂，意味着两国要就联合管理局的职责、适用的法律等达成一致。

（3）按共同开发与矿藏的关系，可分为未来共有矿藏发现的共同开发和已发现共有矿藏的共同开发。前者有英国与挪威的模式和伊朗模式。后者有四种模式：一是"地质合作"，如捷克斯洛伐克与奥地利的共同开发；二是"共同作业"，如德国和荷兰在埃姆斯河口的合作开发；三是"联合开发"，如法国与西班牙在特别区的合作；四是"功能性有限共管"，如科威特与沙特阿拉伯在中立区的合作。

（4）按共同开发具体的合作开发方式，可分为：①各自开发式的合作，即争端当事国以地质构造为基础，在确定争议地区的矿藏资源后，分别在边界线己方一侧开采。其合作的本质在于共同确定矿藏的范围及其分配比例，如捷克斯洛伐克与奥地利的共同开发。②分区开发、收益共享式的合作，即将争议地区分为面积相等的两个"次区域"，分别由当事国颁发许可证进行开发，开发收益由两国平均分享，如德国与荷兰的共同开发。③以合同方式进行统一开发的合作，即在不影响当事国主权权利及管辖权的前提下，将资源地区作为一个完整的开发单元，由各当事国许可的许可证持有人以协议方式选定的"单元作业者"依照双方议定的条件从事石油作业，如英国与挪威的联合开发。④一方主导的统一开发，即由当事国一方许可的许可证持有人担任单元作业者，依照该当事国所定条件进行作业，其费用和收益由各当事国平等分担和分享，如卡塔尔与阿布扎比的合作开发。⑤联合机构统一开发，即争端当事国设立联合机构，代表双方政府执行合作功能，如苏丹与沙特阿拉伯的联合委员会。此外，还有分区统一开发式的合作，即将争议地区分为几个次区，每个次区为一个开发单元，由双方各自许可的特许权受让人共同签订作业协议，指定单元作业者，该作业者依其授权国法律，统一监督和控制该次区的开发活动。

（5）按共同开发的发展趋势，可分为公司制与"传统式"共同开发两类。在公司制下，有关国家共同组成一个共有股份公司，该公司拥有独立法律人格，具有自己从事勘探开发和与外国承包商合作开发的权利，并独立从事日常管理。"传统式"共同开发制度通常把国家的监督、管理及它们间协商的功能与权利持有者及其作业者进行日常管理和开发作业的那些功能区别开来。公司制是"传统式"共同开发发展的新形式，可能成为在石油领域的国际共同开发未来发展的趋势。

第二节 跨界海洋石油储藏的共同开发

一、跨界海洋石油储藏开发的法律问题及解决办法

跨界海洋石油储藏是指在已经划定大陆架或专属经济区边界线的地区发现横越边界线的、对此享有利益的任何一个国家可以进行开发的一个单一石油构造。该现象是由于有关国家在划定海洋边界线时忽视海洋区域底土的地貌构造，未能充分考虑划界区域的海底可能存在含油构造而产生的。《大陆架公约》（1958）和《联合国海洋法公约》（1982）作为海洋矿物资源开发的基本法律文件，仅确立了共有资源开发的合作原则，并未就跨界矿藏及其开发方式等内容作出具体规定。

对于跨界海洋石油储藏享有权益的国家，无论以何种形式进行单方面地开发，都会与邻国就跨界油田开发产生争议。首先，跨界海洋石油储藏储量和国家间分配比例难以确定，单方面的开发行为可能损害邻国的利益。跨界海洋石油储藏不同于固态矿藏，后者开发活动界限明确，侵入邻国矿区的行为容易识别；而石油储藏具有流动性，易受压力的影响发生流动，受此吸附作用的影响，一方的单方开发，不可避免地会损害另一方的利益。其次，单方面的开发行为易诱发双方进行竞争性开采。而竞争性开采容易导致油田气体的浪费与气压的降低，从而阻断了油田的可持续作业，破坏了最大限度经济开采进行策略性钻探的可能性。若想要继续进行开发，必然导致后续成本急剧增加，油田开发的不经济性凸显。因此，有关国家如何就存在权利争议的跨界海洋石油储藏选择何种开发方式，以及各方应有的权利义务等内容是当前急需解决的问题。

很多国家划界协定中都存在对跨界海洋石油储藏问题的特别考虑，并预设了解决办法。实践中常用的方法主要有三种。

第一种是在大陆架划界协定中纳入"单一地质构造条款"或"矿藏条款"。1965年，英国与挪威缔结的《大陆架划界协定》首次采纳该种条款。该协定第4条预见了跨界油气田的可能性并规定了相互间的权利义务："如果任何单一石油地质构造或油田，……跨越了边界线，而这种构造或油田位于边界线一侧的部分可以从边界线的另一侧全部或部分开采，经与许可证持有人协商后，缔约国应谋求就关于最有效地开发这种构造或油田的方式以及按比例分配此种开发所得收益的方法达成协定。""单一地质构造条款"不仅为联合开发三个跨越两国海洋边界线的油气储藏提供了法律基础，而且还成为其后划界协定所效仿的标准条款。

第二种是双方在合作开发跨界石油储藏的基础上，预先规定在距离边界线的一定范围内禁止钻探或两国应就跨界油藏协商达成新的开发协定。伊朗与波斯湾其他国家间的大陆架划界协定含有这种合作条款，被称为"伊朗模式"。如1971年伊朗与巴林的《大陆架划界协定》第二条规定："如果任何单一地质构造或油田……跨越了边界线……而这种构造或油田位于该边界线一侧的部分可以从边界线的另一侧通过方向钻井全部或部分地开采，那么：（a）在边界线的任何一侧不得钻井，任何生产区域与该边界线的距离不少于125米，除非得到双方政府的相互同意；（b）如果出现本条款考虑到的情况，双方政府应尽最大努力就有关在边界线两侧可以进行合作或联合开发作业的方式达成协定。"美国与墨西哥于2000年

6月签订的《关于200海里以外的西墨西哥湾的大陆架划界条约》设定的合作模式有所不同。该条约在距离边界线各1.4海里的两侧建立了一个共2.8海里的"暂缓区",在该区域内,如果一方知道存在跨界储藏,则应通知对方。双方因此应定期协商,尽力达成有效和公平开发这种跨界矿藏的协定。

第三种是把跨界石油储藏置于边界线的一侧,如巴林和沙特阿拉伯将跨界的法席图·卜·萨阿法油田置于沙特阿拉的主权和管理下,油田的开发依照沙特阿拉伯确定的方式进行,但巴林有权获得油田纯收入的50%。该协定还强调,这种平均分享收益的安排不损害沙特阿拉伯对该区域的主权和行政管辖权。

二、跨界海洋石油储藏开发适用的法律原则

国家间就跨界石油储藏的开发问题争端不断,在目前缺乏有效多边国际条约、没有既定国际法的情况下,仍需遵循一定的法律原则解决上述问题。根据国际上成功的共同开发实践经验,及其国家间协定中的"单一地质构造条款"和其他合作条款,大致可以总结出如下法律原则。

(一)禁止单方面开发

一国单方面开发跨界石油储藏势必加剧国家之间的利益冲突,为避免争议升级,争议当事国不能从事单方面开发行为,至少在谈判过程中是如此。其理由是:首先,有关利益国家对这种储藏享有一定的主权权利,任何未经同意且可能损害该权利的单方面行为都应受到禁止。国际法院曾在爱琴海大陆架案中指出,在单方面开发将对有关权利造成不可挽回的损害或对有关海床或底土造成实际损害的危险的情况下,国际法支持禁止单方面开发的义务。其次,当事国对已知跨界矿藏享有一种确定、可得利益,一方未经对方同意,无论采取何种形式的单方面开发,都是对邻国享有的管理和控制该处资源的主权权利的侵犯,并且违背"使用自己财产应不损及他人的财产"的原则和违反"国家不得故意使用其领土危害他国权益"的法律义务。最后,从主权的角度考虑,一国单方面开发跨界石油储藏,不仅仅是对邻国关于矿藏的财产性权利的侵犯,更是对邻国主权权利的侵犯。对一国不顾邻国反对,强行单方面开发跨界石油储藏,需对其自身行为造成的损害承担相应的国家责任。

(二)谈判

既然国际法禁止单方面开发,未经同意的单方面勘探或开发方式均应舍弃,那么要开发跨界石油储藏,国家间应就共同开发问题进行谈判。国际法院在历次判例中明确表示,争端当事国负有谈判的法律义务。同样,对跨界油田享有利益的国家也有义务进行谈判。

《联合国海洋法公约》(1982)第三百条赋予缔约国诚意谈判的义务。国际法院在"北海大陆架案"判决的第八十五段说:"当事国有义务进行谈判,并且这种谈判义务不仅仅是作为缺乏协议时自行适用某种划界方法的前提条件而经过的一种形式上的谈判程序,它们有义务使谈判富有意义。"可见,国际法要求的谈判是以达成相互可以接受的协定为目的而进行具有实质意义的谈判,而不是进行无实质性价值简单意见交换。

若长期谈判未果,一国是否应因另一国坚决拒绝合作而停止本国的开发活动?截至目前,在跨界油田开发中尚未出现过类似情形。国际法承认当事国对跨界石油储藏中属于本国的部分享有勘探开发的主权权利,并认为任何未经对方同意而采取任何形式的单方面开发,

都是对邻国享有的管理和控制该处资源的主权权利的侵犯,从而禁止单方面的开发行为。但若仅因未就共同开发达成协定就不能进行任何有效开发,这实际上等于赋予持消极合作态度的国家以否决权,实质上也是对持积极合作态度的国家对跨界石油储藏的主权权利的侵犯。如果无法就共同开发达成协议,应当允许一方根据本国实际采取不损害其他国家权利的单方面开发。塔弗恩指出,"单一地质构造条款"的措辞说明,一个储藏跨越边界线的事实本身不足以产生在开发这种储藏上合作的义务,合作的条件是在技术上可能从边界线的另一侧开发储藏的一部分。伊朗和沙特阿拉伯迄今仍未就跨界油田乌迦安达成联合开发协定,但沙特阿拉伯已在本国一侧开始石油生产,而伊朗未提出异议。

三、跨界海洋石油储藏共同开发的国家实践

(一) 巴林和沙特阿拉伯共同开发波斯湾大陆架协定

1958年2月22日,巴林和沙特阿拉伯签署《关于波斯湾大陆架划界协定》。该协定除划定两国间的大陆架边界线外,双方还就共同开发法席图·卜·萨阿法油田作出了规定。协定采用了中间线,在有争议的周围建立了一个呈不规则六边形的区域,置于沙特阿拉伯的大陆架边界线一侧,采用由单独法人代表双方进行开发的模式。协议约定油田的开发依照沙特阿拉伯确定的方式进行,巴林放弃了这一区域的主权主张,但巴林有权获得油田纯收入的50%。该协定还强调,这种平均分享收益的安排不损害沙特阿拉伯对该区域的主权和行政管辖权。

虽然该协定主要是划界方面的规定,共同开发的基本要素及法律框架在协定中几乎未作规定,有关条文并不完备,该协定依旧被看成是国际上第一个海上跨界石油储藏共同开发协定。

(二) 卡塔尔和阿布扎比共同开发波斯湾大陆架案

1969年3月20日,卡塔尔和阿布扎比两酋长国签订《关于解决两国间岛屿的海洋边界线和主权权利的协定》。协定划定的边界线仅部分解决了双方在波斯湾争议岛屿的领土主权争议;同时,协定规定两国对跨越边界线的奥班代格油田平等分享所有权。油田由阿布扎比按其规定授权给石油公司开采和管理,所有税收、利润和利益由两国政府平均分享。从管理模式来看,协议采取了代理制模式,即由阿布扎比代理卡塔尔对油田进行开采和管理。但为了保障能在平等基础上行使各自权利,双方应就该油田的所有事宜保持经常的、随时的协商。1975年,该油田投入生产,估计储量为9500万桶。

(三) 法国与西班牙关于比斯开湾的边界与共同开发协议

1974年1月29日法国与西班牙签订《关于在比斯开湾划分大陆架的条约》,约定两国划定的大陆架边界分为两段:第一段是从两国陆地边界终点向海上划出等距离中间线;第二段是按照公平原则,采用海岸线的比例决定各边界点的位置。按上述两段线划出的两国大陆架面积,西班牙为14000平方海里,法国为21000平方海里。协议还同时在大陆架边界线的两侧划出了一个两侧面积大致相等共同开发区,面积为814平方海里,各国对划归各自的那部分行使主权权利和管辖权。双方采用"平等伙伴关系"方式来实现共同开发,各自受理勘探该地区的特许权申请,然后由一国特许权持有人与另一国的特许权持有人订立共同开发

合同,均摊经营成本。

与其他共同开发协定相比,该协议未就协调两国的有关法规政策或对协议的执行加以监督建立一个共同开发机构做出规定。迄今为止,共同开发区内也未见有任何开发活动。

(四) 苏丹与沙特阿拉伯共同开发协议

20世纪60年代初在红海2000米以上的深海沟内发现了多金属热卤水,含有若干有价值的金属资源。为了保持两国的传统友谊和友好关系,沙特阿拉伯与苏丹决定建立资源共同开发制度。经过多年谈判,两国于1974年5月16日签订《沙特阿拉伯与苏丹共同开发红海共同区海床和底土自然资源协议》。根据该协议,两国相互承认对方邻接其海岸直至1000米水深海底的排他性主权权利,这相当于划定了双方的海域界线;在水深超过这一深度,介于两国国家区域之间,建立共同区,两国对共同区的所有资源享有同等和排他的主权权利;建立联合委员会并被赋予颁发许可证、制定共同区活动的法律规章的权力;涉及协议的解释和执行引起的争端,应通过友好协商解决,若协商未果,则在对方接受的前提下可提交国际法院强制解决。

尽管双方进行了一些前期试验,但商业性开采活动迄今尚未开展。该协议所规定的范围、涉及的内容是当时共同开发协定中较为全面的,建立了一套综合性资源联合开发制度。虽未按照国际通行做法划定边界,但实际上解决了两国之间在红海的边界争端。

(五) 英国与挪威共同开发弗里格天然气田案

1972年5月,在属于英国的大陆架上发现巨大的弗里格气田,与早一年在挪威大陆架上发现的气田属于同一个地质构造。英挪两国通过谈判,根据《大陆架划界协定》(1965)第四条的规定,于1976年5月10日签订《关于开发弗里格油田和从油田向英国运送天然气的协定》。该协定主要规定如下:将跨界的弗里格气田作为一个整体单元,由两国共同开发,具体由两国的许可证持有人双方协议决定一方负责开发;两国政府分别颁发一批开发许可证,由双方开发许可证持有者之间签订具体经营协议;设立一个弗里格协商委员会,处理两国政府提交的问题以及解释和适用本协定引起的争端。协定突出了保护单一构造完整性的特点,创造了分配共同矿藏的跨国界一体开发模式,较好地解决了权益分配和费用分摊等问题。

英挪开发气田的协定签订后,双方于1977年9月投入生产,年产天然气达150亿立方米。这项协定被认为是一份比较全面、务实的国际共同开发协议,成为日后有关国家针对单一地质结构的油气田实行共同开发的范例。随着跨界石油储藏斯塔福约德油田和莫奇森油田的发现,英国和挪威在1979年还分别签订了联合开发这两个油田的协定;1981年和1983年,两国又签订了关于莫奇森油田协定的两个补充协定。斯塔福约德油田和莫奇森油田的联合开发制度基本上是弗里格制度的翻版。

(六) 冰岛与挪威关于扬马延岛周围海域划界及共同开发协议

挪威和冰岛于1981年10月签订《关于冰岛和扬马延岛之间的大陆架协定》,协定规定双方大陆架的分界线与经济区的边界一致,并用坐标将跨越边界的共同开发区域标示出来,约定边界线两侧各国根据本国法律加以管理,其中分界线以北属于挪威的面积占共同开发区的70%,以南属于冰岛的约占30%;开发区的勘探和开发活动由联合企业安排,由企业间签订石油经营协议进行。在风险勘探阶段,一方在分属对方区域内的任何经营协议中应占有 25% 的股份;在属于一方区域里的经营活动,应服从于所在国有关立法、规章和石油政策。在开发阶段,无论在开发区的任何特定部分,一方均应承担与其股份成比例的开发费用。但协定并未规定建立联合委员会。

(七) 利比亚与突尼斯大陆架划界与共同开发案

1982 年 2 月 24 日,国际法院就突尼斯—利比亚大陆架边界争端案作出判决。根据争端方要求,国际法院根据通行的边界划界国际法基本规则和原则,提出了有助于实现公平划界的现实可行性方法。相反,特别法官埃文森提出了共同开发的建议,并为此设计了一个共同开发跨界石油资源的机制。在该机制中,当事国对边界线己方一侧实施管辖,并有权在 50% 的基础上参与对方一侧的活动,双方还应成立一个共同开发的协商委员会。

经过谈判,自 1988 年 8 月起,利比亚与突尼斯先后签订了三个协定:第一个协定划定了两国的大陆架边界线;第二个协定决定在格贝斯湾建立一个共同开发区,并规定了相应的作业措施,包括双方同意在突尼斯共同建立两国的共有勘探开发公司,并给予其勘探开发区西北部气田的特殊地位;第三个协定就位于共同开发区东南部、在利比亚大陆架上的埃尔·布里油田的开发作出安排,赋予突尼斯获得油田生产收入 10% 的权利。后两个协定均是共同开发协定,但两协定的文本迄今未正式公布。

第三节 重叠海洋区域石油资源的共同开发

一、重叠海洋区域的产生

重叠海洋区域是指两个及以上国家均主张主权权利或专属管辖权的海洋区域。这种情况是由于沿海国为扩大获得资源的机会,而扩大其对近海海域、特别是对大陆架提出最大可能的权利主张引起的。

《联合国海洋法公约》(1982) 还在第五部分规定,每个沿海国均可主张最远达 200 海里的专属经济区,并对在专属经济区内利用和开发生物资源的活动享有主权权利。依据《联合国海洋法公约》(1982) 的这一规定,昔日为公海的世界海洋面积的 1/3,即约 1.3 亿平方千米的面积被纳入国家 200 海里的管辖范围内。大陆架制度和专属经济区制度的确立导致很多具有石油等资源潜力的海域及其床、底土成为国家权利主张的重叠区或者说是争议区。

从石油资源开发的角度看,重叠海洋区域的存在无法提供一个稳定、安全的投资环境。在尚未划定的海洋边界中,缺乏可开发资源的重叠区带来的阻碍因素较小,而有关国家难以就具备良好可开发石油储藏的重叠区边界问题达成一致协定,该种状态注定阻碍重叠海洋区域石油资源的共同开发。造成上述困境的原因主要有以下几个方面:

(1) 对海底特殊地貌构造的地位坚持不同立场。《联合国海洋法公约》(1982) 已就沿海国大陆架边界作出明确规定,但当存在特别显著的地貌结构,如海槽或海沟,该构造是否构成有关沿海国陆地领土自然延伸的终止或大陆边缘存在极大的争议。如果特殊地貌位于中间线一侧,待划界区将被分成两块面积不相等的区域,相邻区域面积大的一方显然会主张该构造构成了本国陆地领土自然延伸的终止,这是国际公约和习惯国际法承认的"特殊情况";而相邻区域面积较小的一方则会坚持认为像海槽这类的特殊构造具有偶然性,不具备任何法律意义。为此,各方基于自身利益,从国际公约、国家实践、国际司法判决中寻找能够支持己方主张理论与法律依据,如澳大利亚与印度尼西亚在帝汶海、日本与韩国、日本与中国在东海的划界争端都属于这种情况。

(2) 对于边界线的走向存在深刻分歧。如在北部湾问题上,越南方面坚持,海洋边界线应从《1887年中法边务专条》确定的陆地边界线的终点起向正南延伸的一条直线,对此,中国断然拒绝,认为边界线应在领海的外缘终止。

(3) 各自主张的海洋划界原则无法调和。划界作为一种国际行为,必须按照国际法原则进行。根据《大陆架公约》(1958)第六条的规定,在缺乏特殊情况时,相邻或相向国家间的大陆架边界以中间线或等距离线的原则划定。然而,该条文规定过于笼统,许多内容无法准确界定。而国际法院在"北海大陆架案"上述条文原则的范围进行限制性确认,使得该原则的适用效力大大降低。此后《联合国海洋法公约》(1982)也仅号召各国应在国际法和达成公平结果的基础上划定大陆架或专属经济区的边界。在缺乏明确、具体的划界原则的情况下,有关国家根据本国利益对国际公约和习惯国际法的划界原则和标准作出偏向于自己的解释,尤其是在已知或潜在石油储藏可能带来的巨大利益驱动下,在争端区域坚持各自的划界原则,难以取得协议,阻碍重叠海洋区域石油储藏的开发。

(4) 对划界区域岛屿的主权争端增加了解决划界的难度。在多数情况下,如果已知或预测划界区域存在矿物资源,有关国家的注意力就可能转向邻近的岛屿,以查清该岛屿的主权是否无可争议。若对其拥有主权的国家是不确定的,有关国家则会采取各种手段以获取对该岛屿的领土主权,并以此提出对重叠区矿物资源管辖权。此时若要完成划界,必须先解决领土主权问题,无形中增加了划界的难度。但《联合国海洋法公约》(1982)不是为解决领土性争端设计的,其岛屿制度不能成为主张岛屿领土主权的法律依据。况且,岛屿领土主权争端还包含这其他的复杂因素,尤其是当岛屿处于一方军事占领情况下,解决的难度更是可想而知,相关划界区域边界线确定的难度同样也可想见。

二、重叠海洋区域的解决办法

《联合国海洋法公约》(1982)第七十四条和第八十三条对划分专属经济区和大陆架问题,采用相同的措辞规定,在未达成划界协定之前,"有关各国应基于谅解和合作的精神,尽一切努力做出实际性的临时安排,并在此过渡期间内,不危害或阻碍最后协议的达成。这种安排应不妨害最后界限的划定"。这意味着,在过渡期间内,有关各方应避免采取任何可能危害或阻碍最后划界协议达成的行动,即各方需保持自我克制,但国际上并未就临时安排存在的过渡期限做出统一规定。而根据共同开发石油资源的实践,对某一潜在矿藏进行勘探并进行商业性开采,一般至少需要10年以上的周期。不难看出,《联合国海洋法公约》(1982)仅要求划界结果要达到公平解决,但并未规定达到这种结果的可操作性的方法,以及何为"公平"的标准。

由于上述原因的严重阻碍,国家间若无法就重叠海洋区域达成划界协定,只能导致管辖权冲突的继续存在。此时,有关国家将面临如下可能选择:

(1) 谋求最终解决海洋边界争端。该选择需要一段极为漫长的谈判阶段,最终能否取得实质性成果尚待商榷。而在此期间,争端区域的资源不能得到及时开发,严重制约各方国

（2）达成不侵犯原则协议，即约定争端双方都不进入争议区域，避免在重叠区域进行任何钻探活动。比如，阿莫科公司在北部湾从不在跨越越南中间线的区域进行钻探；相应地，越南人从不跨越中国的中间线。该方式虽然限制了进一步的石油开发，但可以保持重叠区域在一定阶段呈现出和平局面。

（3）将争端区域面积减少到最小限度。有关国家短时间无法就重叠主张区域达成划界协定，此时它们可以尽可能将争端区域面积减少到最小限度，两国分别就无争议区域进行开发。越南和印度尼西亚曾通过谈判将重叠海域从11270平方海里减少至1000平方海里，印度尼西亚因此得以进入确定的无争议区域开发油气储藏。

（4）共同开发。当重叠区域存在丰富的石油资源储量时，上述三种方法均无法及时地将潜在利益转化为对有关国家的现实利益。为解决这一难题，我们必须放弃"开发必先划界，划界必先解决争端"的传统观念，双方应站在促进边界争端解决和打破边界谈判僵局立场，合作开发重叠区域的石油资源。而最有效的合作方法是由双方设立共同开发区，实行某种形式的共同开发。所谓共同开发区，是指两个及以上的国家协商确定以某种共同或合作安排的方式勘探开发其在国际法上享有主权权利的海洋资源区域。一般而言，共同开发区的设立有两种方式：一种方式是搁置划界，在争端区域建立临时性或永久性共同开发区，当争议巨大以致根本无法达成划界协定作为解决边界线争端的替代方法；另一种方式是划界的同时在边界线两侧设立一个共同开发区。此时，共同开发区发挥着辅助解决划界争端的作用。

三、重叠海洋区域石油资源共同开发的国家实践

（一）荷兰与联邦德国的埃姆斯河口资源共同开发案

埃姆斯河位于德国境内，向北流入北海，介于荷兰与德国之间。两国陆地边界已经划定，但河口边界长期未达成协议。1959年两国决定建立一个临时性解决办法，规定各自在河口区采取的任何行动不影响各自对边界问题的主张。两国就埃姆斯河口联合安排分别达成《关于合作安排埃姆斯—多拉德条约》（1960）、《关于合作安排埃姆斯—多拉德条约的补充协议》（1962），双方在条约中均明确指出，缔约双方保留各自对河口国际边界争端的主张。

其中，补充协议明确了河口共同开发区的范围，并将其分成东、西两部分，分别由德国、荷兰管辖、授权开发；规定两国及其特许权持有者应就勘探和开发事宜进行协商通报，开发收益及有关费用由双方分享或均摊；补充协议还建立了一个由两国组成的综合性管理机构，并规定了工作程序规则。

此后荷兰与德国继续进行谈判，于1984年9月10日签订埃姆斯区域合作条约，部分划定了河口区的边界线，进一步加强和拓展了两国在该区域内的经济合作。

（二）科威特与沙特阿拉伯共同开发案

受历史因素的影响，科威特与沙特阿拉伯之间存在一块面积为2000平方英里的中立区（包括海上和陆地），两国政府在中立区内享有平等权利。自该中立区发现石油储藏后，两国分别授权一家石油公司从事开发活动，后两家石油公司通过设立了一个联合作业委员会，自主选择共同开发。

20世纪60年代初，科威特要求与沙特阿拉伯分隔中立区。1965年，两国签订《关于划

分中立区的协定》，通过建立一条新分界线，将中立区划分成两个相等部分，彼此承认各自的领土管辖权，但这并不影响已存的石油开发协议或合同。协定还规定两国共同分享中立区内的油气资源。对于中立区向海部分采取共同开发方式，规定由两国共同管理，但共同开发制度不影响双方今后海上划界。2000年，科威特和沙特阿拉伯签署关于中立区的海洋边界协定，解决了争议岛屿的主权归属问题。

科威特和沙特阿拉伯的共同开发案，是在争议区进行共同开发的较早案例。双方主权国家仅对经营活动中危害国家主权、污染等事件进行共同管辖，并不直接参与油气资源的勘探开发，而是签发许可证，由国际石油财团获取共同的许可证后进行开发。开发经营活动实际上完全掌握在外国石油公司手中，这些石油公司通过相互订立共同开发经营协议来勘探开发该地区的资源。

（三）伊朗与伊拉克共同开发案

伊朗与伊拉克两国之间争论的主要问题是阿拉伯河边界问题，涉及穿过两国共同边界的地下含油构造的开发问题，即伊拉克的砍那申油田和伊朗的南伊沙和卡那油田。1967年，伊朗和伊拉克在巴格达签订《关于共同开发砍那申—卡那—南伊沙油田的协定》。尽管协定并未解决两国间关于阿拉伯河边界的问题，但它却规定了两国在有争议的近海海域每年的石油开采量，并规定相互授权进行监督以确保对方遵守生产限额。1967年3月双方建立了一个联合委员会，并同意制定一项谈判划定两国大陆架边界的计划。但由于两伊战争的影响，两国大陆架划界和争议海区石油资源联合开发计划至今未能取得进展。

（四）伊朗与沙迦共同开发案

在伊朗和沙迦之间的波斯湾海域有个阿布穆萨岛，该岛距伊朗海岸43海里，距沙迦38海里。长期以来两国对该岛主权存有争议。1971年11月29日伊朗和沙迦政府达成《伊朗和沙迦谅解备忘录》。该备忘录规定双方承认争议中的阿布穆萨岛拥有12海里领海，但均不放弃各自对该岛的主权主张，也不承认对方的主张；伊朗在其军事占领部分实施全面的管辖权，沙迦对岛屿的剩余部分拥有全面的管辖权；岛屿的石油资源由沙迦授权的巴特斯石油天然气公司继续开展该岛周围海域的石油勘探开发活动，所得收益由两国平分。

该备忘录建立了单一的联合资源开发制度，即由一个特许权所有者对重叠主张的区域进行开发。虽然该备忘录并没有促使伊朗和阿拉伯联合酋长国（沙迦已成为阿拉伯联合酋长国一成员）之间就阿布穆萨岛的主权争端达成一致。但在当时，该备忘录的签订仍然有效地协调了伊朗和沙迦对阿布穆萨岛的主权争端。

（五）泰国与马来西亚在泰国湾的共同开发

两国于1979年签署了《关于为开发泰国湾两国大陆架划定区域海床资源而建立联合管理局的谅解备忘录》。根据该备忘录，双方承认在泰国湾存在一个重叠区域，决定将谈判划界问题搁置50年，通过合作共同开发重叠区域海底资源；建立一个联合管理局，由双方同等数目的代表组成；联合管理局代表两国政府全权负责共同开发区内非生物资源的勘探和开发，活动费用和收益由两国共同分摊和分享；双方在这一开发区内，还设立了一条平分开发区面积的刑事管辖权的界线，但该刑事管辖范围不能视为两国在共同开发区的大陆架边界线，也不应损害任何一方在共同开发区的主权权利。

由于当事国尚未决定赋予该备忘录中规定的那些权力，以及由于已有的特许权持有人实施该备忘录中所规定的作业制度比较困难，该备忘录没有发挥预期作用。1990年两国签订了《关于建立马来西亚与泰国联合管理局有关章程及其他事项的协定》，才实际解决该备忘录的执行问题。该协定规定，联合管理局具有法人资格，对共同开发区的勘探和开发承担所有权利和责任，对区域行使控制和管理，包括共同开发区以外的储藏；联合管理局承担的这些权利和责任不影响或终止据此颁发的租让或许可证或任何一方订立的协议或所作安排的效力。

本案的最大特点是两国选择了超国家管理模式，由两国设立的共同开发联合管理局全权负责共同开发的一切活动。

（六）澳大利亚和印度尼西亚共同开发案

1989年澳大利亚与印度尼西亚签订《关于印度尼西亚东帝汶省和北澳大利亚之间区域内的合作区域条约》。该条约又称《帝汶缺口条约》，它将存有争议的帝汶海区域划为合作区，由A、B、C三个小区组成，分别适用不同的勘探开发制度。在A区，石油资源的勘探开发活动由两国共同管理，并平均分享开发收益；B区和C区的石油勘探和开发分别由澳大利亚、印度尼西亚负责管理，并就管理事项及时通知对方。为共同开发A区的石油资源，该条约设立了部长理事会和联合管理局。部长理事会由两国指定的同等数目的部长组成，代表两国全权负责并监督A区的石油勘探开发活动；联合管理局充当部长理事会的下属执行机构，具备法人资格以及相应的法律能力，负责资源管理和共同开发的具体事宜。条约规定，A区的石油开发管理制度适用《石油开采规章》《产品分成标准合同》以及避免双重纳税的《税务规章》。

该条约是迄今为止最全面、最完善的共同开发文件，并在A区创立了双层次的管理机制，即部长理事会和联合管理局，决策层与经营层分离。有人将双层次管理机制称为双方政府的共同管理模式，但也有人从条约对联合管理局职责出发，认为条约采用的是一种类似于超国家的管理模式。

（七）马来西亚和越南共同开发案

1992年马来西亚与越南签订《关于勘探开发泰国湾石油的谅解备忘录》。根据该备忘录，双方同意搁置两国的海域争端，并指定各自的国家石油公司在重叠大陆架主张的确定共同开发区域内从事石油的勘探和开发；敦促各自的国家石油公司订立勘探开发指定区域内石油的商业性协议，但该商业协议须经双方政府的批准；出于技术和经济原因，越南国家石油公司将勘探开发活动经过协调委员会全部交给了马来西亚国家石油公司，而越南石油公司则享有50%的收益。

（八）哥伦比亚与牙买加关于海洋划界和共同开发条约

1993年11月12日，哥伦比亚与牙买加签订《关于海洋划界的条约》。由于该条约未能解决西段划界问题，双方决定设立"共同管理的区域"，以共同开发生物和非生物资源。就非生物资源的开发，条约规定双方必须在同意的联合基础上进行。条约规定，对开发区内的人或事行使船旗国管辖，如发现违规行为，双方应及时通报并立即进行协商。条约规定设立一个联合委员会，但并未明确具体职能，同时委员会的决定仅具有建议性，非经两国政府采纳，不产生任何拘束力。

（九）英国与阿根廷在西南大西洋的共同开发制度

1995年英国与阿根廷签署《关于在西南大西洋近海活动进行合作的联合声明》，决定搁置双方就马尔维纳斯群岛的主权争议。根据该声明，双方同意合作，鼓励对碳氢化合物的勘探和开发。为促进合作，建立了联合委员会，以协调在马尔维纳斯群岛以西的特定海区的勘探开发活动。近海石油工业应遵循合理商业原则及良好油田惯例。双方在马尔维纳斯群岛和阿根廷大陆相向间的海域建立一个约2万平方千米的特别合作区域，区内石油勘探开发活动在英阿两国政府各占50%合资的基础上进行，受联合委员会的一个小组委员会监督。据阿根廷媒体报道，这一协议规定阿根廷将获得位于该群岛以东海域的石油和天然气收入的1/3，英国获得2/3；对位于马岛以西海域的石油和天然气收入，阿根廷和英国对半分成。在该声明中，双方创造性地以《南极条约》（1959）第四条的模式来避免领土主权争端实现双方在海底资源开发上进行合作。这种新颖的合作安排为世界上其他共同开发争议区海洋资源提供又一范本。但2007年3月27日，阿根廷政府以石油开采协议自从签署后从未付诸实施为由，宣布取消同英国政府签署的上述协议。英国随后单方面扩大了在该海域的石油勘探面积。双方重回争议状态，合作半途而废。

（十）东帝汶政权与澳大利亚的共同开发协议

2001年7月，东帝汶政权与澳大利亚签署《关于帝汶海油气资源开发的谅解备忘录》，有效期为30年。该备忘录在保留《帝汶缺口条约》中基本内容的基础上，变更主体、共同开发区范围以及石油开采的收益分配比例。该备忘录中仅将原先《帝汶缺口条约》规定的A区作为两国的共同开发区，而原靠近各自一侧的B区和C区变为单方开发；将收益分配比例由原先印度尼西亚对澳大利亚的50∶50，变成东帝汶对澳大利亚的90∶10。这显然较有利于东帝汶。但是，澳方负责开采后的石油输送和后续加工，这方面的利润也十分丰厚。

复习思考题

1. 什么是共同开发？共同开发有哪些类型？
2. 跨界海洋石油储藏共同开发实践中的方法有哪几类？
3. 重叠海洋区域石油资源开发存在困难的原因有哪些方面？主要解决途径有哪些？

第五章
主要石油资源国的石油立法

在主要的石油资源国当中,有些国家的石油法制比较健全,但即使是这些国家,也常常是在不同发展阶段进行多次立法活动,通过立法和修法不断完善石油天然气法律体系。在立法模式方面,国际上一般有三种模式:第一种是对不同专业领域分别立法,这种模式的特点是针对石油行业某特定领域单独立法;第二种是上下游分开立法,这种模式的最大特点是石油行业上游和下游领域一般各有一个基本法律,多见于自产不足的石油消费国;第三种是全行业统一立法,这种模式的特点是整个石油行业适用一个基本法律,这个基本法律涵盖了勘探开发、炼油、运输、进出口和销售等所有领域,一般见于国民经济对石油的依赖性较强、国家对石油行业干预较多的国家。

本章介绍美国、英国、俄罗斯、伊朗、委内瑞拉、哈萨克斯坦和泰国的石油天然气立法情况。

第一节 美国石油立法状况

一、美国石油资源所有权理论

作为最早大规模勘探开发和利用石油资源的国家,美国的石油立法对世界各国都有着较深刻的影响。与世界上其他国家不同,美国矿产资源属于个人而不是国家所有。美国法律规定,地下资源归地表所有者所有,只有地主才是原始的地下资源所有权人。由于历史原因,土地分别为联邦、州、印第安部落和私人所有等四种归属形式,石油资源勘探开发很大部分是在私人土地上进行。因此,美国也是世界上石油资源所有权归属较复杂的国家。美国地下矿产资源的所有权问题,不同的州有不同的理论指导,主要包括以下三种理论:地下矿产资源所有权理论、无所有权理论和限制的所有权理论。

(一)地下矿产资源所有权理论

地下矿产资源所有权理论的基本概念是土地所有者对其地下的油气矿产资源拥有所有权。关于这种理论,比较有名的是 1923 年得克萨斯州提劳苏郡对中凯萨斯油气公司的判决结论,格林武德法官写道:"我们不认为关于地下油气的所有权问题在本州是个问题,因为油气资源和包含在地下的如煤或其他矿产资源一样,是必须遵从所有权可分割和可出售原则。"

绝大部分的州在油气开采之前都有固体矿产的开采,他们采用了地下矿产资源所有权理论,这些州包括:得克萨斯州、阿肯色州、科罗拉多州和新墨西哥州。

（二）无所有权理论

无所有权理论的基本原则是任何一个人都不能拥有地下的油气资源，在油气被采出之前不遵从所有权原则。油气资源最重要的权益是寻找和开采油气的权力。加利福尼亚州、伊利诺伊州和路易斯安那州等这些主要的油气生产州基本上都采用这种理论。由于任何人都不拥有地下的油气资源，因此，不用获得矿区拥有者许可，任何人都可以使用这些矿产资源。然而，地下所有权理论必须服从与其相似的捕获相关权。

（三）限制的所有权理论

这种理论最主要的是对无所有权理论进行修改，采用这种理论的主要是俄克拉何马州。矿区拥有者不拥有其地下的油气，仅仅有勘探和开采其地下油气资源的权力。限制的所有权理论和无所有权理论之间的差别主要是围绕对普通油气藏拥有者的相关权力，在限制的所有权理论下，任何矿区拥有者对普通的油气藏不能浪费，这在无所有权理论下是做不到的。然而，在后来的时间里，随着联合开发、统一开采和政府规定的颁布，限制的所有权理论和无所有权理论之间的界限变得越来越模糊。

二、美国两级立法体制

美国是联邦制国家，实行联邦与州两级立法体制。联邦所有的资源，由联邦政府负责管理。美国内政部设有土地管理局和矿产资源局，分别负责陆上和海上资源管理。在州属土地和私人土地范围内进行勘探开发石油活动，由各州立法并进行管理。各州立法和设置机构不尽相同。得克萨斯州是能源大州，石油工业较为发达，在各州立法与执法等方面具有代表性。得克萨斯州由铁路管理委员会负责管理本州石油工业。联邦与州的法律分别由联邦与州议会通过，政府部门可以制定细则、规程等配套规定。

（一）美国联邦石油立法

1. 美国联邦石油立法发展过程

1920年以前，私人付很少费用就可以获得政府授予的采矿权；1920年，联邦政府为保障从联邦所有矿藏收益中获利，提请国会颁布了《矿产租让法》。该法规定：对未探明区域实行非竞争性勘探许可和丰产区域实行竞争性租让招标，矿权只租不卖；规定2年勘探期限，并可有条件地延长2年；被许可人有每年钻足够数量探井的义务；如果在许可期内发现油气，即可以申请取得租让权进行开发，并向政府交纳矿区使用费。1935年，政府为鼓励勘探，提请国会通过《矿产租让法修正案》。该法案取消了对未探明区域的许可等复杂程序，仍采取"申请在先"的原则，不采取"最高出价人"原则，发现油气田后由政府竞争性招标。1987年，国会通过《联邦陆上石油天然气租让修正案》。从此开始，所有的陆上土地必须经过竞争性招标的办法租让，只有在无人肯出等于或高于修正案规定的最低标底金额时，才可以采用非竞争性方式出租。这个规定一直延续至今。

2. 招标区块

按照法律规定，联邦陆上招标区块最大面积2.59平方千米（640英亩），10年期限，土地租金2美元/英亩，另有签字费。油田投入生产后，按产量的12.5%向政府交纳矿区使用费。承租人按租约实施作业,并接受政府的管理。

3. 美国海上石油法规

1953年众议院通过的水下土地法和大陆架土地法,于1978年进行了修正。水下土地法明确海岸线3英里(1英里=1.61千米)内土地归州政府所有,3英里外大陆架土地归联邦政府所有。海上租让契约与陆上不同的是,勘探期按水深确定:水深不超400英尺(1英尺=0.3048米),勘探期5~10年;水深400~900英尺,勘探期8~10年。勘探期内无最低义务工作量限制。生产期不定,可以无限期延长,前提是必须有收入,不能赔钱。租费1万平方英尺8美元,如果发现油气,需交矿区使用费、签字费40万美元。

4. 环境保护

为确保海上环境不遭破坏,减少因环境污染引起的诉讼,美国众议院于1978年修正《大陆架外土地法》,该法有四个重大修订:(1)设计(制定)土地出租5年计划;(2)土地出租及权利授予;(3)核准勘查计划;(4)准许开发和生产,但事先要审查开发生产计划。政府制定五年出租计划,规定出租程序,每年招标一次。完成一次招标,需两年时间。程序上先是由政府将出租区域、范围及设计有关表格,征求工业界的意见;然后准备环境评价报告,征求社会公众的意见。在各方面认为开采石油不致对环境造成破坏时,才草拟发表通知;如果对环境有重大影响,招标工作将不再进行。

克林顿政府上台以后,为了减少美国政府的财政赤字,减少能源的消费,同时保护资源环境,克林顿政府制定了新的能源政策,其中包括对矿物燃料(包括煤、石油和天然气)征收国产税。征收税率为每百万英国热量单位(Btu,1Btu=1055焦耳)征收0.257美分,在此基础上对原油还要附加一个0.342美分,即对原油的国产税为每百万英国热量单位征收0.599美分。1996年7月1日实行全额税率。新能源税大幅度地降低美国政府的财政赤字,大大降低了二氧化碳及粉尘的排放量,减少了汽车的使用,降低了原油的消费和减少了原油的进口,对保护环境、促进国家经济发展等方面都起到积极的作用。

(二)美国联邦天然气立法

天然气占美国整个能源消耗的四分之一,且民用气比重大。政府除在天然气勘查开采上适用《矿产租让法》的规定外,对其运输、销售和分配,也制定了专门的法律。

(1)《1938年天然气法》。该法规定了天然气价格和运费;各州管道建设和州际管道连通;控制各州运量和操作等。该法实施后,由于天然气价格被法律固定,生产企业利润受到控制,开采新气田的积极性不高,致使天然气供应一直紧张。

(2)《1978年天然气政策法案》。该法案松动了天然气价格,允许企业每年提价10%,但同时规定了各类天然气的最高限价。为保护居民用户和小商业户利益,规定增价的一部分首先由工业用户承担,对农业用气、工业用气量不予压缩。按照这一法律,生产企业有了一定的价格机动权,但却十分有限。总体上政府仍控制着天然气价格。

(3)《1989年气井自由生产法》。该法规定天然气生产价格完全放开,实行自由竞争;但对各地分公司的价格,仍实行控制。

(三)得克萨斯州石油立法

得克萨斯州土地归私人所有,土地所有者有权自行开采,也可与石油公司联合开采。为鼓励开发资源，法律规定，土地所有者可以将地下矿藏所有权按矿藏种类、层位转让，使地表所有权与矿藏所有权相分离。石油资源所有者通过协议形式，将探矿权、采矿权授予石油公司并向石油公司收取矿区使用费。矿区所有者享有签订矿区租约、收取租让定金、土地租金和矿区使用费的权利。这些权利随着地上与地下权利的分离，可以归不同所有者。

该州颁布了专门的法律来规范石油资源的开采活动，主要法律有《石油天然气地热作业法》《石油天然气保护法》。这些法律和细则包括了涉及石油作业的各方面关系和主要的技术规程，形成了较为完备的规则体系。

在资源私有制条件下，如何实现资源的有效开采、利用是需要立法解决的突出问题。针对捕获原则和不同所有者为攫取地下财富竞相打井造成资源浪费和地面重复建设的局面，法律规定，把油藏作为一个整体，不管分属几个人所有，都应实行一体化开发，即打破土地所有者的界限，以油藏为基准，使不同所有者联合起来出让成片土地，成片开发油气田。一体化开发可以是一口井，也可以是一个油气田。不同所有者自愿联合，法律也可强制其联合。但在政府强制的场合，需经四分之一以上联合者同意。按一体化开发原则，为保护油气藏，政府对钻井作业实行控制，井距小于一定距离不准打井。不同土地所有者可以联合起来打一口井，利益分享。

第二节　英国石油立法状况

英国现行石油法律主要有《石油生产法案》(1934)、《大陆架法》(1964)、《石油法》(1987)、《石油和海底管道法》(1975)，另外还有石油税收、环保、安全的法律规定。天然气方面的法律主要是《天然气法案》(1986)。此外，1994年英国通过的《煤炭工业法》规定，任何石油或天然气以及包含在煤炭中吸附或游离状的气体均属国家所有，煤层气资源属于英国政府财产。英国政府根据《石油生产法案》(1934)颁发煤层气勘探、开发许可证。

一、许可证法律

（一）勘探、开采石油资源实行许可证制度

《石油生产法案》(1934)和《大陆架法》(1964)是关于陆上和海上许可证制度的专门立法，规定石油资源为国家所有。石油公司通过政府发给许可证，获得勘探开采石油的权利。许可证由工业贸易部通过竞争性招标方式有偿授予。

1. 许可证类型

陆上分为三种许可证：勘探许可证、评价许可证和开采许可证。海上只有开采许可证，但分为初期、第二期、终期三个时期。陆上每块200~250平方千米，许可证每两年发一次。

2. 许可证期限

陆上许可证期限：勘探许可证6年，评价许可证4年，开采许可证30年。海上许可证期限：初期6年，第二期12年，终期18年。

3. 许可证有关规定

石油公司有义务按许可证的规定在一定时间内投入足够的工作量进行作业，并接受政府的监督。石油公司在勘探阶段,必须完成最低限度的工作计划,确定井位和撤回的区域值积;在评价阶段,经评价认为油藏面积超过许可证范围,可以申请扩大范围,如外围勘探权已被别人获取,需与他人合作;在开发阶段,开发方案必须经贸易工业部认可,合作开发时,需向政府提交统一开发协议,政府可根据油藏和生产的情况,协调矿权与开发中存在的矛盾。贸易工业部有强制石油公司实施工作计划的控制权,有权依法控制所有油井作业,控制采油速度,不允许石油公司掠夺性开采。

(二) 许可证法律在海洋石油开采中的控制

海上石油勘探开采投资费用高、风险大,石油公司一般都希望能加快开采,以尽快收回投资成本,但资源国政府要进行控制,以保证石油资源的合理开发和利用。为了将海洋石油勘探、开发纳入国家管理轨道,参与利益分配,获得海洋石油开采的资料、技术和管理经验,英国政府1976年正式成立英国国家石油公司,并针对政府有关部门、国家石油公司、私人石油公司、实施作业的种类繁多的专业承包公司之间错综复杂的关系,采用了不同的调整机制。

1. 许可证控制

许可证主要调整代表政府的能源大臣与石油公司在海洋石油开采活动中的关系,规定双方的权利和义务。例如,石油公司有钻探、生产、提取原油的权利,但是在许可证规定区域内实施作业时不得妨碍航行、捕鱼;不得危及海洋生物资源;非经能源大臣同意,不得中止开发井钻探;中止后,非经能源大臣同意不得复钻;对于执行许可证所产生的争议,能源大臣和石油公司都有权提请仲裁解决。英国法律规定,许可证由能源大臣颁发,通常做法是在《伦敦公报》或其他报刊上公布将要颁发许可证的区块(每个区块长25千米,宽10千米),然后由石油公司申请。申请者可以是独家石油公司,也可以是由几家公司组成的公司集团。最初几轮许可证都是提供上千个区块,申请者选择的余地较大,随着北海储油状况逐渐明了,提供的区块数也越来越少。在申请许可证时,无论是故意还是过失,都可能成为能源大臣取消许可证的理由,提起损害赔偿诉讼。

2. 成文法律控制

按照英国法理论,许可证兼有合同与准立法双重性质,它无法包括一些强制性要求。这样,海洋石油开采活动中权利和义务关系会形成一些空档,需要成文法律规定。成文法律控制主要涉及石油开采设备管理、划定海上安全作业区、油田放弃后的善后处理、天然气输送方式、海底管道沉放等事项。

3. 合同控制

石油公司与作业承包公司之间的关系主要通过合同确定。石油开采中许可证的持有者往往是公司集团,它们按照联合作业协议组织联合作业委员会,推选一家石油公司为作业者,代表公司集团与作业承包公司签订作业合同。作业者与公司集团其他成员的关系是代理关系,与作业承包公司之间是合同关系。作业者与承包公司签订合同时遵循的一条重要原则是当地优先权,即在具有同等竞争力的情况下,优先使用英国制造的开采设备、材料或者由英国承包公司提供的服务。为此,能源部设立了海洋供应处来具体管理这方面的事务,保证英国制造公司和承包公司能最大限度地参与竞争。

二、石油税法

税收既是政府财政收入的源泉,又是用以调整石油工业发展的经济杠杆。英国自20世纪70年代北海油田投入开发以来,税法也在不断变化,税种、税率不断调整。从趋势来看,随着发现大油田机遇的减少,税种由繁变简,税率由高变低,公司税负减低。在20世纪70年代和80年代,国家对石油开征三种税,90年代作了调整,具体情况如下所述。

(1) 矿区使用费。矿区使用费是国家作为资源所有者从油气开采中获得的收益,按产量的12.5%计征。

(2) 公司所得税。公司所得税是政府按公司的税前利润为税基而计征的一种税收,1992年税法规定税率由52%降至33%。同时,允许公司内部不同经营业务盈亏相抵后缴纳。

(3) 石油所得税。石油所得税计征的前提是石油公司的投资得到回报,回报前不征收。开始以单个油田为计税单位,在一个公司投资开发几个油田的情况下,只对其中投资回报后的油田征收。1982年规定一个油田内干井的成本可计入生产成本,在全部投资回报后计征此税,税率为75%。这一税种旨在鼓励石油公司风险勘探,同时防止其获取石油暴利。

除上述税费外,石油公司在获得许可证的同时要向政府交纳一定的费用,为避免重复征税,纳税基数中均已扣除已缴纳的税费额。各项税费相加,占公司盈利的85%左右,公司留利占15%左右。

尽管英国北海海域是一个勘探程度较高的成熟地区,新发现的油田规模都比较小,但由于英国政府实行比较优惠的税收政策,对石油公司具有很大的吸引力,勘探活动十分活跃。例如1990—1994年,世界(不包括北美和前苏联地区)招标的全部区块中,英国占15%,每年钻探新油田的预探井达100多口。这期间共发现油气储量47亿桶(6.4亿吨)油当量,仅次于伊朗和阿尔及利亚。

英国政府的石油税收政策比较灵活,给石油投资者提供了比较宽松的环境。从20世纪80年代中期开始,随着油价下滑和石油产量下降,英国石油税收大幅度减少。例如,1984—1985财政年度,英国石油税收最高达121.71亿英镑;1991—1992财政年度降至10.16亿英镑;现在,英国石油税率是世界最低的国家之一。例如,有些国家对边际油田的税率最高达净现值97.7%,效益好的油田最高达86.9%;而英国对各类油田实行统一的税率,仅为33%。

三、其他有关石油的立法

英国的石油立法,除许可证法律和税法外,在石油设施建设、环境保护、健康安全等方面,均有法律规定。例如,1975年国家颁布石油和海底管道法,规定敷设海底管道必须经政府批准,避免减少因敷设管道引起与其他行业的冲突;1998年政府又颁布《石油法》,对海上和陆上设施废弃作出明确规定。

在环境和安全方面,1971年英国颁布了《防止石油污染法》。法律规定,除非公司能够证明泄油是第三方引起,否则要受到严厉的处罚。1974年,英国又颁布了《工作与健康安全法》,主要对雇主、雇员作业安全提出明确要求,着重强调雇主的责任。为防止安全事故发生,政府对油公司作业进行严格监督。

第三节 俄罗斯石油立法状况

俄罗斯并没有对整个联邦石油、天然气进行专门立法,俄罗斯石油天然气适用的是矿产资源方面的立法,主要包括《矿产资源法》《产量分成协议法》以及油气税费方面的法律法规。俄罗斯《矿产资源法》经过1992年、1999年、2000年、2005年多次修改,规定了地下资源使用者和国家主管部门的权利和义务。《产量分成协议法》自1995年出台后,也经历了1999年、2000年和2001年三次修改。虽然俄罗斯目前没有对整个联邦石油、天然气进行专门立法,但却曾经尝试过。1995年,俄联邦国家杜马和俄联邦委员会曾赞成并通过了此项法律草案,但被俄联邦总统否决。此后类似的法案再也未被提到议事日程上。与俄联邦相比较,一些联邦主体分别制定通过了各自的石油天然气专门法。1997年鞑靼斯坦共和国通过了《石油天然气法》;1998年汉特—曼西自治区通过了《在自治区境内开采石油天然气矿床法》;1998年亚马尔—涅涅茨自治区通过了《关于稳定、刺激生产和提高石油产量法》;1999年秋明州通过了《石油天然气法》。

一、《矿产资源法》

现代俄联邦《矿产资源法》始于联邦主体1992年签署的联邦条约,该条约规定了俄联邦和俄联邦主体在俄联邦境内占有、使用和处置矿产资源的共同执行原则;也规定了俄联邦在经济特区和大陆架范围内执行联邦条约的原则。1995年,俄联邦对《矿产资源法》进行修订,调整完善了原有条款内容,同时增加了11项新条款。新增条款的内容涉及矿产使用关系的法律细则、矿产所有制、矿产使用权取得的根据以及联邦意义的矿区的划分等。此后经过1999年2月10日第32号联邦法律和2000年1月2日第20号联邦法律的修改和补充,2000年《矿产资源法》。

从2002年开始,根据议会建议和总统委托,俄联邦政府自然资源部、经济发展和贸易部开始制定新版《矿产资源法》。2002—2005年,《矿产资源法》不断调整完善。到2005年,新版2005年《矿产资源法》确定为十四章共一百二十五条,包括:第一章总则;第二章本联邦法调整的关系主体;第三章本联邦法调整的关系客体;第四章矿区使用权;第五章矿区使用合同;第六章矿产资源使用许可证;第七章对进行区域地质研究和地质研究的总的要求;第八章固体矿物矿藏的开采;第九章石油天然气的开采;第十章开发(使用)地下水、建筑和地下构筑物;第十一章矿产资源的合理使用和保护;第十二章矿产使用的费用支付;第十三章违反矿产资源法的责任;第十四章过渡和最后的条款。

2005年《矿产资源法》的特征主要有:通过规定对矿产使用者提供土地的条件和要求,加强对土地以及矿区的保护;为了避免越权行为、重复审批等引发纠纷,明确划分俄联邦、联邦主体和地方三级行政主体的矿产资源管理权限和职责;规范矿产使用许可证的发放,规定探矿权、采矿权的取得、转让和终止,保护勘探开采主体的合法权益;规范国家地质调查工作、地质研究规划工作;扩大俄联邦政府自然资源部的管理权限,根据法定的固体矿产、石油天然气及地下水资源开采技术标准,监督矿产资源勘探开采及其过程中的环境保护,监测地质生态环境。

根据俄联邦《宪法》和《矿产资源法》,联邦主体可以在其职权范围内制定在本主体范围内有效的调整矿产使用关系的法律和其他法律规范文件。制定联邦主体的《矿产资源法》，应当考虑该主体区域的经济发展水平以及矿产资源开采行业在地方经济中所起的作用。在矿产使用领域，许多联邦主体都通过了专门立法文件。联邦主体专门立法具有一定优越性，所以专门立法有扩大趋势。

俄联邦《矿产资源法》是基本法，联邦主体制定矿产资源法必须以俄联邦矿产资源法律法规为基础。联邦主体的立法活动提供了更加丰富多样的立法样本，促进了俄联邦矿产资源法律体系的完善，甚至在很多方面填补了联邦法律的空白。例如，布里亚特《矿产资源和矿产资源使用法》规定，把贝加尔湖鉴定为全俄的国家财产，特别增添了在湖泊领域使用矿产资源的特殊制度。

二、其他与石油天然气相关的立法

（一）《俄罗斯联邦外国投资法》

该法最早颁布于1991年，其中涉及油气产业调整内容的修订则体现在2006年的相关法律法规中。2006年年底，俄政府将关于外国投资涉及国家安全战略性企业的法律草案，提交给俄联邦国家杜马审查。其中与石油天然气法律制度高度相关的内容是对《俄罗斯联邦资源法》的变更。以下三类联邦资源区块属于战略区块：铀、金刚石、纯净石英、稀土金属等稀有资源区块；可采储量达到一定数量的资源区块，如原油为7000万吨，天然气为500亿立方米；位于战略地区或内海水域范围内的资源区块。勘探开采战略区块的油气企业均属于战略企业。通过确定联邦资源战略区块的法律地位，实际上达到了限制外国投资者购买俄罗斯油气资产、限制外国投资者获得俄罗斯公司控股权的效果。外国投资者如果要购买俄罗斯的油气资产，必须按法定程序与负责安全的权力执行机构进行协商。外国投资者获得俄罗斯公司的控股权，必须向法律草案所提到的授权机构提交申请。

（二）《俄罗斯联邦天然气出口法》

2006年7月18日俄罗斯颁布了《俄罗斯联邦天然气出口法》，根据规定政府将天然气出口权赋予俄罗斯天然气工业开放式股份公司（Gazprom）或其子公司天然气工业出口公司。在天然气出口领域，该法确保了国有公司的绝对垄断地位。该法律适用于各类油气田开采的以气态或液态形式运输的天然气，但不适用于根据本法律生效前签署的《产品分成协议法》生产的天然气。Gazprom在天然气上、中、下游的超级垄断地位使外资很难进入俄罗斯的天然气领域。

（三）《产品分成协议法》

为鼓励油气企业（特别是外国油气公司）在俄罗斯境内寻找、勘探和开采矿产资源，引进国外先进技术，加快本国石油工业发展，1994年俄罗斯颁布有关产品分成协议项目的总统令，1996年1月俄罗斯颁布实施《产品分成协议法》，该法分别在1999年、2003年予以修订。《产品分成协议法》规定，油气投资者在俄罗斯境内开采石油天然气，可以与俄罗斯政府签订产品分成协议。油气投资者和政府在协议内约定产品的分成方法、数量、红利、矿区使用费等合同事项，相关规定有：允许按产品分成条件进行开发的油气资源不得超过油气田探明或登记储量的30%；在协议有效期内，除了利润税、资源使用税、俄籍雇员社会医疗保险费和俄罗斯居民国家就业基金以外，投资者免交其他各种税费；储量在2500万吨以下的油田和2500亿方以内的天然气田无须联邦政府法律批准，只要油气田的联邦主体政府同意，即可按照《产品分成协议法》与投资者签订产品分成合同。

第四节 伊朗石油立法状况

伊朗石油方面的立法体系较为完善，与石油勘探开发有关的法律包括石油法、税法、吸引和保护外国投资法、劳动法、公司法等。《石油法》（1974）允许外国投资者参与伊朗石油勘探开采，但1979年伊朗爆发伊斯兰革命，随后在新宪法中，禁止外国投资者以租让或直接参股的方式参与伊朗石油勘探开发。1987年11月16日伊朗出台新《石油法》。1988年两伊战争结束后，伊朗亟须解决石油开发资金不足、缺乏先进技术设备的问题，于是伊朗先后出台了一系列旨在吸引外国投资的法规及优惠政策，招商引资、充分利用外国资本和国际先进技术设备，促进本国石油工业升级换代。2002年伊朗议会批准成立最高能源委员会，该委员会成员包括总统、石油部长、能源部长、财政部长、工业部长、矿产部长。该委员会的主要职责是协调国家能源政策。

一、《石油法》的主要内容

伊朗现行的《石油法》主要对石油和石油资源的定义、石油资源和设施的所有权、石油部及其下属公司的权限、国家石油公司的成立与章程、石油合作开发合同、石油开发投资、资源与环境保护、石油投资的法律依据、石油工业保护、石油工业人才等内容作出相关规定。

（1）石油和石油资源的定义。石油包括除煤之外的所有烃类，如原油、天然气、沥青、油页岩和油母沙，不管上述物质是从自然状态中获得还是通过各种方法从原油和天然气中提炼出来的。石油资源包括在陆地、国内水域、沿海、国际水域和大陆架上每一块可能含油的结构，其专门的技术参数和地理位置由石油部鉴定。

（2）石油资源和设施的所有权。国家的石油资源是公共财产的一部分，根据伊朗宪法的规定石油资源由伊斯兰政府掌握，所有的设施、设备、资金以及石油部和其下属公司在国内外的投资属于伊朗人民，由伊斯兰政府掌管。石油资源、石油设施的主权和财产权归伊斯兰政府。根据规定和授权，石油部拥有对石油法的解释权，并执行国家总的方针和计划。

（3）石油部及其下属公司的权限。石油部及其下属公司拥有本法规定的授权，但对石油工程实施的监理权以及本法中规定的其他工作只属于石油部。

（4）国家石油公司的成立与章程。石油部可以成立石油公司、天然气公司和石化公司来实施国内的、大陆架的和海上的石油工程，这些公司的章程经伊斯兰议会通过后执行，其他公司的章程由内阁批准。伊朗伊斯兰议会批准石油公司、天然气公司和石化公司的章程后，各个公司实施石油工程所需的土地、建筑、新发明、水及其使用权按照章程规定予以提供。

（5）石油合作开发合同。石油部或石油工程部门根据石油法及其相关规定，与国内外某法人或某自然人签订合作开发合同并审核重要条款。

（6）石油开发投资。石油部根据石油工程部门的预算提出所有所需投资，经议会批准后列入国家总预算。决不允许外国在石油公司投资。

（7）资源与环境保护。在实施石油工程时，石油部应制定正确完整的监理计划来保护石油的储藏，与有关组织协作保护自然资源和设施、防止环境（空气、水、土壤）污染。

（8）石油投资的法律依据。石油工业在国内所有的永久性投资应服从有关部门的法律法规，尚未制定专门法律的，执行伊朗伊斯兰共和国一般规定。

（9）石油工业保护。石油部应与内务部协调，与警备部队合作建立自己的护卫队来取代石油工业警卫队，以确保石油资源和石油设施、石油工业的财产和文件安全。

（10）石油工业人才。石油部经常性地举行所需人员的教育培训，使其通过必要的途径掌握石油工业各方面的先进技术，协调高教文化部制订教育大纲，建立教育中心，成立研究所和研究中心。采取积极措施提高工作人员和专家科学知识水平和实践经验，创造合适的环境吸引和鼓励专业人员。

二、石油合作模式

伊朗的石油合作模式是一种特殊的服务合同，即回购合同。回购合同具有合同周期短、利益有保证、与项目结果无关、无油价风险等特点。

在勘探阶段，外国石油公司与伊朗国家石油公司签订勘探合同，从事石油勘探活动并承担风险。勘探结束后，无论是否发现可商业开采的油气田，勘探合同均告终止。但根据勘探活动结果，决定合作是否继续。如果发现可开采油气田，则勘探石油公司取得与伊朗国家石油公司商谈合作开采合同的优先权；反之，勘探失败的结果由外国石油公司承担。在勘探成功情况下，如果外国石油公司与伊朗国家石油公司商谈合作开采成功，则签订新的开采合同；反之，商谈不成功，伊朗国家石油公司向勘探的外国石油公司支付勘探成功的报酬并回购项目，然后，再由国家石油公司对外招标开采油气田。可见，勘探成功后，外国石油公司能否参与开采的决定权掌握在伊朗方面手中。

在开采阶段，签订了合作合同的外国石油公司应当按照合同的要求履行生产开发义务并向国家石油公司移交油田，同时可以从原油销售收入中收回投资成本，并按照合同约定的报酬获得合同收益。伊朗国家石油公司支付对价购回油气田项目后，外国石油公司便不再拥有该项目的任何权益。

开采阶段的合同内容包括：伊朗国家石油公司与外国石油公司共同组建联合管理委员会，负责具体项目的实施与监督以及合同争议的解决；伊朗国家石油公司可以向联管会指派代表，而且有权批准或拒绝联管会提出的开发合同计划。伊朗国家石油公司能够监督对方充分履行合同义务，也需要向外方提供现有合同区块的技术资料。外国石油公司需要提交具体的开发计划方案以及投资计划，根据计划和合同规定，投入资金、技术和设备，进行石油开采作业，需要遵守伊朗的开采环境政策要求，最大限度优先雇佣和培训伊朗员工、购买伊朗国内的生产资料，妥善保存并向伊朗国家石油公司移交相关技术资料。外国石油公司的收益是根据石油合作开发合同所确定的比例、按照市场价计算所取得的原油和天然气。

第五节 委内瑞拉石油立法状况

委内瑞拉政府最早在1943年就已经颁布了《石油法》。1976年以前，委内瑞拉采用租让形式授予外国石油公司探矿权和采矿权，靠外国公司经营本国石油工业。1975年8月，委内瑞拉颁布《石油基本法》，规定自1976年1月1日起，国家对外国公司实行国有化，并成立国家石油公司。原有跨国公司合并为3个国有公司，即马拉文、科波文、拉戈文，由国家公司直接管理和控制。此外，20世纪70年代前后，委内瑞拉又制定了《石油租让特定财产法》《石油产品国内市场开发政府保护法》《石油工商业政府保护法》等法律法规，形成了较为完备的石油法律体系。2002年，委内瑞拉新版《石油基本法》颁布，该法调整了矿区使用费、合资企业股权等内容，更新了整个石油立法体系，强调国家对石油的主权控制和国家从石油中获得的收益。

一、国家石油管理主体

委内瑞拉国家石油管理主体包括立法机关和行政机关。委内瑞拉国民议会在石油监管当中担任非常重要的职责，包括石油合资公司设立的批准职责、许可证期限延长的批准职责、稳定性协议批准职责。外国石油公司进入委内瑞拉投资石油行业，不能以自己的名义申请许可，而需要通过与委内瑞拉当地石油公司进行合作成立合资公司的方式申请许可证，成立合作公司的审核批准由国民议会负责。石油勘探开采的许可证期限由法律规定，对于需要延长许可证期限的申请，由国民议会审核决定。

委内瑞拉国内政治局势不稳，作为外国投资者，需要面对投资委内瑞拉石油业的高风险。委内瑞拉政府为了保障外国投资者利益，鼓励外国投资者在委内瑞拉投资的积极性，规定外国投资者可以要求签订稳定性协议，包括税收、外贸方面的优惠政策的稳定性内容。稳定性协议由国民议会审核批准。

根据《石油基本法》的规定，委内瑞拉政府对石油行业实行严格的国家管理制度，能源矿产部是管理石油事务的行政主管部门，职责包括负责颁发许可证、签发合作协议、安全监管等；能源矿产部的职能涉及石油勘探、开发、储运和销售等各个环节，甚至与石油开发相关的安全、环保等亦属于能源矿产部职责范围。当然，在劳动保障法、税法等石油活动相关的法律领域，其他政府部门也具有管理功能。

二、国内外石油开发主体

1970年以前，委内瑞拉石油资源开发利用控制在外国资本手中，严重侵害了委内瑞拉本国石油资源收益。1970年委内瑞拉从外国石油公司手中夺回石油标价权，实行石油资源国有制度，石油、天然气等属于绝对的国家财产。1975年8月30日，委内瑞拉政府成立了委内瑞拉国家石油公司（Petroleo De Venezuela S. A.，简称PDVSA），负责全国所有的石油资源开发利用。该公司目前是委内瑞拉最大的国有企业，也是整个拉丁美洲最大的企业。公司经营范围广泛，包括油气勘探、开发、炼制、运输和配送，以及奥里乳化油、化工、石化和煤炭业。PDVSA已完全取代西方大公司，独立操作石油工业上、下游业务及贸易，成为在世界石油领域颇具影响的优秀企业。PDVSA曾经实行严格的国有化生产方式，石油工业严格禁止外国资本进入。直到1991年，委内瑞拉政府为了更好地发展经济、加速石油工业发展，决定实行改革开放，颁布了《外商投资法》，开始允许外国资本以合资公司的方式有条件地从事勘探、开采等活动。

根据《石油基本法》和《外商投资法》的规定，外国石油投资者与委内瑞拉石油公司合作成立合资公司并从事石油开发利用必须符合法定条件和程序。首先，成立合资公司的具体程序由能源矿产部负责，但最终是由能源矿产部汇报给国民议会，由国民议会进行审查批准。其次，关于合资石油公司的股份份额比例，委内瑞拉国家石油公司必须控股50%以上。再次，合资公司的最长期限为25年，符合法定条件时可以申请延期，最长可延长为40年。又次，合资公司需要履行法律规定的其他附属义务，一般是照顾委内瑞拉国内的需求，包括提供技术培训、优先雇用国内员工等。最后，处理争议需要由委内瑞拉国内司法机构根据国内法进行裁决。合资公司在从事石油活动中的任何形式疑问和争议，首先由合资各方协商解决，协商不成的，应当由委内瑞拉法院根据委内瑞拉法律进行裁决，任何情况下均不能提出国外仲裁或庭审。

三、国际石油合作开发模式

委内瑞拉政府许可的国际石油合作开发模式包括合作经营模式、利润分成模式、服务模式。

（1）合作经营模式，即外国石油公司与委内瑞拉国家石油公司共同出资成立合资公司，共同勘探、开采、生产、销售石油产品。早在1991年前后，委内瑞拉国家石油公司就开始采用合作经营模式，先后进行对外合作的外国公司包括道达尔、大陆石油等。在这些合作经营开发当中，奥里诺科重油带和东北部沿海地区的天然气开发尤其重要。

（2）利润分成模式。这是委内瑞拉国家石油公司与外国石油公司签订利润分成合同的一种石油合作开发模式。与合作经营模式相比，该模式通常意味着采取建立合资公司的方式。国家石油公司通过招标出让石油勘探开采权，中标者应当与其签订利润分成合同、建立合资公司并行使勘探、开发和经营权。同时，除了委内瑞拉国家石油公司享有利润分成以外，委内瑞拉政府还要对合资公司征收矿区使用费、公司所得税、营业税。

（3）服务模式。这是指国家石油公司与外国石油公司签订服务合同的石油合作开发模式。这里的服务合同是指外国石油公司通过提供资金和技术服务勘探开发油气资源。委内瑞拉采用服务合同主要是为了挖掘老油田的剩余价值，将很多老油田和边际油田对外国石油公司招标，中标的外国石油公司提供资金和技术，开发成功后按照所得利润收取服务费，同时承担开发中的风险。1997年，在委内瑞拉进行国际招标的众多边际油田中，中国石油天然气总公司（现中国石油天然气集团公司）经过投标，获得了东委内瑞拉盆地的卡拉高莱斯油田和马拉开波盆地的英特甘博油田20年生产经营权。

四、石油税制

（一）矿区使用费

矿区使用费是石油税收当中的重要税费。2002年新石油法施行之前，委内瑞拉的矿区使用费费率为16.75%，新石油法将使用费费率提升到30%。但也存在一些例外情形，即在利润较少石油矿区的石油公司，经政府主管部门批准后，可以在一定程度上降低费率。例如，位于成熟矿区或奥里诺科石油带的超重油区，可以降至20%。矿区使用费可以用石油交纳，也可以交钱，但以货币方式支付为主。计算收取矿区使用费的基数是开采的石油产量。经过能源部门核实的石油产量，经过证明后，由税务部门征收相应的矿区使用费。对伴生的天然气，也要征收矿区使用费，不过在计算基数时有所不同。卖给第三方时，以销售价格为计费基数；自己使用，按石油当量计费；公司自己处理或深加工，以处理或加工后产品的价格为计费基数。

（二）勘探开采税

勘探开采税包括勘探税和开采税。获得勘探许可证的许可权人以及该权利转移后的权利方，在国家颁发许可证的许可期限内缴纳勘探税，税率为每年每公顷2个玻利瓦尔。经过勘探，发现并确定开采区域后，在正式开采之前，必须获得开采许可证；一旦取得开采许可证，就要开始缴纳石油开采税，税率为每年每公顷8个玻利瓦尔。

（三）土地占用税

根据矿区面积按占用年限计征土地占有税。享有勘探开采权的石油公司使用勘探或开采区域内的土地，应当交纳土地占用税。每1公顷土地，使用年限的前10年内每年征收5玻利瓦尔，此后，每5年增加5玻利瓦尔，30年后每年征收30玻利瓦尔。如果已经获得勘探开发权，但有些区域还没有勘探开采，对这些闲置土地，开采权人需要交纳一定额度的地表税。

（四）消费税

在委内瑞拉，与石油行业有关的消费税指消费石油天然气所应当交纳的税。交纳消费税的主要是使用原油的石油炼厂，税率为50%，在征税前能源部门要鉴定石油炼厂的生产规模、加工能力。除此之外的一种特殊情况是，石油公司在开采石油过程中产生的伴生天然气资源通常会在生产作业中作为燃料使用，此时天然气资源既是自己生产又是自己消费，按照法律规定需要交纳自己消费税，税率为副产品市场价值的10%。

（五）石油公司所得税

2002年新石油法颁布之前，委内瑞拉政府对石油勘探、开采、运输等公司征收67.6%的石油公司所得税，石油公司所得税=（收入－成本）×67.6%。新石油法在提高了矿区使用费的情况下，相应地下调石油公司所得税，税率为50%。在计算石油公司所得税时，公司用于维护、改善环境的投资可以扣除，例如回收废气、修缮储存设备等方面的投资，这样可以提高石油公司对维护和改善环境进行投资的积极性。

第六节　哈萨克斯坦石油立法状况

一、石油天然气立法过程

哈萨克斯坦现行的油气资源管理法律法规主要包括1996年颁布实施的《地下资源和地下资源利用法》（以下简称《资源法》）、1995年颁布实施的《哈萨克斯坦共和国石油法》（以下简称《石油法》）和2012年颁布实施的《天然气和天然气供应法》（以下简称《天然气法》）。

《资源法》和《石油法》两部法律颁布后至今，进行了多次的修改和补充。

2004年《资源法》在修订中新增的一条重要内容是关于国家优先购买权。它规定："为保持和加强国家经济的原料能源基础，在新签及已签的合同中，国家相对于合同的其他方或拥有地下资源利用权的法人股东、相对于购买所转让的地下资源利用权和（或）拥有地下资源利用权的法人的股份的其他方，在不低于其他购买者提出的购买条件的情况下，拥有优先购买权。"可见，无论是地下资源利用权的转让，还是已签订地下资源利用合同的法人的股份转让，相对于合同的其他方、法人的创立者和其他收购方及投资人而言，国家都具有优先购买权。2005 年《资源法》在修订过程中，赋予矿产资源的国家主管机关更大权力，包括冻结矿藏使用权、依法禁止基于矿藏使用权的股份转让；引入"集权"的概念，这意味着外国公司在矿产资源开发利用合同中的股份比例或在合作公司中的注册资本比例对哈萨克斯坦经济利益构成威胁时，国家权威机关有权拒绝签发资源利用权转让许可；国家拥有收购非国民在矿藏开采项目中所占股份的优先权，并且如果违反国家优先权规定，国家有权单方面撕毁合同。

2004 年《石油法》也作出了相应的修改，主要是赋予哈萨克斯坦国家油气公司更多的权利，包括通过参股方式与项目中标者共同开展石油业务；参与实施国际、国内油气开发和油气运输项目；对油气项目的勘探、开发、加工、销售、运输和对油气管道及其他油气基础设施的设计、建设、运营实施管理和监控；在政府规定哈萨克斯坦国家油气公司必须参股的招标区块中，中标者要与哈萨克斯坦国家油气公司共同作业，同时，哈萨克斯坦国家油气公司在作业者注册资本中所占的股份比例应不少于 50%。2007 年对《石油法》第三十五条进行了修改："哈萨克斯坦共和国对于按照不高于国际市场的价格从承包者手中购买石油具有优先权。购买石油的最大数量、价格确定办法和付款种类同承包者单独协商确定。"与原来条文相比，把"按照国际市场价格"修改为"按照不高于国际市场的价格"，进一步强化了国家购买石油的优先权。

2012 年制定颁布的《天然气法》旨在保障哈萨克的能源与生态安全，提高天然气在国家能源燃料中的比例，加大对石油开采伴生气的有效利用，并在优先保证国内用户的基础上为更大范围用户供应天然气。

总之，哈萨克斯坦石油天然气立法体系较为完备，除了直接规范石油天然气开发的《资源法》《石油法》《天然气法》外，还包括环境保护法律法规、油气投资及经营注册法律法规、油气税收及进出口管理法律法规、油气领域劳工管理法律法规等相关法律体系。比如，在环境保护方面，哈萨克斯坦与环境管理相关的法律包括《生态法》《节能法》等三十余部法律法规、众多政府部门规章制度，以及《生活污水系统规范》等几十个与环境保护相关的标准；在油气投资及经营注册方面，有 2012 年修订的《投资法》等；在油气税收及进出口管理方面，有《海关事务法》《外汇调节法》《税收法》等；在油气领域劳工管理方面，有《哈萨克斯坦份额法》《劳动安全与保护法》《消防安全法》《公民健康保障法》等。

二、石油天然气法律法规主要内容

（一）《哈萨克斯坦石油法》

（1）石油所有权。在哈萨克斯坦共和国地下自然现状的所有石油是哈萨克斯坦共和国专有所有权；提取到地表面的石油的所有者由合同确定；如果合同无其他规定，对提取到地表面的石油的支配权归所有者；为了保存而返回到矿藏的石油，视为提取到地面的石油，且其所有者由合同确定。

（2）勘探权和开采权。在招标的基础上授予勘探和开采权。在参加招标的参加者必要人数（少于两名）不足时可在直接谈判的基础上提供勘探和开采权。哈萨克斯坦共和国政府有权就实施石油作业事宜与矿产资源使用者进行直接谈判而不举行招标。实施石油作业权的招标可以是公开的和非公开的。公开招标的条件应该公布，而非公开的招标条件应在不晚于招标前的90天通知到所有潜在的参加者。所有愿参加招标者有权获得与招标程序有关的信息。

（3）石油作业权。一是石油作业权的授予。石油作业权在无竞标基础上优先授予国家公司，而其他矿产使用者的石油作业权则按法定程序并根据招标结果通过签订合同授予。在与主管机关（国家全权的机构）直接谈判的基础上授予石油地下储库储罐的建设和运营权。海上油气管道建设权经有关国家机关的批准授予。海上油气管道运营权经主管机关（国家全权代表机构）的批准授予。二是石油作业权的转让。允许对勘探、开发、联合勘探开发权以及石油地下储库建设和运营权通过修改合同进行转让。海上油气管道建设和运营权不允许转让。

（4）对石油勘探和开采的许可。一是关于许可证的用途。无相应的许可证，任何人无权进行勘探和开采。合同应符合许可证的条款，与许可证相矛盾的合同条款是无效的。许可证的更改会导致合同的相应更改。勘探和开采权许可证是办理地质、矿山和土地区块划拨的依据。二是关于许可证的种类，许可证分为勘探许可证和开采许可证，也允许发放勘探和开采联合许可证。三是关于许可证的期限，勘探许可证期限不超过6年。勘探许可证的有效期可延长两次，每次的持续时间达2年。开采许可证期限不超过25年，最长以40年为期限。联合许可证期限包括勘探期和开采期，并考虑可能延长期。四是关于许可证持有者的权利和义务，许可证持有者拥有许可证中约定的和根据许可证产生的一切权利，并承担遵守许可证条款的责任。此外，对许可证的效力暂时中止、效力终止以及许可证的收回条件均有规定。

（5）石油合同。适用于进行石油作业的合同种类包括勘探合同、联合开采合同、产量分成合同、开采合同、石油地下储库建设和（或）运营合同。根据具体的石油作业条件和其他情况允许采用联合合同和其他形式的合同。勘探合同的签订期为6年。合同有效期可以延长两次，每次延长期不超过2年。开发生产合同的合同期为25年。对开采石油储量为1亿吨以上的油田或天然气储量1000亿立方米以上的气田，合同期为40年。联合勘探和开采合同的签订期包括勘探期和开采期，也可考虑可能的延长期。另外，还规定了关于合同的有效区域范围、合同的签署和注册程序、认定合同无效、变更和终止合同效力。

（6）石油作业。石油作业的承包者开展石油作业，必须遵守哈萨克斯坦的法令和合同规定。石油作业的承包者必须遵守和履行主管机关在其管辖范围内依法提出的各种要求。开展勘探和开采的承包者必须按工作计划进行勘探和开采作业。在编制勘探和开采计划和方案时，以及在进行勘探和开采过程中，承包者必须按油田开发的正确实践来进行。勘探的承包者只有在与国家矿产利用和保护机关协商同意的设计方案或年度工作计划中规定有试采的情况下，才有权对油田储量进行试采。油田的石油储量及石油可采程度应经过哈萨克斯坦共和国相关国家机关的评审和批准。

（7）承包者的权利和义务。承包者的权利包括：按合同规定的专有原则在合同区内进行石油作业；可以在合同区内修建正常开展工作所必需的生产和社会工程项目，以及与占有人协商后使用合同区和合同区以外的公用工程设施及管线；为了完成与石油作业有关的各种工作，可以优先从哈萨克斯坦共和国组织中招聘分包人；可以支配在哈萨克斯坦共和国境内及境外属其份额内的石油（产品）和伴生组成；可优先安排就延长合同有效期的问题进行谈判；可以按合同中规定的条件放弃自己的全部权利或部分权利，终止在合同区内及哈萨克斯坦共和国内的活动。承包者的义务包括：选择效率最高的符合国际工业标准的石油作业方法和工艺；只能按合同规定的目的使用合同区；严格地按照哈萨克斯坦法令进行石油作业，遵守自然环境保护和矿产保护的要求；不妨碍其他承包者在合同区域内自有活动，不妨碍它们使用公用设施和共用管线或进行除石油以外的任何种类的工作；遵守经规定程序批准的可以保证人员和居民安全的工艺流程和石油作业方案；如果哈萨克斯坦共和国国内生产的材料和成品符合标准和其他要求，承包者应选用哈萨克斯坦共和国国内生产的材料和成品；应吸收哈萨克斯坦企业和机构参与完成石油作业过程中的工作和服务，包括利用空运、铁路运输、水路及其他种类的运输；在进行石油作业时优先录用哈萨克斯坦共和国的专业技术与管理人员；向主管机关提交预定的工作计划及工作方案执行过程中获得的全部资料；向国家矿产利用和保护机关提交合同区内工作结果所取得的地质信息和地球物理信息；及时交税和支付其他必须缴纳的款项；根据合同参与发展社会基础设施；保护具有文化历史意义的项目；根据哈萨克斯坦的法律自费把石油作业中破坏的地段及其他自然景观恢复到可以继续利用的状况。

除上述主要条款以外，《石油法》还专章规定了石油干线管道运输、保护自然环境、居民和工作人员的安全、商业条款等条款。

（二）《天然气法》

《天然气法》规定，天然气包括原料气、商品气、液化石油气和液化天然气。该法适用于哈萨克斯坦境内所有有关天然气生产、运输、储存、销售、消费的法律关系，但不适用于销价容量少于1千克的液化石油气所产生的法律关系。该法通过在天然气和天然气供应领域实行国家管制，旨在促进哈萨克斯坦统一的商品气供应体系的建立，同时扩大对石油伴生气的有效利用，不断提高天然气在国家能源消费中的比例，从而保障哈萨克斯坦能源与生态安全，改善民众的社会、经济地位。其主要内容有以下几条。

（1）天然气供应。天然气供应体系包括统一的商品气供应体系和液化石油气供应体系。哈萨克斯坦的天然气供应由国家运营公司主导。为了保障哈萨克斯坦国内的天然气需求，国家赋予国家运营公司在天然气供应领域行使国家享有的两个优先权，即对拟转让天然气供应体系设施的优先购买权和对原料气和商品气的优先购买权。

（2）对拟转让天然气供应体系设施的优先购买权。对拟转让的天然气供应体系的设施或若该设施所有者的股份，哈萨克斯坦国家拥有优先购买权，通过国家运营公司来行使。拟转让天然气供应体系设施或者设施股份的卖方必须首先向国家运营公司发出商业报价，包括价格和其他转让条件。国家运营公司自收到商业报价之时起一个月内作出是否行使优先权的决定。如果国家运营公司在上述期限内书面通知放弃国家优先权或未予回复，则卖方有权将该设施或股份卖给其他主体，但转让条件不能优于发给国家运营公司商业报价中规定的条件。

（3）对原料气和商品气的优先购买权。对原料气和商品气，哈萨克斯坦国家拥有优先购买权，通过国家运营公司行使。通过行使优先权购买的原料气和商品气，其价格由矿产资源使用者根据哈萨克斯坦政府规定的程序确定。

（4）伴生气的所有权。国家对两类伴生气拥有所有权，一类是根据哈萨克斯坦法律规定属于哈萨克斯坦国家所有的伴生气；另一类是矿产资源使用者根据已签署的石油合同的规定将已开采的属于自己所有的但将其转交给哈萨克斯坦国家所有的伴生气。属国家所有的伴生气被开采出来以后，矿产资源使用者应将处理后的商品气或液化石油气转交给国家。

（5）国家管制。哈萨克斯坦对国内销售的商品气和液化石油气的批发价实行国家管制。

主管机关根据各州的经济和社会条件,规定各州销售商品气、液化石油气的批发价格,调整期分别为每半年一次和每季度一次。所有的销售商必须遵守国家定价,不许进行高于此价格的销售。只能由天然气运输公司运输和储存商品气,天然气运输公司对其运营的天然气运输管道和相关设施拥有专营权。从事商品气或液化石油气批发和零售的主体资格须由政府认定,未经认定不得销售商品和液化石油气。

第七节 泰国石油立法状况

一、法律体系

泰国法律体系如图 5-1 所示。

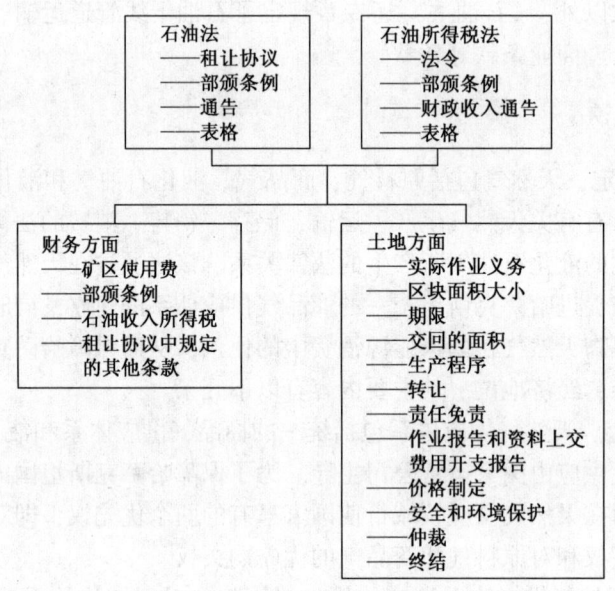

图 5-1 泰国法律体系

(一) 泰国有关石油资源管理的法律

泰国有关石油资源管理的法律主要包括:石油法和石油所得税法。这两部法律均于 1971 年颁布。为吸收更多的外部投资,1971 年 3 月 26 日颁布的石油法规定为外国公司提供类似传统特许制度下的优惠投资政策。此法经过 1973 年、1979 年和 1989 年三次补充修改。最新颁布的石油法,在内容方面比较突出的变化是规定了以特许区产量为基础的滑动特许权使用费制度。

同时,泰国还制定了大量的法规和条例,其中仅 1989 年一年就通过了 14 个部级法规。这些部级法规对于石油资源管理也发挥了很大作用。

(二) 泰国石油法的特点及内容

泰国石油法简明扼要,较易于操作。该法共分十部分 131 条,主要内容简介如下。

第一部分：共 3 条，说明该法的名称、开始执行的日期以及以前法律有抵触时的处理，并说明该法由国王颁布。

第二部分：总则，共 11 条，主要说明有关名词的定义、在泰国石油作业的申请、应呈交的文件、主管者的权力和拥有租约的权利等。

第三部分：共 7 条，专门说明石油委员会的组成、权力、任期和活动方式。

第四部分：共 32 条，主要规定从事石油勘探和生产应遵循的准则，包括申请者的资格、工作期限及其延长、承担的工作义务、定期交回的区块面积、勘探期的石油生产、联合经营、转让和纠纷的仲裁等。

第五部分：关于石油储存和运输，共 20 条。

第六部分：关于石油销售与分配，共 7 条。涉及价格、供应和是否允许出口等。

第七部分：关于承租人的权益和义务，共 19 条。

第八部分：关于矿区使用费，涉及费率、汇率、支付、豁免和减少等，共 19 条。

第九部分：关于违法行为的处罚，共 11 条。

第十部分：暂行规定，共 2 条。

二、管理机构

泰国石油管理机构如图 5-2 所示。

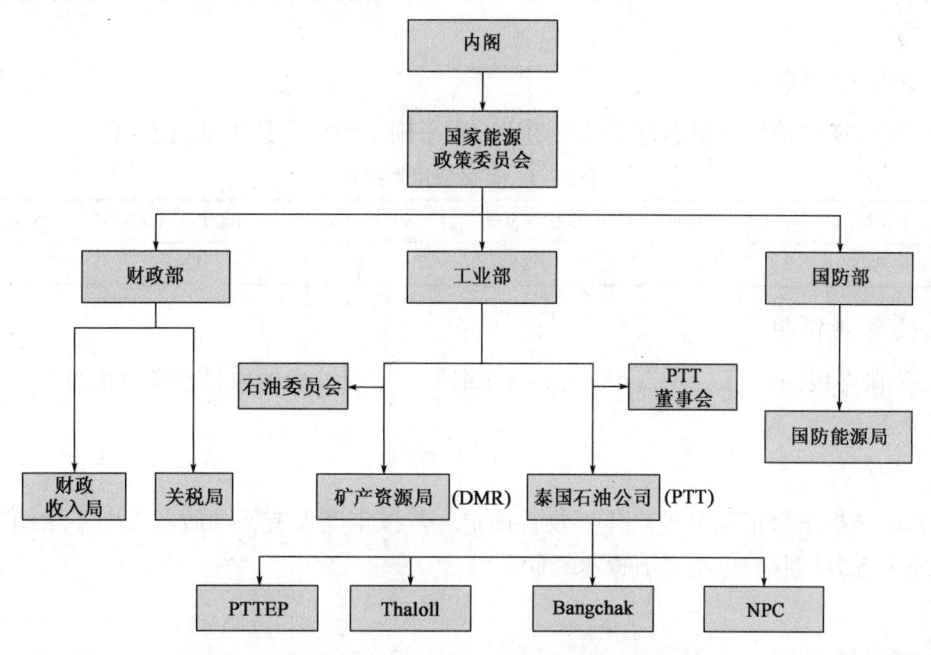

图 5-2　泰国石油管理机构

PTTEP—泰国国家石油管理局勘探生产公司；Thaloll—泰国石油公司；
Bangchak—Bangchak 石油公司；NPC—全国石化公众有限公司

（1）董事会与泰国石油公司。1978 年 12 月 20 日泰国政府成立了一个石油开发联合机构——石油局，其主要职责是促进石油贸易以及石油经济安全和经济发展。此后经过部分私有化，形成董事会，监管和促进泰国石油公司的业务。

（2）矿产资源局。它是工业部下属的矿产资源部门，负责处理与外国石油公司关系，按照石油法要求监管石油勘探开采的特许权人的开发活动。

(3) 石油委员会。它是部际组织，负责石油战略发展政策的制定等重大决策。

三、租让区块、租让期、矿区使用费、油气所得税和特殊酬金的有关规定

（一）租让区块和租让期

泰国规定一个石油合同内最多不能超过 5 个区块，总面积不能大于 20000 平方千米（安达曼深海区域不受此限）。勘探项目期限 6 年，允许延长 3 年。整个勘探期划分为 3 个义务期，每年义务期承租人都要履行确认的工作量和支出。

如果不延长勘探期，除了生产区外其余的租让面积都应在第六年年末归还政府；如果延长了勘探期，原租让面积的 25% 一直可以保持到第 9 年年末。

另外，通过支付储量有偿使用费，承租人可以在一个生产期内，为今后勘探取得为期 5 年、面积不大于原租让面积 12.5% 的区域。

一块生产区的生产期为 20 年，并可延长 10 年。尽管生产期由勘探期末开始计算，但是在勘探期内有商业性发现，承租人可以根据 13 号矿业法规在勘探期内任何阶段开始生产石油。

（二）矿区使用费、油气所得税和特殊酬金

泰国有关石油天然气生产的财政制度由三大支柱组成，即矿区使用费、油气所得税和特殊酬金。

1. 矿区使用费

泰国规定矿区使用费根据每个区块的生产水平确定费率，具体见表 5-1。

表 5-1 矿区使用费费率

生产水平，桶/日	0~2000	2001~5000	5001~10000	10001~20000	>20000
费率，%	5	6.25	10	12.5	15

2. 油气所得税

《石油所得税法》第二十二至第三十条详细列举了应纳税的项目。税金相当于应纳税收益的 50%。

3. 特殊酬金

特殊酬金根据每年每米进尺年度收益确定。若该年度没有石油收益，则不缴纳特殊酬金；成本未充分回收的也不缴纳特殊酬金。

复习思考题

1. 美国陆上油气资源的开采是怎样开展的？对于资源的所有权、如何保证资源的有效开采有何法律规定？
2. 英国的石油立法管理框架是怎样的？
3. 伊朗石油合作合同的基本内容有哪些？
4. 哈萨克斯坦石油天然气行业主要法律法规有哪些？

第六章
国际石油合作中海洋环境保护制度

在国际石油合作中,石油勘探开发活动的污染对象包括海洋环境和陆地环境。不过,污染对象上又有所交叉,对海洋环境的污染来源可能来自陆地上的石油勘探开发活动,例如通过陆地河流排污、沿海石化工业排污;对陆地环境的污染来源也可能来自海洋石油勘探开发活动,例如通过大气循环的污染。与海上国际石油合作通常适用国际公约规范环境保护不同,陆地石油勘探开发主要受到国内法规范,有关陆上国际石油合作的国际公约并不常见。因此,本章主要阐述国际石油合作中的海洋环境保护。

第一节 国际石油合作中的海洋环境污染

一、国际石油活动引起海洋环境污染的途径

在国际石油合作中,国际石油活动引起海洋环境污染的途径是相当广泛的。石油勘探开发、储存和运输等各个环节都有可能发生污染。从广义上看,国际石油活动对海洋环境的污染可以是来自陆地上向海洋排放的石油类污染,也可以来自海洋石油运输过程中的环境污染,而最核心的是近海石油勘探开发直接对海洋环境造成的污染。

(一)陆源污染

陆源污染是指从陆地上经过各种入海口向海洋倾倒或者泄漏油类污染物造成的海洋环境污染。这种污染从形式上看,包括随着河流油污排入海洋、沿海排污企业将油污排入或泄漏至海洋等。即使是常规性的达标排污行为,看似总量很小,但由于其持续性、长期性,其后果也越来越严重。每年全球由陆地向海洋排放的污油量达上百万吨,石油类污染已经成为很多地方入海排污口附近海域主要的污染物,沿海石油化工企业的石油污染泄漏安全形势日益严峻。陆源石油污染的严重性还在于沿海排污的油类废水经河流或直接注入海洋,并发生一系列复杂化学变化。这些化学变化将对海洋环境造成很难避免的损害,诸如扩散、蒸发、溶解、乳化、光化学氧化、微生物氧化、沉降、形成沥青球等过程,对海洋生物造成的损害很难挽回。中国海洋局公布的《2017年中国海洋生态环境状况公报》显示,入海排污口临近海域环境质量状况总体较差,90%以上无法满足所在海域海洋功能区的环境保护要求。2017年由陆源排污口进入生态监控区的主要污染要素为无机氮、活性磷酸盐和石油类。

(二)运输污染

在海洋上运输石油的方式包括船舶和输油管道,近年来因为运输造成石油污染的途径主

要是船舶溢油污染，也包括石油码头装卸泄漏。船舶溢油污染是指船舶在海上运输途中原油及其产品排放或泄漏对海洋环境造成的污染。该类污染约占油类对海洋污染总量的一半。船舶溢油污染不仅是指运输石油的船舶，非石油运输船舶也要使用燃料油。来自船舶的油类污染主要有两种情况，操作性污染和事故性污染。在正常行驶过程中船舱清洗水、排污水中含有油类物质也有一定污染；而当发生事故时，燃油泄漏则更加严重。据统计，每年因搁浅、触礁和碰撞等海损事故而造成的事故性污染占船舶溢油污染总量的18%。大吨位船舶进出的海域都存在重大溢油事故的风险，这种风险的概率大小与船舶运输密度、水域情况、气候条件以及技术管理水平等诸多因素相关。中国目前海上石油运输量不断提升，造成海洋油类环境污染的风险也随之升高。由于中国石油消费和国家石油战略储备的需要，石油进口量迅速攀升，然而中国油轮质量参差不齐存在溢油隐患。1996年2月28日，"安福"号油轮的原油泄漏事故造成福建省最大的环境污染事故；1999年3月24日，"闽燃供2号"油轮与"东海209号"在珠江口发生碰撞，"闽燃供2号"溢出重油589.7吨，使珠海市养殖场风景旅游区红树林等环境敏感资源受到严重污染，污染海域面积达3万多平方公里。

（三）石油勘探开发污染

在海上石油勘探开发过程中，海上油气田开发的石油平台以及相关设施存在各种溢油风险。这种风险基于石油和天然气产品易燃、易爆的基本属性，存在于油气田开发的各个环节。具体来看，海上石油勘探开发导致海洋环境污染的途径包括勘探污染、作业污染、事故污染和设施处置污染等。

（1）勘探污染。海洋石油开发活动的第一个环节就是进行海底地质勘探，通过地质勘探以获取海底有关地质构造的资源量，进而发现和确定油藏的具体位置、评价油气资源的潜藏量、选择适宜工程建设的地质结构。地质勘探的方式在早期采用的是炸药爆破，其对海洋环境的污染、海洋生物的损害显而易见。此后采用地震探测技术被认为不会给鱼类无脊椎动物造成不利影响，但此法所产生的噪声对迁移种群仍存在潜在的威胁。

（2）作业污染。在正常的石油勘探开发作业时，对海洋环境污染的物质包括钻井液、含油污水和其他钻屑。钻井液是一种复杂的复合物，由水、油、黏土、重晶石以及包括防止真菌生长的杀虫剂、清洁剂等许多化学物质组成，发挥着保持一定压力和润滑钻头的作用。钻井液在化学成分方面对海洋生物并没有明显的毒性，但是作为一种排入海洋的堆积废物，对周边区域海洋生物的生存构成威胁。在钻探过程中排放的含油污水和其他钻屑，数量巨大，对周围海底海域造成生态环境的严重破坏。英国在北海开发油气田过程中，遗留在海底上的石油废料有100多万吨，这些废料堆放于1500多个石油钻井架下，有的废料高度达30米，这成为英国与邻国间争论的一个环境问题。

（3）事故污染。海洋石油勘探开发存在发生各种事故的风险。随着国际石油合作日益频繁，石油勘探开发活动增多，发生石油作业事故的趋势有所上升。引发事故的原因包括：①开采过程措施不当、风暴侵害、平台受碰撞、井下设备失灵导致井喷溢油。如在1964—1976年，在墨西哥湾因发生3起碰撞引起的溢油事故，占同期溢油事故的5.5%，漏油2825桶。②平台设备受碰撞、人员误操作导致爆炸溢油。如1969年墨西哥湾4042区块A平台发生爆炸，估计泄油330万加仑，污染海滨约30海里；1977年挪威大陆架上的埃克菲斯克油田的B-14区块发生爆炸，每天泄油3000吨，用8天才控制住，石油损失约22500吨，天然气损失约6000万立方英尺，形成的油污带可以覆盖北海约900平方英里的海域；1979年墨西哥湾大陆架上的伊克斯托克1号油井发生爆炸,用9个多月才控制住,流入墨西哥湾的原油据估计达454000~1400000吨,是迄今为止最严重的一次油溢事故。③自然破坏、事故碰撞、自身材料缺陷腐蚀造成海底和码头输油管道破裂溢油。如在1964—1976年,在墨西哥湾发生管道漏油事故16起,占油溢事故的29.1%,漏油共200425桶,占总油溢量的61.4%;1994年8月,英国北海的巴尔摩洛尔作业平台因海底挠性橡胶软管漏油,平台附近的水面浮油面积达8公里长、3公里宽,估计漏油1.8吨;2010年7月16日,在中国大连新港的输油管线,由于一艘30万吨级外籍油轮卸油时引发爆炸,至少造成附近海域50平方公里的海面污染。

(4)设施处置污染。当某个石油设施用于开采石油的工作结束后,该石油设施如何处置是一个重要问题。根据《联合国海洋法公约》(1982)等有关规定,在海上故意处置平台或其他海上结构属于倾倒行为。从一般倾倒规则来看,并不允许直接将设施沉入海底,除非可以利用设施创造有利于海洋环境的人工礁。但石油设施往往体积巨大而且其中往往含有毒性的油类污染物,在原地处置设施可能对捕鱼和航行以及海洋环境产生诸多不利影响。1995年北海市伦特·斯巴尔石油平台的风波,就是因为绿色和平组织宣称该平台内含有五千吨有毒的油类污染物。在欧共体和绿色和平组织的共同抗议下,英国壳牌公司最后被迫放弃把该平台拖到大西洋炸毁的计划,而将该平台拖到岸边进行拆除和处理。

二、海洋石油勘探开发引起海洋环境污染的表现

海洋石油勘探开发一旦造成海洋环境污染,其影响持久性和广泛性都很强。有研究表明,海洋生态环境一旦受到破坏,要恢复正常十分困难,而要重建海岸生态环境则可能需要100年以上的时间。海洋石油勘探开发造成海洋环境污染的表现是多方面的。

(1)对海洋生物资源的损害。发生海洋溢油以后,溢油覆盖海洋表面形成的油膜将会减弱阳光辐射的穿透力,阻碍海洋生物光合作用,降低海洋中的氧气含量。这种情况会对整个海洋生物的呼吸和生命活动造成损害,飘散的油污堵塞浮游动物的呼吸系统,海水为了分解油污要大量消耗水中的氧气,导致鱼类缺氧死亡。溢油对鱼类的危害还包括直接杀死鱼卵和鱼类幼体,鱼体残留毒物增加,鱼质量下降,产量变得急剧减少,丧失其重要的经济价值;此外,溢油消灭海水中大量的饵料生物,导致鱼类丧失了充足的食物资源,从而导致生态失衡,降低海水质量、破坏鱼类的生物链。溢油对鸟类的危害也很大,鸟类羽毛被油膜吸附,羽毛渐渐失去防水和保温能力,影响觅食能力,最终会因饥饿、寒冷而死亡;鸟类用嘴整理羽毛摄取了油类物质,会直接对内脏造成损伤,造成中毒死亡;甚至被油污包裹的鸟类会直接窒息而亡。除了对鱼类、鸟类的损害之外,石油污染还会导致其他生物种群分布的变化。例如,高浓度的石油会降低微型藻类的固氮能力,阻碍其生长,终而导致其死亡;沉降于潮间带和浅水海底的石油,使一些动物幼虫、海藻失去适宜的固着基质或使其成体降低固着能力,改变细胞的渗透性等生理机能。油污进入沿海湿地、红树林、海洋生物保护区,渗入红树和生物体内,导致其生理机能下降甚至死亡。溢油对湿地、红树林等海洋态系统造成破坏,导致生态环境缺失,生物多样性下降。

(2)对海水水质和海洋大气环境的污染。海洋原本承担着地球污染物净化的任务,但是随着人类制造各种污染物的速度和数量成几何倍数增长,包括原油及其制品等油类污染物质和有害能量的污染物质不断地进入海洋,致使海洋的天然净化能力不足以发挥及时净化的功能。一些海域的海洋环境在强大的油污影响下发生巨大变化,严重恶化了受到污染的海域

海水水质和海洋环境质量，并且造成了海水水质的急剧下降，受到油类污染的水质需要几年、几十年甚至上百年的自身净化和人工处理才能改善或恢复。海洋大气环境与海洋水体相互之间构成统一的循环系统，原油及其制成品等油类污染物质在直接污染海洋水体的同时，也会通过水气循环污染有关海域的海洋大气环境。海水油污会附着水汽形成大量有害气体，通过大气环流进入大气层，造成大气环境污染。

（3）对人体健康、人类生活产生影响。如果某一海域受到严重的石油类污染，就会使当地居民的生活受到方方面面的直接或者间接的影响。尤其是在食品安全方面，海水受到污染区域内的鱼类大量减少或者死亡，而存活下来的鱼类已经受到严重污染，质量急剧下降，直至不可食用。从鱼类生存到人类捕鱼各个环节都会受到油污危害，油污会改变某些经济鱼类的洄游路线，玷污渔网、养殖器材，受到污染的鱼、贝等海产食品，难于销售或不能食用。如果食用受污染的海洋食品，就会对人体健康造成损害。原油或油类污染物中的有毒有害物质进入海洋生物食物链，通过海洋生物链系统的传递，很有可能将污染物最终传递到人类的饮食中。此外，在受到污染的区域，海产品产量下降，或者具有经济价值的鱼群大量逃离被污染的渔业生产区域，都会提高捕鱼成本，抬升相关海洋食品的价格，人民生活成本也会大大增加。

（4）对旅游业的影响。近海石油勘探开发活动所在区域周边常常有海滨旅游区、游泳、垂钓、潜水、冲浪等海滨旅游业依赖优美自然的海洋环境。海洋溢油造成海洋环境污染非常容易扩散，如果扩散至海滨旅游区域，旅游活动会受到严重影响，旅游经济发展受到打击在所难免。

第二节 国际石油合作控制海洋环境污染的国际法制

一、《联合国海洋法公约》（1982）

《联合国海洋法公约》（1982）是全面规范世界各国海洋活动的国际公约，是海洋环境保护条约体系的核心，对预防和控制国际石油合作中的海洋石油污染具有重要意义。一方面，它为国际海洋环境保护和控制国际石油合作造成的海洋石油污染确立了必须遵守的国际法原则，国际石油合作的各方确立了立法、执法以及纠纷解决方面初步的权利义务体系；另一方面，通过该公约所确立起来的全球性和区域性合作框架体系，是处理国际海洋环境问题的权威机制，防止海洋石油环境污染应当以此为基础。

（一）控制海洋环境污染的国际法制

（1）《联合国海洋法公约》（1982）第一百九十二条和第一百九十三条规定了缔约国一般性的权利义务。在保护海洋环境的义务前提下，行使保护海洋环境的国家职责，并享有开发海洋自然资源的国家主权权利。对于缔约国而言，义务和职责先于权利，各国勘探开发海洋石油资源的活动必须以保护海洋环境的义务和职责为前提。

（2）《联合国海洋法公约》（1982）第一百九十四条规定了为履行保护海洋环境的义务职责。首先，为了防止、减少和控制任何来源的海洋环境污染，缔约国应当单独或联合采取必要措施，按照其能力使用其所掌握的最切实可行方法，并应在这方面尽力协调它们的政策。其次，尤其需要保证本国的石油勘探开发等自然资源利用活动或者相关活动不损害和污染其他国家的环境，一旦造成污染也必须控制在符合公约规定行使主权权利的管辖或控制范围内。再次，采取防止、减少和控制海洋环境污染的措施，应针对海洋环境的一切污染来源。该条规定的污染来源和相应措施包括："从陆上来源、从大气层或通过大气层或由于倾倒而放出的有毒、有害或有碍健康的物质特别是持久不变的物质；来自船只的污染，特别是为了防止意外事件和处理紧急情况，保证海上操作安全，防止故意和无意的排放，以及规定船只的设计、建造、装备、操作和人员配备的措施；来自在用于勘探或开发海床和底土的自然资源的设施装置的污染，特别是为了防止意外事件和处理紧急情况，促请海上操作安全，以及规定这些设施或装置的设计、建造、装备、操作和人中配备的措施；来自海洋环境内操作的其他设施和装置的污染，特别是为了防止意外事件和处理紧急情况，保证海上操作安全，以及规定这些设施或装置的设计、建造、装备、操作和人员配备的措施。"第四，规定了在采取措施防止、减少或控制海洋环境的污染时，国家间禁止不当干扰，任何国家不应对其他国家依照公约行使权利和履行义务所进行的活动有不当的干扰。最后，防止、减少和控制海洋环境污染的措施，应当特别注重保护和保全稀有或脆弱的生态系统，以及衰竭、受威胁或有灭绝危险的物种和其他形式海洋生物的生存环境。

（3）采取防控海洋环境污染的措施，不仅需要采取直接有效措施，还应当禁止变相的放纵和制造污染。《联合国海洋法公约》（1982）第一百九十五条规定，各国在采取措施防止、减少和控制海洋环境的污染时采取的行动，不应直接或间接将损害或危险从一个区域转移到另一个区域，防止"自扫门前雪"，把雪都扫到了别人家门口；也不得将一种污染转变成另一种污染，例如，不得通过焚烧无法分解的有害物将有害物转变成大气污染。第一百九十六条规定，采用某些技术或者引进新物种不得损害和污染海洋环境。采用某些技术和引进新物种的污染具有隐蔽性，与直接的石油化工有害物质对海洋环境的污染相比，某些技术和引进新物种可能并不直接污染海洋，但是会造成海洋生态系统的紊乱，造成生态失衡。例如，引进某种高产鱼类，可能挤压某些濒危物种的生存空间，加剧其消失。对此，公约一并加以禁止和控制。

（二）控制海洋环境污染的国际合作制度

《联合国海洋法公约》（1982）作为国际性公约，必然要强调国家相互之间在海洋环境保护方面的合作。公约第一百九十七条规定，在为保护和保全海洋环境而拟订和制定符合本公约的国际规则、标准和建议的办法及程序时，应当进行全球性和区域性合作，根据不同区域特点，可以国家间直接合作或者通过主管国际组织进行合作。公约第一百九十八条、一百九十九条、二百条以及二百〇一条规定，在具体合作内容上包括信息传递、制定应急计划、交换情报资料、订立科学标准。信息传递是指当一国获知海洋环境有即将遭受污染损害的迫切危险或已经遭受污染损害的情况时，应立即通知其认为可能受这种损害影响的其他国家以及各主管国际组织。制定应急计划是指为了消除污染、防止和减少损害，主管国际组织与有关各国应共同发展和促进各种应急计划，以应付海洋环境的污染事故。为了促进合作，必须常态化地进行海洋环境污染相关信息的研究，搜集整理加工有关情报资料并在国家间进行交换。各国应尽力积极参加区域性和全球性方案，以取得有关鉴定污染的性质和范围、面临污染的情况以及其通过的途径、危险和补救办法的知识。在情报资料的分析处理过程中，直接或通过主管国际组织进行合作，订立适当的科学准则，为拟订和制定防止、减少和控制海洋环境污染的规则、标准和建议的办法及程序打好基础。

(三) 控制海洋环境污染的环境监测评价制度

海洋环境污染除了常态下无法避免的少量污染,很多环境污染事故都具有突发性。海洋石油勘探开发勘探和开发作业污染在可控范围内,而一旦发生爆炸和船舶漏油就会造成突发事故。因此,应当对海洋环境进行常态化监测,以便在发生事故时及早发现、及早采取清理措施;而发生事故的处理过程中,更加需要不断评价海洋环境各项指标,确保海洋环境污染的可控性。该公约第二百〇四条和第二百〇五条规定了对污染危险或影响的监测及其报告制度。各国应在符合其他国家权利的情形下,在实际可行范围内,尽力直接或通过各主管国际组织,用公认的科学方法观察、测算、估计和分析海洋环境污染的危险或影响。各国特别应不断监视其所准许或从事的任何活动的影响,以便确定这些活动是否可能污染海洋环境。对于监测结果应当定期制作结果报告,并向主管国际组织和缔约其他国家提供。该公约第二百〇六条是关于环境影响评价的要求,各国如有合理根据认为在其管辖或控制下的活动可能对海洋环境造成重大污染或重大和有害的变化,应在实际可行范围内就这种活动对海洋环境的可能影响作出评价,并将结果报送相关国际组织和国家。

(四) 控制不同来源海洋环境污染的法律规则

(1) 陆源污染。国际石油合作中的石油勘探开发活动向海洋排放的污染物,不仅直接来自海洋石油勘探开发,陆地上国际石油勘探开发活动产生的污染物会通过河流、河口湾、管道和排水口造成对海洋环境的污染。该公约第二百〇七条规定,各国应制定法律和规章,采取必要的措施,以防止、减少和控制陆地来源的污染。各国还应当过主管国际组织或外交会议采取行动,尽力通过国际会议制定全球性和区域性规则、标准和建议的办法及程序,在最大可能范围内尽量减少有毒、有害或有碍健康的物质,特别是持久不变的物质排放在海洋环境中。

(2) 海洋污染。一是国家管辖的海底活动造成的污染。对海洋石油勘探开发活动直接开发利用海底资源造成的污染,该公约第二百〇八条规定,沿海国应制定效力不低于国际规则、标准和建议的办法及程序的法律和规章,采取必要措施,以防止、减少和控制来自海底活动相关污染,其中就包括石油资源勘探开发所建立的人工岛屿、设施和结构对海洋环境的污染。对这些污染,各国也应当过主管国际组织或外交会议采取行动,尽力通过国际会议制定全球性和区域性规则、标准和建议的办法及程序,并对根据需要随时重新加以审查。二是来自"区域"内活动的污染。"区域"是指国家管辖范围以外的海床和洋底及其底土。该公约第二百〇九条规定,为了防止、减少和控制"区域"内勘探开发石油等资源的活动对海洋环境的污染,应尽力通过国际会议制定全球性和区域性规则、标准和建议的办法及程序,并根据需要随时重新加以审查。此外,各国要控制本国在"区域"内的污染,通过制定法律和规章,以防止、减少和控制悬挂其旗帜或在其国内登记或在其权力下经营的船只、设施、结构和其他装置所进行的"区域"内活动造成对海洋环境的污染。

(3) 倾倒污染。所谓倾倒,是指从船只、飞机、平台或其他人造海上结构故意处置废物或其他物质的行为,以及故意处置船只、飞机、平台或其他人造海上结构的行为。该公约第二百一十条规定,各国应制定法律和规章,并采取其他可能必要的措施,以防止、减少、控制倾倒对海洋环境的污染。法律、规章和措施应规定没经主管当局准许,不得进行倾倒。还应尽力通过国际会议制定全球性和区域性规则、标准和建议的办法及程序,并根据需要随时重新加以审查。这种规则、标准和建议的办法及程序应当规定，非经沿海国事前明示核准，不应在领海和专属经济区内或在大陆架上进行倾倒，沿海国经与可能受倾倒不利影响的其他国家适当审议此事后，有权准许、规定和控制这种倾倒。

（4）船舶污染。该公约第二百一十一条规定，各国应尽力通过主管国际组织或一般外交会议采取行动，制定国际规则和标准，以防止、减少和控制船只对海洋环境的污染，并根据需要随时重新加以审查。此外，各国要控制本国船只对海洋环境的污染，通过制定效力不低于国际规则和标准的法律和规章，以防止、减少和控制悬挂其旗帜或在其国内登记的船只对海洋环境的污染。为了控制海洋环境污染，各国可以制定包括外国船只进入该国管辖区域的特别条件等法律和规章；为了控制海洋环境污染，在符合国际规则和标准的前提下，各国可对其专属经济区制定法律和规章。但有关法律和规章必须公开，而且需要将其通知有关国家和国际组织，并在操作程序上与有关国家协调一致。

（5）大气污染。该公约第二百一十二条规定了来自大气层或通过大气层的污染，国际石油活动引起的污染通过转化为大气污染仍然可能间接污染海洋环境。为此，各国为防止、减少和控制来自大气层或通过大气层的海洋环境污染，应当制定适用于在其主权下的上空和悬挂其旗帜的船只或在其国内登记的船只或飞机的法律和规章，采取必要的措施，并且尽力通过主管国际组织或外交会议采取行动，制定全球性和区域性规则、标准和建议的办法及程序，以防止、减少和控制这种污染。

二、《国际防止海洋油污染公约》（1969）

1954年4月26日至5月12日在伦敦举行了防止船舶污染海洋的国际会议，会议起草并通过了《国际防止海上油污染公约》（1954年），该公约于1958年7月26日生效。此后在1962年和1969年作了两次修正，两个修正案分别于1967年6月28日和1978年1月20日生效。该公约的主要内容包括：

（1）采取必要措施防止海洋油污染的权利。由于海上事故或同此事故有关的行动产生海上油污时，各缔约国都可以合理地认为油污将会导致重大的有害后果。因此，各缔约国在公海上可以采取必要措施以防止、减轻或消除海洋油污以及海洋油污对海岸造成的严重和紧迫的危险。但是，采取必要措施不得对执行公务的船舶采取强制措施，不得对军舰或政府所有或经营的以及仅仅为政府非商业性服务而临时使用的其他船舶采取措施。

（2）采取必要措施防止海洋油污染的程序。沿岸国在采取任何措施之前，应同受海上事故影响的其他国家，特别是船旗国或各船旗国进行协商。除了国家之外，对于有理由被认为将会受到采取措施影响的自然人或法人，沿岸国也应当立即通知他们将要采取何种措施，并听取他们的意见。沿海国还可以同独立专家协商采取措施。如果情况非常紧急不得不立即采取措施，不必预先通知或协商。采取措施时，沿岸国应竭力避免人员遭到任何危险，并对遇难者提供所需的援助，在适当情况下应为遣返船员提供方便，而且不设置障碍。采取行动措施时，应立即通知有关各国和已知的自然人或法人，以及政府间海事协商组织的秘书长。

（3）采取必要措施防止海洋油污染的原则。沿岸国家采取措施应同实际损害或有损害危险的情况相适应。判断是否相适应的标准是：如不采取上述措施，即将发生的损害的程度和可能性；上述措施发生效力的可能性；和采取上述措施可能引起的损害的程度。不得超出合理需要采取措施，在达到防止海洋油污染的目的后，应当立即停止这些措施。不得不必要地干预船旗国、第三国和任何有关的自然人或法人的权益。

(4) 采取措施不当导致损害的赔偿规则。任何缔约国如采取了违背本公约规定的措施，从而引起对其他国家的损害，应有义务对超过防止海洋油污染目的的合理必要措施所造成的损害给予赔偿。是否有义务给予赔偿以及上述赔偿的数量应为多少等问题的任何争端，首先在争议的缔约国之间或采取措施的缔约国和提出要求的自然人或法人之间进行协商；经过协商不可能解决的，而且争端各方用其他办法不能达成协议时，经有关任何一方的请求，可以按照本公约的规定提交调解，或在调解无结果时提交仲裁。

三、《国际油污防备、反应和合作公约》（1990）

1990年11月19日至30日国际海事组织在伦敦召开会议，有93个国家和17个国际组织的代表或观察员出席了会议。会议通过了《国际油污防备、反应和合作公约》。会议最后一天，包括中国在内的81个国家签署了公约的最终议定书。虽然受本国政府授权签署公约的有15个国家，但都声明"有待批准"。该公约的目的是促进各国加强油污防治工作，强调有效防备的重要性，在发生重大油污事故时加强区域性或国际性合作，采取快速有效的行动，减少油污造成的损害。该公约主要内容包括：

(1) 公约的适用范围。各当事国承诺，按照本公约及其附件的规定，各自或联合地对油污事故采取一切适当的防备和反应措施。本公约不适用于任何军舰、军用辅助船或由国家拥有或使用并在当时只用于政府非商业性服务的其他船舶。但每一当事国应采取不影响由其拥有或使用的这类船舶的作业或作业能力的适当措施，确保此种船舶在合理和可行的条件下，以符合本公约的方式活动。

(2) 油污应急计划。每一当事国应该要求有权悬挂该国国旗的船舶，在船上备有符合公约规定的油污应急计划。每一当事国也应该要求由其管辖的近海装置的经营人备有油污应急计划，该计划应与国家系统相协调并按国家主管当局规定的程序核准。每一当事国还应该要求负责管辖海港和油的装卸设施的当局或经营人备有油污应急计划或类似安排，此种计划或安排应与国家系统相协调并按国家系统相协调并按国家主管当局规定的程序核准。

(3) 油污报告程序。①当事国应要求负责悬挂其国旗的船舶的船长或其他人员，将其船舶发生或可能发生排油的任何事件及时报告给船舶附近的沿海国，将发现的海上排油或出现油迹的事件及时报告给最近沿海国；②应当要求负责管辖近海装置的人员，将近海装置发生或可能发生排油的任何事件及时报告给管辖近海装置的沿海国，将发现的海上排油或出现油迹的事件及时报告给管辖近海装置的沿海国；③要求负责管辖海港和油装卸设施的人员，将任何排油和出现油迹的事件及时报告其国家主管当局；④指示海上巡视船舶或飞机的机构或官员，视情况及时向国家主管当局或最近沿海国报告在海上或在海港或油装卸设施发现的排油或出现油迹的事件；⑤要求民用飞机驾驶员及时向最近沿海国报告发现的海上排油或出现油迹的事件。

(4) 收到油污报告时的行动。当事国收到报告或其他来源提供的污染信息时，应对事件做出评估，以判断是否发生了油污事故；对油污事故的性质、范围和可能的后果作出评估；然后将该报告或污染信息及时通知其利益受到或可能受到该油污事件影响的所有国家。如果该油污事故很严重，各当事国应通过适当方式提供给国际海事组织，并促请受到该事故影响的其他国家通过适当方式将它们对其利益所受威胁的程度所做出的评估以及已经或准备采取的任何行动通知国际海事组织。

(5) 国家和区域的防备和反应系统。每一当事国应建立对油污采取迅速和有效的反应行动的国家系统，其内容应当包括：①指定负责油污防备和反应工作的国家主管当局；指定国家行动联络点；指定有权代表该国请求援助或决定按请求提供援助的当局。②每一当事国应在其力所能及的范围内开展合作，在适当时与石油界和航运界、港口当局及其他实体合作。通过合作达成：提前就位的与有关风险相称的最低水平的溢油抗御设备以及它们的使用方案；油污响应组织的演习和有关人员培训方案；详细的油污事故反应计划和始终具备的通讯能力；对油污事故反应工作进行协调的机构或安排；调动必要资源的能力。每一当事国应确保直接地或通过有关的区域性组织或安排，向本组织提供联络通讯、专门技术资料、国家应急计划等方面最新资料。

（6）油污反应工作的国际合作。各当事国同意，在油污事故严重时，在收到受到油污事故影响的任何当事国提出请求时，它们将根据其能力和具备的有关资源，为油污事故的反应工作进行合作并提供咨询服务、技术支持和设备。请求援助的当事国可要求国际海事组织协助查找服务、技术和设备方面的费用的临时资助来源。按照适用的国际协定，每一当事国均应采取必要的法律和行政措施，为从事油污事故反应工作的船舶、飞机和其他运输工具抵离其领土和在其领土内使用提供便利；从事油污事故反应工作的人员、货物、器材和设备迅速进入、通过和离开其领土提供便利。

（7）技术合作。各当事国在技术方面的合作包括直接或通过本组织或其他国际机构，在油污防备和反应方面，视情向请求援助的当事国提供下述支援：培训人员；提供有关的技术、设备和设施；促进油污事故防备和反应的其他措施和安排；开展联合研究和开发项目。按照其国内法律、规则和政策，在转让油污防备和反应的技术方面积极合作。

四、其他区域性公约

区域性公约较多，如《防止油及其他有毒物质喷逸的海洋应急联合行动计划》（1974）、《保护地中海，防止污染的公约》（1976）、《关于勘探开发大陆架引起海洋污染的议定书》（1989）、《保护波罗的海区域海洋环境的公约》（1992）等。这些区域性公约在控制海洋石油天然气污染方面也具有借鉴意义。

例如，《防止油及其他有毒物质喷逸的海洋应急联合行动计划》（1974）是由美国和加拿大两国为了应对海域边境油类污染问题采取联合应急措施而制定的。联合应急措施包括：在油喷事故发生前应采取一切行政措施，互通信息，紧急行动；两国政府应备足对付油喷事故所必需的器材设备，包括应急船舶；应备齐的回收装置及有关的化学药剂；两国应建立法规，明确规定清扫行动的执行人及相关的责任，规定费用的出处等。又如《保护波罗的海区域海洋环境的公约》的附件Ⅵ对近海石油作业及从事这种作业的近海设施引起的污染进行专门的规定，规定的内容包括：各缔约国应该采用最好的技术和最佳的环境方法防止和消除近海石油作业引起的污染；在进行近海石油勘测作业前必须进行环境影响评价，从鸟类、水产业、海底动物多样性等多个方面考虑近海作业对周围海洋区域的环境影响。附件Ⅵ也对含油污染物的排放做了具体规定。在勘探阶段，只有出于地质、技术或安全的必要并经过主管国家当局事先同意，才能使用油基钻井液或含有其他危险或有害物质的钻井液；在经过特定程序获准使用该类钻井液后，必须采取适当措施、准备适当设施以防止这种钻井液排入海洋环境；使用油基钻井液所产生的残留钻井液和钻屑不允许排入波罗的海海域，必须运到岸上以环境所能接受的方式进行处理。

第三节　国际石油勘探开发海洋环境污染的法律责任

一、国家责任

国际海洋环境损害的赔偿责任既包括国家为违反国际法的行为负责，也包括对国际法所允许的活动造成的损害承担的赔偿责任。国际法的一项普遍原则是各国有义务在本国领土内保护他国的领土完整和不受侵犯权利，这一原则多年来通过国家实践和司法裁决逐渐扩大范围，现在已经把越境环境损害包括在内。在1938—1941年的"特雷尔冶炼厂仲裁案"中，国际仲裁庭确认，"根据国际法原则，以及根据美国法律，任何国家均无权使用或允许使用其领土对另一国家或该国境内的财产或个人造成烟气引起的损害"。国际法院在1949年的"科孚海峡案"中重申了这个国家责任原则，指出在国际法中存在着"普遍性和公认的原则"，规定"每个国家均有义务不有意地允许使用其领土来采取有害于他国利益的行为"；国际仲裁庭在1956年的"Lac Lanoux仲裁案"中也重申了该原则。国际法院于1996年在关于"以核武器相威胁或使用核武器的合法性"问题的咨询意见中申明："各国有普遍性的义务保证，在其管辖和控制范围内的活动将尊重他国环境或本国控制以外地区的环境，这项义务现在已经是国际环境法的一部分。"《联合国人类环境会议宣言》（1972）的原则21和《里约环境与发展宣言》（1992）的原则2都重申，国家对越境环境损害负有普遍性义务。这两份文件都指出："国家……有责任保证，在其管辖或控制范围内进行的活动不对他国或本国管辖范围以外地区的环境造成损害。"

国家对越境环境损害负有的普遍性义务分为两个部分：第一，应采取措施来预防越境环境损害的发生；第二，如果发生了越境损害，应该予以补救。国际法的普遍原则是，一个国家如果违反了国际义务，有责任为其错误行为采取补救措施。国际法院在"霍茹夫工厂案"中明确指出，过失国家有责任对受影响国家提供补救，该补救措施"应该尽量消除非法行为的后果，恢复假如没有发生所涉行为而极可能存在的状况"。然而，国际法院在"Gabcikovo - Nagymaros项目案"（匈牙利—斯洛伐克）中指出了补救环境损失的机制本身固有的限制。出于这个原因，并因为损失通常无法逆转，国际法院强调必须保持警惕和进行预防。

国际法委员会于2000年8月临时通过了国家责任条文草案的最新修订文本。根据条文草案，某个国家每次违反某项国际法义务的行为都构成一次国际不当行为，引起该国的国际责任（第一条）。这样的国际不当行为引起具体的法律后果。首先，责任国家必须停止持续性质的不当行为，并必须提出不再出现这种行为的保证和担保（第三十条）。其次，责任国家有义务充分补救该国际不当行为造成的损害（第三十一条）。充分补救可以采取三种形式：恢复原状、赔偿和精神补偿，在进行补救时可以采取其中一种形式，或是结合采取多种形式（第三十五条）。责任国家有义务恢复原状，也就是说恢复在非法行为之前的状况（第三十六条）；如果无法通过恢复原状消除损害，责任国家有义务为不当行为造成的损害提供赔偿（第三十七条）。最后，如果恢复原状或赔偿措施都无法消除损害，责任国家有义务对造成的损害提供精神补偿（第三十八条）。精神补偿可以包括承认违法、表示遗憾或正式道歉。

在国际海洋法方面，《联合国海洋法公约》（1982）列入了国家责任的原则。该公约第一百三十九条规定：缔约国应有责任确保"区域"内活动，不论是由缔约国、国营企业，或具有缔约国国籍的自然人或法人所从事者，一律依照公约进行。在不妨害国际法规则的情形下，缔约国或国际组织应对由于其没有履行规定的义务而造成的损害负有赔偿责任；共同进行活动的缔约国或国际组织应承担连带赔偿责任。但如缔约国已采取一切必要和适当措施，以确保其担保的人切实遵守规定，则该缔约国对于因这种人没有遵守本部分规定而造成的损害，应无赔偿责任。该公约第二百三十五条对缔约各国承担义务和责任的具体表述为：各国有责任履行其关于保护和保全海洋环境的国际义务，各国应按照国际法承担责任；各国对于在其管辖下的自然人或法人污染海洋环境所造成的损害，应确保按照其法律制度，可以提起申诉以获得迅速和适当的补偿或其他救济；为了对污染海洋环境所造成的一切损害保证迅速而适当地给予补偿的目的，各国应进行合作，以便就估量和补偿损害的责任以及解决有关的争端，实施现行国际法和进一步发展国际法，并在适当情形下，拟订诸如强制保险或补偿基金等关于给付适当补偿的标准和程序。可见，该公约的国家责任包括各缔约国的直接责任，也包括缔约国完善法律制度以明晰民事主体之间的损害赔偿责任。

二、民事责任

（一）《国际油污损害民事责任公约》（1969）

该公约的目的是保证向由于船舶石油泄漏或排放而遭受损害的人提供足够的赔偿。该公约规定了发生污染事件时船主承担的严格赔偿责任制度，仅允许数目有限的豁免，船主仅在可以证明损害是战争行为、敌对行动、内战、叛乱或"罕见、不可避免和不可抗拒的自然现象"引起的，才无须承担赔偿责任。但是船主的赔偿责任是有限的。根据1992年国际海事组织通过的《1969年国际油污损害民事责任公约的1992年议定书》，船主为任何一次事故承担的赔偿责任根据船舶的吨位受到限制。例如，如果船舶的总吨位不超过5000吨，船主的赔偿责任则以300万特别提款权为上限。船主应该为在该公约下承担的赔偿责任购买保险或其他财务担保。赔偿责任在时间上也有限制：索赔诉讼必须在事故发生之日起3年内提出，无论在何种情况下，均不得在发生事故之日起6年后提出任何诉讼。该公约1992年"修正案"扩大了在某个缔约方的领土内造成的污染损害的管辖范围，使其把某个缔约方的专属经济区也包括在内。该公约没有为预防性措施规定任何领土限制。同样，虽然该公约把"污染损害"的定义限制于"石油泄漏或排放所引起污染造成的……损失或损害"，包括预防措施的费用，但1992年"修正案"对这一定义作出的澄清是，这种损害也包括环境损害以及这种损害导致的利润损失。但是，为环境损害提供的赔偿仅限于"实际采取的或将要采取的环境恢复措施的合理费用"。对赔偿诉讼的管辖权属于其领土上发生污染事故的缔约方的法庭，该公约规定，所有缔约方均应在其领土上相互承认和执行作出的判决。

（二）《关于设立油污损害赔偿国际基金的国际公约》（1971）

该公约有双重目的。第一，在《国际油污损害民事责任公约》（1969）建立的制度无法提供充分保护的情况下，争取为石油污染损害的受害人提供充分赔偿。第二，该公约寻求减轻《国际油污损害民事责任公约》（1969）给船运业带来的财务负担，把一部分财务责任转给石油货运利益集团。

为了这些目的，该公约建立了油污赔偿国际基金。如果受害人出于以下原因，无法根据

《国际油污损害民事责任公约》(1969) 的条款获得充分和适当的赔偿,该基金有义务向其提供赔偿:(1) 在《国际油污损害民事责任公约》(1969) 下没有任何赔偿责任;(2) 根据《国际油污损害民事责任公约》(1969) 应负赔偿责任的船主在财务上没有能力充分履行义务;(3) 损害数额超过船主根据《国际油污损害民事责任公约》(1969) 承担的赔偿责任。该基金有义务为船主根据《国际油污损害民事责任公约》(1969) 所承担的赔偿责任向船主或其保险公司提供部分补偿。基金还向缔约方提供人员、材料或信贷援助,以便使有关缔约方能够采取措施来预防或减轻可能要求基金支付赔偿的污染损害。

国际海事组织于 1992 年还通过了《1971 年关于设立油污损害赔偿国际基金的国际公约修正议定书》,对该公约进行了修正。该议定书对 1971 年的制度进行了重要调整。第一,扩大了该制度的管辖范围,以便把专属经济区和在国家管辖范围之内或之外采取的预防性措施包括在内;第二,修改了为任何一次事故所提供赔偿受到的金额限制,将其改为 1.35 亿特别提款权;第三,建立了一个独立于 1971 年基金的新基金,称为 1992 年基金。

(三)《关于因勘探和开采海床矿物资源而造成油污损害的民事责任公约》(1971)

该公约适用于在缔约方境内造成的损害,并适用于无论在任何地方采取的预防性措施。

该公约的主要内容有:(1) 操作者责任,即设施的操作者对事故引起的任何污染损害承担责任。污染是指"从设施泄露或排放油类引起的污染在设施之外造成的损失或损害,包括预防措施的费用以及采取预防措施在设施之外引起的进一步损失或损害";设施包括所有固定的或移动的设施与平台、储油设施及管道,只要这些设施或其大部分位于低潮线向海一面。(2) 严格责任,即操作者应当承担严格责任,无须证明其过失或疏忽,除非存在以下情形:①损害是由战争行为、冲突、内战、叛乱或特殊的、不可避免的、不可抗拒性质的自然现象(恐怖主义行动或阴谋破坏不包括在内)造成的;②事故是在遵守沿海国的条件下放弃对油井的控制 5 年以后发生的;③损害是受害国故意或过失引起的。(3) 有限责任,即如果污染损害不是由操作者的故意行为或不行为引起的,操作者对每一设施、每一事故的责任限于该公约规定的限额。根据该公约第六条第一款的规定,在 1982 年 5 月 1 日之前,赔偿责任限于 3000 万特别提款权;在这之后的赔偿责任限于 4000 万特别提款权。然而,根据第十五条第一款的规定,缔约国可以规定无限的责任或更高的责任限额。因此,责任的最高限额在各国可能有所不同。(4) 强制保险,即为了承担民事责任,操作者必须保险或提供其他财政担保,其金额在 1982 年 5 月 1 日以前不少于 2200 万特别提款权,在此之后不少于 3500 万特别提款权。根据第八条第一款的规定,操作者可以免除必须对阴谋破坏或恐怖主义行为引起的损害进行保险的义务。(5) 赔偿程序。赔偿诉讼应在索赔人知道或应该知道损害之日的 12 个月内提出,时效为 4 年;赔偿诉讼可以在遭受污染损害的任何缔约国的法院提出,也可以在引起损害的近海设施所处近海区域的沿海国的法院提出。按照公约限制其责任的操作者在这种法院必须设立与其责任的总额相等的基金,法院对与基金的分配有关的所有问题享有专属决定权(第六条第五款和第十一条第三款)。

(四)《关于合作防止海洋环境污染的科威特区域公约》(1978)

人们设想建立一个针对海洋环境污染所造成损害的区域赔偿责任和赔偿办法制度。该公约的目的是建立一个区域框架,以便其缔约方合作预防、减轻或消除"海区"的海洋环境污染。该公约所针对的活动包括:船舶污染、倾倒污染、陆地活动造成的污染以及海底勘探和开采造成的污染。该公约第十三条还打算制定关于赔偿责任和赔偿办法的规则和程序。各缔约方实际上作出了承诺,将合作制定和通过适当的规则和程序来决定:(1)海洋环境污染所造成损害的民事责任和赔偿办法,同时考虑到与这些问题有关的适用的国际规则和程序;(2)违反该公约及其议定书规定的义务所造成损害的赔偿责任和赔偿办法。

(五)《燃油污染损害民事责任公约》(2001)

该公约于 2008 年 11 月 21 日生效,它的出现填补了《国际油污损害民事责任公约》(1969)及议定书未解决的关于船舶油污污染损害的缺口。该公约适用于船舶在缔约国领土、领海、专属经济区、毗连区的油污染损害的民事责任以及预防措施,但仍未将钻井石油平台划入它调整的范围。

《燃油污染损害民事责任公约》(2001)的主要内容有:

(1)船舶所有人的责任。该公约第一条规定,"船舶所有人"指船舶的所有人,包括船舶的登记所有人、光船承租人、管理人和经营人在内。该公约将登记所有人、光船承租人、船舶经纪人和经营人均纳入赔偿责任体系,扩大了责任承担主体的范围。承担责任的一般规定是:事故发生时的船舶所有人应对由船上或源自船舶的任何燃油造成的污染损害负责,但如某一事故系由具有同一起源的系列事件构成,则该责任应由从此系列事件的首次事件发生时的船舶所有人承担责任。当发生涉及两艘或更多船舶的事故并引起污染损害时,所有有关船舶的船舶所有人,应对不能合理分开的所有此种损害负连带责任。不承担责任的条件是:如船舶所有人能够证明损害是由战争、敌对、内战、暴乱行为或异常、不可避免和不可抗拒性质的自然现象所引起,或损害完全是由第三方故意造成损害的行为或不作为所引起,或损害完全是由负责维护灯标或其他助航设施的任何政府或其他当局在履行该职责时的疏忽或其他错误行为所引起,则该船舶所有人不应承担污染损害责任;另外,如船舶所有人能够证明,污染损害全部或部分是由蒙受损害的人故意造成损害的行为或不作为或该人的疏忽所引起,则船舶所有人可全部或部分地免除该人所负的责任。

(2)强制保险或经济担保。①当事国登记的总吨位大于 1000 吨的船舶的登记所有人,必须进行保险或诸如银行或类似金融机构的担保等其他经济担保,以承担登记所有人的污染损害责任,其金额等于适用的国家或国际限制机制规定的责任限制,但在所有情况下均不应超过按照经修正的《海事索赔责任限制公约》(1976)所计算的数额。②船舶登记国的有关主管当局须向每艘船舶签发证书,证明按本公约规定维持的保险或其他经济担保有效。对于在缔约国登记的船舶,此类证书须由该船舶登记国的有关主管机关签发或认证;对于没在缔约国登记的船舶,此类证书可由任一缔约国的有关主管机关签发或认证。③证书必须随船携带,并将副本留存于保存船舶登记记录的当局,或者如果船舶没在缔约国登记,则留存于签发或认证该证书的主管机关。④根据一个缔约国授权签发或认证的证书,就本公约而言,其他缔约国必须予以接受,并视为与其签发或认证的证书具有同等效力,即使该证书是对没在一缔约国登记的船舶所签发或认证的。如一缔约国认为,证书上所列的保险人或保证人在财务上不能承担本公约所规定的义务,则可随时要求与签发国或认证国进行协商。

(3)管辖权。根据该公约第二条第一款第二项的规定,如事故在一个或多个当事国的领土(包括领海)、专属经济区造成污染损害,或在此种领土(包括领海)或在此种区域内采取了预防措施来防止或尽量减少污染损害,则对船舶所有人、保险人或提供船舶所有人责任担保的其他人员的赔偿诉讼,可仅在任何此种当事国的法院中提起。应向每一被告发出根据第一款提起诉讼的合理通知。每一当事国应确保其法院具有受理本公约所规定的索赔诉讼的管辖权。

三、刑事责任

1998年11月，欧洲理事会在斯特拉丝堡通过了《保护环境的刑法公约》。该公约建立了一个刑事责任制度，这是唯一规定了环境污染侵权刑事责任的文书。其框架规定通过国家法律来确定刑事罪。

《保护环境的刑法公约》（1998）主要从以下几方面加强打击环境犯罪力度，保护环境，维护欧洲环境安全。

（1）确立了以刑法手段保护环境的原则。采用刑法手段打击环境违法行为保护环境的最大优点是，刑事处罚措施带来的严重后果对行为人可产生威慑作用。这一点已被《保护环境的刑法公约》（1998）缔约方充分认识，该公约在序言中指出"在必须通过其他方式预防破坏环境的同时，刑法方法在保护环境方面也应发挥其重要作用""重申产生严重后果的环境违法行为必须作为犯罪行为受到刑事处罚"。该公约确立的刑法处罚手段在环境保护领域的适用，对于在欧洲建立多方位的立法体系惩治破坏环境行为，加强环境保护，增强环境安全有重要意义。

（2）从内容结构上看，除序言外，共四章21节，主要内容在第二章、第三章。第二章规定："各缔约国应采取适当且必要的措施在其国内立法中将所列的故意、过失破坏环境行为定为犯罪行为；对所列其他的故意或过失破坏环境行为及违反环境行政法的行为也应采取适当且必要措施在其国内法中定为犯罪行为或行政违法行为，并课以刑事处罚或其他处罚。"本章还规定了公司责任以及对上述犯罪行为的处罚措施和管辖权。第三章主要规定针对第二章所列举犯罪行为的调查、审判等，各国应进行的国际合作义务。从这些内容看，《保护环境的刑法公约》（1998）旨在在各缔约国间制定统一的环境犯罪认定标准，形成共同环境刑法政策。这有助于消除各国因对环境犯罪行为判断标准不同、刑法规定不同带来的障碍，避免在惩罚犯罪上的疏漏。由于欧盟成员国内部人员、劳务、贸易、技术等实现自由流动，各成员立法规定的不同，很容易造成犯罪行为人规避法律制裁。《保护环境的刑法公约》（1998）这一特色连同第三章第一节关于环境犯罪国际合作的规定，有利于完善惩治环境违法和环境犯罪制度，全面、彻底地打击破坏环境行为，保护欧洲整体环境安全。

（3）关于举动犯、危险犯、实害犯规定的作用。《保护环境的刑法公约》（1998）第二章"在国内层面各缔约国应采取的措施"第一节"关于故意实施环境犯罪行为的强制性规定"要求各缔约国采取适当可能必要的措施在其国内立法中将以下故意行为规定为犯罪：①倾倒、排放或引进大量物质或电离子辐射能进入空气、土壤或水中造成任何人死亡或严重伤害，或产生致任何人死亡或受严重伤害之重大危险的；②非法倾倒、排放或大量引进物质或电离子辐射能进入空气、土壤、水中，引起或可能引起任何人死亡、严重损害或持续性身体健康状况恶化，或对被保护的纪念物、历史遗迹以及其他被保护的物体、财产、动植物造成实质性损害的；③非法处置、处理、贮藏、运输、进出口危险有害废弃物引起或可能引起任何人死亡或严重损害，或大气、土壤、水体、动物、植物的实质损坏的；④工厂从事危险活动，引起或可能引起任何人死亡、严重损害或大气质量、土壤、水体、动、植物的实质性损坏的非法经营行为；⑤非法制造、处理、贮藏、使用、运输、进口、出口核物质或其他危险放射性物质，引起或可能引起任何人死亡或严重损害或大气质量、土壤、水、动、植物实质性破坏的。缔约国应采取适当可能必要的措施,在其国内法中将帮助、教唆实施上述行为的也规定为刑事犯罪行为。第二节"关于在一定限度内予以保留确立过失环境犯罪的规定"要求缔约国应采取可能必要的适当措施,在其国内法中将因过失实施上述 1~5 项行为的也规定为刑事犯罪。缔约国可以对此规定提出保留。可仅将过失实施上述部分行为的规定为犯罪,或仅对实施上述行为时有重大过失的规定为犯罪。第三节"关于有选择性地确立刑事犯罪或行政性违法行为的规定"要求缔约国应采取可能必要的适当措施,在其国内法中将下列故意或过失破坏环境的行为确定为刑事犯罪或行政性违法行为:①非法倾倒、排放或引起大量物质或电离辐射能进入空气、土壤或水的;②非法引起噪声污染的;③非法处置、处理、贮藏、运输、进口、出口废弃物的;④非法经营工厂的;⑤非法制造、处理、使用、运输、进口或出口核物资、其他放射性物质或危险有毒化学物品;⑥非法对国家公园、自然保护区、水保持区或其他被保护区造成有害变化的;⑦非法持有、拿走、危害、捕杀或交易被保护的野生动物、植物物种。举动犯,从环境犯罪行为状态上看,是一种典型的作为环境犯罪,即行为人只要实施了污染或破坏的行为,不管是否造成现实的危害后果,也不管是否使侵害的对象处于某种危险之中,即构成犯罪。由此可见,《保护环境的刑法公约》(1998)第二章第二节是关于环境犯罪或环境违法行为举动犯的规定,即不论故意或过失,只要实施了该项下所列行为,环境犯罪或环境违法即告成立并应受相应处罚。环境犯罪的危险犯,是指行为人实施了污染或破坏环境行为,或因未履行其应尽义务,而使自然环境或人的生命、健康和财产处于受威胁的危险状态中,可视为犯罪。《保护环境的刑法公约》(1998)第二章第一节、第二节规定采用了所列行为"产生人死亡或严重伤害的严重危险""导致或可能导致任何人或空气、土壤、水、动植物的实质损害"等字眼,体现了对环境犯罪危险犯之规定。行为人污染环境,致使人生命、健康、财产和环境受到实际损害而构成犯罪,即为环境犯罪实害犯,体现在《保护环境的刑法公约》(1998)第二章第一节、第二节要求该项下所列行为"致人死亡或严重伤害"等规定中。《保护环境的刑法公约》(1998)对环境犯罪的举动犯、危险犯、实害犯都作了规定,可见其制度非常严格,对环境犯罪和环境违法行为的打击也严密而凌厉。

(4)关于管辖权的规定体现欧洲理事会力图加强合作,全面彻底打击环境犯罪和环境违法,保护欧洲环境安全的决心。该公约第二章第五节规定:缔约国在下述情况下,应采取可有必要的适当措施,对犯罪确立本国的刑事管辖权:①犯罪发生在其领土上;②犯罪发生的按其法律注册或挂其国旗的船舶或航空器上;③进行犯罪的人为本国国民,如果该犯罪按照其刑法应受惩罚或如果犯罪发生在不属于任何领域管辖的地方;④当被指称的罪犯在其领土内而不将该人引渡给另一个国家时。公约不排除缔约国根据国内行使的任何刑事管辖权。公约规定各缔约国可对第③、④项提出保留。可以看出,《保护环境的刑法公约》(1998)将其诸项所列的行为定为国际环境犯罪,不问该行为是否造成跨国界污染或损害。通过相关管辖及缔约国之间合作,彻底惩治环境犯罪。

(5)对环境犯罪主体,《保护环境的刑法公约》(1998)不仅规定了自然人责任,还规定了公司责任。该公约第二章第八节规定:缔约国应采取可能必要的适当措施,当代表法人的机关、成员或代表从事环境犯罪时,能够对法人进行刑事或政judiciary或采取有关措施。公司责任并不排除对自然人的刑事诉讼。缔约国可以对上述规定提出保留或在保留中宣布公司责任仅适用某些特定的环境犯罪。就环境犯罪而言,公司行为具有普遍性和对环境的更大破坏性。有证据显示:白领阶层之犯罪责任有往低阶层的职员推卸之倾向,而大公司往往把责任推给个人或附属机构。因此该公约对公司责任的规定可以堵塞公司逃避处罚之漏洞,通过公约规定的没收财产、罚款、恢复环境原状等处罚措施,威慑公司约束其行为,从而减少对环境之损害。

《保护环境的刑法公约》(1998)也不是尽善尽美,一是它确立的以刑法保护环境的体系需各国有效的合作才能贯彻实施,二是其中会出现诸如难以举证等问题。应与其他手段综合使用,才能达到有效保护环境安全的效果。

复习思考题

1. 国际石油合作活动中造成海洋环境污染的途径有哪些?
2. 主要国际海洋环境保护法律法规有哪些?
3. 主要国际海洋环境保护法律对海洋环境污染事件中民事责任是怎样规定的?

第七章
中国石油安全与国际石油合作

第一节 中国石油安全的理性审视

一、中国石油天然气资源状况

（一）中国油气资源的储量状况

2016年6月13日，国土资源部（自然资源部前身）召开通气会，通报了自2007年开始至2015年年底结束的全国常规油气资源动态评价成果。

一是我国油气资源总量丰富。石油地质资源量1257亿吨、可采资源量301亿吨，目前的资源探明率刚超过30%，处于勘探中期。天然气地质资源量90.3万亿立方米、可采资源量50.1万亿立方米，探明率14%，处于勘探早期。与2007年全国油气资源评价结果相比，石油地质与可采资源量分别增加了64%和42%，天然气地质与可采资源量分别增加了158%和127%。资源量大幅增长的原因主要是勘探工作量的增加和地质认识的深化拓展了勘探领域，技术进步降低了资源的门槛。

二是重点地区天然气资源大幅增长。四川盆地天然气地质资源量20.7万亿立方米、可采资源量11.2万亿立方米，与2007年评价相比，分别增长了2.8倍和2.3倍，为西南地区能源结构调整和区域经济发展提供了保障。海域各盆地天然气地质资源量20.8万亿立方米、可采资源量12.2万亿立方米，与2007年评价相比，分别增长了55%和57%，为全面推进海洋强国战略提供了重要支撑。此外，鄂尔多斯、塔里木等盆地天然气资源量也有较大增长。

三是非常规油气资源潜力可观。全国埋深4500米以内浅页岩气地质资源量122万亿立方米，可采资源量22万亿立方米，累计探明地质储量5441亿立方米，探明率仅0.4%。埋深2000米以内浅煤层气地质资源量30万亿立方米，可采资源量12.5万亿立方米，累计探明地质储量6293亿立方米，探明率仅2.1%。与以往评价结果相比，资源数量有所减少，但可靠程度进一步提高。

四是油气勘探开发难度逐步增大。首先，随着高品质资源逐步开采消耗，剩余的常规油气资源品质整体降低，80%为低品质、高风险类型。其中，超过35%的剩余石油资源分布在低渗储层，25%为致密油和稠油，20%分布在海域深水；超过35%的天然气资源分布在低渗储层，25%为致密气，20%以上位于海域深水。其次，随着发展的不断深入，勘探开发对象复杂化，资源隐蔽性增强，发现难度加大，施工难度增加，对技术装备水平的要求和勘探开发成本不断提高，生态文明建设也对油气勘探开发提出更高要求。最后，非常规油气资源具有现实可开发价值的比例不高。当前经济技术条件下，可有效开发的页岩气有利区（指经过评价优选，通过钻探能够或可能获得页岩气工业气流的区域）可采资源量5.5万亿立方米，只占总量的25%，主要分布在四川盆地及其周缘。煤层气有利区可采资源量4万亿立方米，占总量的30%，主要分布在沁水盆地南部、鄂尔多斯盆地东缘、滇东黔西盆地北部和准噶尔盆地南部。

在评价的基础上，会议对我国油气资源勘查开发前景进行了分析。从资源基础看，全国待探明石油地质资源量885亿吨，待探明天然气地质资源量77万亿立方米，可供勘探的资源潜力大。近年来，我国在复杂地表地质条件下的物探、钻井、"甜点"识别、多级压裂等油气勘探开发技术取得重要进展。以页岩气探矿权区块招标、新疆油气勘查开采改革试点为突破口，引入社会资本进入油气勘查开采市场，激发了社会投资热情，加快了油气勘查开发进程。预计2030年之前，我国年探明石油地质储量仍将保持较高水平，年均探明10亿吨，石油产量保持在2亿吨水平。综合考虑天然气、煤层气和页岩气，预计2030年之前，我国天然气探明地质储量还将处于高峰增长阶段，年均探明储量7000亿立方米，天然气产量保持较快增长，到2020年，全国天然气总产量为2100亿立方米，2025年为2600亿立方米，2030年达到3000亿立方米，有力推动能源结构优化和环境治理改善。

未来将重点在大型盆地的新层系、新领域和海域寻找优质储量，形成"东部可持续、西部快发展、海域大突破"的油气勘探开发格局。

（二）中国油气资源的供需状况

尽管石油、天然气资源总量较为丰富，但由于我国人口众多，人均石油和天然气资源的拥有量是世界平均水平的1/15左右。当前，我国处于社会经济全面发展的高速时期，对油气资源的需求量节节攀升，石油生产与消费的缺口越来越大，对外依赖程度越来越高。油气资源的供需矛盾比较突出，供需安全问题成为影响经济社会发展的重大问题。

1. 中国油气资源的供给现状和潜力

目前，中国的石油天然气工业已经形成了比较完整的勘探开发技术体系，在复杂区块勘探开发、提高油田采收率等技术上处于国际领先地位。当前，中国原油产量呈海上原油产量增加较快、西部油田原油产量逐步上升的趋势。2017年，中国原油产量为1.9亿吨，同比下降4%，天然气产量达到1487亿立方米，同比增长8.5%。原油产量的下降主要是在当前国际油价仍处于低迷的大环境下，上游生产企业兼顾能源安全与经济效益的考虑，均在产量方面采取保守策略，趋向稳中有降。从国内中石油、中石化、中海油的产量及加工量情况来看，2015—2017年，产量均呈下降趋势，特别是中石油的原油产量2017年较2015年下降幅度达23.5%。

据《全国油气资源动态评价（2010）》预测，2030年之前，石油年产量将保持稳定增长的态势，2011—2030年每五年的年均产量分别为2.044亿吨、2.14亿吨、2.19亿吨、2.149亿吨，峰值产量约2.2亿吨，2亿吨水平可延续到2030年以后。2011—2030年，全国累计产油42亿吨，年均2.1亿吨。按石油可采资源量233亿吨考虑，2030年石油开采程度为41.5%，属于开发中期。天然气年产量将持续快速增长，2011—2030年每五年的年均产量分别为1264亿立方米、1796亿立方米、2292亿立方米、2796亿立方米。按天然气可采资源量32万亿立方米考虑，2030年天然气开采程度为16%。根据之前的预测，2011—2030

年石油产量稳中有升,天然气产量快速攀升。但从实际来看,石油产量有所下滑,天然气产量较为符合预期。2017年以来国际油价不断回涨,随着油价的回涨,国内上游加大勘探开发力度,石油产量有望维持在2亿吨左右。

2. 中国油气资源的需求状况

进入21世纪以来,随着经济的高速发展,中国对石油天然气资源的消费量与日俱增。石油消费量由2000年的2.24亿吨增加到2017年的6.1亿吨,18年间消费量增加近2倍。天然气消费由2000年的245亿立方米激增到2017年的2373亿立方米。未来中国仍处于工业化、城镇化的快速发展阶段,人民生活和消费方式也将逐步转变,这意味着对石油天然气资源的需求将进一步增加。

3. 供需矛盾突出

随着中国经济的发展,对石油的需求日益增加。从供需角度而言,中国对石油的增长需求超过了自有石油的提供能力。石油和天然气缺口越来越大,单靠国内供应肯定难以满足不断增长的需求,因而进口量将不断增加。石油供应格局正由以国内为主逐步转变为以国外为主。中国1993年成为石油净进口国,2002年成为继美、日本之后的世界第三大石油消费国。2003年,中国进口石油9100万吨,超过日本成为世界第二大石油消费国,对外依存度达到36.5%。2017年12月,中国石油进口量每天840万桶,多于美国的790万桶,成为世界第一石油进口大国。BP预测,到2035年,中国石油消费量将超过8.85亿吨,天然气消费量将达5407亿立方米。届时中国石油对外依存度将高达80%,天然气对外依存度将达42%。中国石油天然气的供需矛盾加剧,将导致中国更加依赖国际油气资源的供给,对外依存度的提高增加了中国能源安全的风险。可见,未来一段时期内我国石油和天然气的消费量远远大于现在的消费量,这将对我国石油天然气的生产造成很大压力。从长远和总体来说,中国缺乏石油快速和长期增产的坚实的资源基础。因此,解决中国石油供需矛盾,积极开展国际石油合作,获取海外石油资源是必然的选择。

二、中国石油天然气进口面临的安全挑战

(一)中国石油地缘的严峻形势

1. 东亚、中亚石油受美国控制

石油资源丰富、战略位置重要的地区,历来是世界大国争夺的焦点。目前,美国已占据全球最大产油区海湾的战略制高点,并通过对中亚、高加索、南亚、俄罗斯、非洲及其后院拉美等全球最重要的产油区的介入和影响,基本建立起有利于美国控制全球能源的庞大网络。

中美之间存在共同利益也存在遏制。冷战结束后,美国战略界对华的战略思维框架一度从"大国均势"(Balance of Power)转向"利益平衡"(Balance of Interests)。之后,美国政府又提出从"利益平衡"转向"威胁平衡"(Balance of Threat)的战略思维。在"威胁平衡"战略思维框架指导下,美国有可能对中国的石油进口进行控制,甚至完全切断中国的石油供应,从而给中国的石油安全带来极大的威胁。

1) 中东石油地缘形势

世界石油资源最丰富的中东地区,几十年来一直是大国传统的战略争夺目标。中国的进

口石油大部分来自中东。2017年我国石油进口来源国前五位依次是：俄罗斯（5980万吨）、沙特阿拉伯（5218万吨）、安哥拉（5042万吨）、伊朗（3115万吨）、阿曼（3100万吨），来自中东的石油占总量的比重超过43%。鉴于此，中国与世界主要石油消费国分享中东石油资源的竞争将趋激烈，有的国外舆论甚至认为，"从长期来看，中国与中东的关系可能取代美国与中东的关系，成为影响世界能源问题前景的决定因素"。"9·11"事件后，美国借打伊拉克驻军中东，并扩大其军事存在，增加对该地区的战略影响力。"倒萨战争"巩固了美国对该地区石油资源的控制，美国插手利比亚、叙利亚内战，也将影响中国从该地区的石油进口。

2）中亚石油地缘格局的变化

中亚是石油资源竞争激烈的另一个地区。中亚石油资源十分重要，近期可降低世界石油市场对中东的依赖，远期可延长石油能源的使用寿命以寻找新的可替代能源。其石油资源分为陆上和里海海底资源。据统计，哈萨克斯坦、阿塞拜疆、土库曼斯坦三国已探明石油储量约300亿桶；里海海底目前已探明石油储量224亿桶，而远景储量高达560亿桶。

中国为实现石油来源的多元化，缓解对中东石油的依赖程度，降低石油供应的风险，保障石油安全，也需要从中亚取得石油。在中亚—俄罗斯地区，中国石油天然气集团公司的哈萨克斯坦阿克纠宾项目已形成年产500万吨以上的原油生产能力。以阿克纠宾项目为基地，又开发了阿克纠宾南部勘探项目、齐纳列夫项目，同时开发了土库曼斯坦（古穆达克油田）、阿塞拜疆（丘尔桑吉亚油田和卡拉巴格雷油田，简称 K&K 油田）等中亚国家市场，并着手修建了一条从哈萨克斯坦通往中国新疆的长达3000公里的输油管道。

在中亚，美国借反恐战争进入阿富汗之机，相继在乌兹别克斯坦、吉尔吉斯斯坦、塔吉克斯坦三国取得军事基地和驻兵权，使中亚各国在政治上"西靠"，改写中亚的地缘战略格局，从而使得中国在中亚的周边地缘战略形势复杂化。

2. 东南亚石油运输的"马六甲之痛"

在东南亚，东盟扼中国海外运输线咽喉，中国大部分进口石油及其他重要战略物资必须取道东盟各海上通道运回。东南亚局势虽然较为稳定，但是一旦出现异常情况，特别是大国的介入，必将对中国石油安全形成钳制之势。

波斯湾到中国的海上石油运输经过印度、新加坡、越南和菲律宾等国，只要在这条漫长的海上石油供应线上切断任何一处，就能对中国的经济命脉构成威胁。其中最为重要的是霍尔木兹海峡和马六甲海峡。

霍尔木兹海峡位于阿曼、伊朗之间，连接波斯湾与阿曼湾以及阿拉伯海，是由2英里宽的水道和2英里宽的缓冲区域构成的通道。它是中东运油的必经之道。每天通过海峡的石油流量约为1650万～1700万桶，是通过苏伊士运河油流的5倍，是巴拿马运河油流的15倍。

马六甲海峡的战略地位更为重要（图7-1）。它扼太平洋和印度洋的咽喉，是连接亚、非、欧三大洲的重要通道，是最主要的海上交通要道，承运着东南亚乃至整个东亚地区的大部分石油运输。它西宽东窄，多岛礁、浅滩，战时极易被封锁，最狭窄处是位于新加坡海峡的菲利普斯水道，仅宽2.4千米，形成一个天然的瓶颈，号称"东方直布罗陀"。中国从海外获取的石油80%以上都要途经马六甲海峡。据测算，每天通过马六甲海峡的船只有六成是为中国输送货物，80%是油轮。马六甲海峡成了中国石油进口名副其实的"华山一条道"，毫不夸张地说，谁控制了马六甲海峡，谁就扼制住了中国的能源通道。

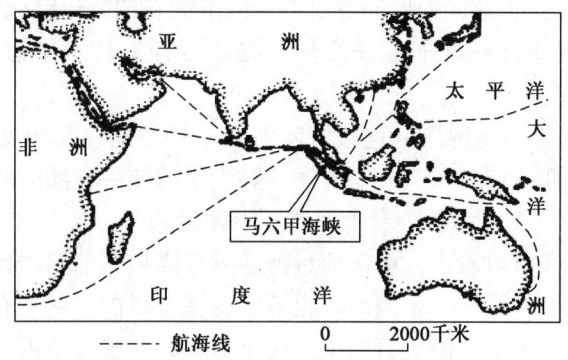

图 7 - 1 马六甲海峡地形图

目前马六甲海峡处在马来西亚、新加坡和印度尼西亚的控制之下。该海峡是美国全球战略中控制的 16 条咽喉水道之一。美国已取得对新加坡海、空军基地的部分使用权,并掌握了马六甲海峡沿岸一些军事设施。印度对马六甲海峡触手可及,其在马六甲海峡的西部入口处拥有的安达曼尼科巴群岛上建立了海军基地,并部署重兵扼守海峡西口;日本历来将马六甲海峡视为其"海上生命线",高度重视其安全问题。近年来日本以加强海上治安为由,频频向马六甲海峡和印度洋地区派遣海上自卫队,并与东南亚国家和印度举行多次联合军事演习。另外,还有一些不可忽视的安全隐患,如海盗活动猖獗、海峡交通秩序混乱等已严重影响船舶航运安全。所有这些都极大地影响着中国的石油运输安全。有专家称之为"马六甲困局"或"马六甲之痛"。

3. 南海的石油争夺

南中国海地区油气资源丰富,战略位置重要,扼中国海上石油航线的咽喉要道。马来西亚、越南、印度尼西亚、文莱、菲律宾等在属于中国的经济专属区强行开发,引发主权和海洋争议。越南在南海开发白虎、大熊、青龙油田,菲律宾在卡拉延地区及其附近的巴拉望近海和礼乐滩进行勘探,印度尼西亚在纳土纳群岛周围勘探,马来西亚占据南海东南部的 10 个岛礁,文莱则宣布南通礁(位于北纬 6°20′,东经 113°14′)海域为其经济专属区,且有进一步扩大的趋势,今后围绕油气资源的争夺会进一步加剧。

总之,国际油气争夺激烈,而大国竞争能源的态势将更为剧烈;西方散布中国油气威胁论,鼓动对中国进口能源的战略遏制;由于重要产油地区——中东、中亚、南中国海等局势不稳定,中国的油气供应必然受制于此。

(二)中国石油进口的海洋运输困境

石油资源分布的极不均衡以及石油生产地与消费地的不一致,使得石油运输安全成为各国石油安全的重要组成部分。目前国际上主要的石油运输方式有海运(海上油轮运输)和管运(国际输油管道运输)。由于主要的石油生产国和消费国之间远隔重洋,而且石油运送数量十分巨大,所以大部分的石油运输是经过海运来完成的。全球石油跨国运输中,超过 3/5 的石油通过海上运输,不到 2/5 经由管道运输。除了海运和管运之外,世界上少数石油运输是通过铁路运输方式来完成的。中国海洋石油运输的困境主要体现在以下几个方面。

1. 海洋石油运输线路单一

2005 年,中国从海外获取原油 1.2 亿吨,其中 47.2% 来自中东,30.3% 来自非洲,

7.6%来自亚太地区。这三个地区的原油进口经过以下的石油海运路线：

（1）中东航线：波斯湾—霍尔木兹海峡—北印度洋—马六甲海峡—台湾海峡—中国大陆；

（2）非洲航线：北非—地中海—直布罗陀海峡—好望角—北印度洋—马六甲海峡—台湾海峡—中国大陆；西非—好望角—北印度洋—马六甲海峡—台湾海峡—中国大陆；

（3）东南亚航线：马六甲海峡—台湾海峡—中国大陆。

从上述三条运输路线可以看出，中国通过海运方式进口石油路线比较单一，高度依赖霍尔木兹海峡和马六甲海峡；同时，台湾海峡也不容忽视。目前，两岸有默契，相安无事。如果有敌意，甚至开战，不但上述海上石油生命线会被切断，连整个近海地区的石油储存、进出口都会陷入不安全的境地。

由此可见，中国石油海运路线单一的现状直接威胁中国的海外石油供给安全。

2. 油轮船队运力有限

根据国外经验，需要大量进口石油的国家一般都控制着一支比较强大的油轮船队，船队承运份额达到50%以上，日本则高达85%以上。目前中国国内船队（油轮吨位偏小且船龄偏大）承运份额偏低，只占10%左右。

中国石油运力不足表现在两个方面，一是中国远洋石油运输船队的实力不足。中国远洋石油运输船队存在油轮船队规模小、吨位小，船型结构不合理的问题，油轮以单壳船、小船、旧船居多，平均船龄比全球运输船队的平均船龄大6年；船型偏小，单船平均载重不到10万吨。二是存在运力"错配"问题。中国的石油公司与中国的油轮船东之间缺乏合作，中国油轮的运力并没有很好地为油气的进口运输服务，而大部分时候在为国际市场提供服务。正因为以上两个问题的存在，我国大部分的进口石油都依赖外国船队承运。多年来我国政府一直提倡"国油国运"，并制定相关政策。但到2011年，仍有三分之二的海上进口原油由外国油轮船队承运。一旦发生政治风险，或其他不可抗拒的紧急情况，某些国家即便不封锁我国的海上油气运输通道，只要对承担我国油气运输任务的国外运输公司施加影响或进行制裁，迫使取消中国的油气运输业务，就等于封锁了我国的运输通道。届时我国将面临缺油、断油的危险。因此，为保障本国石油运输安全，组建一支大型的本国石油运输船队，真正实现"国油国运"势在必行。

第二节　中国石油的地缘政治战略

作为一国命脉资源的石油比其他任何资源都更受制于国际政治局势。石油的有限性、地区分布和消费的不均匀性导致石油消费大国在资源丰富地区展开激烈的地缘竞赛。阿富汗战争和伊拉克战争在影响国际政治局势的同时也改变了国际石油地缘格局。重新审视中国石油安全的地缘形势，制定新的地缘政治战略对于保障中国的石油安全具有重要意义。

地缘政治是一种新型国际政治学理论。地缘政治理论起源于19世纪末至20世纪初，是以美国学者马汉的"海权论"思想和英国学者麦金德的"陆权论"思想为基础，逐步形成和发展起来的，它主要从一个国家或地区的地理因素与政治因素相结合的角度对国际形势进行分析和研究。20世纪中叶，美国学者斯拜克曼提出了"边缘地带"理论，认为在欧亚大陆的周围如果形成了新的工业力量中心，那么欧亚大陆的"边缘地区"在战略上甚至比大陆心脏更为重要。谁控制了"边缘地带"，谁就控制了欧亚大陆，谁就控制了世界的命运。

任何一种地缘政治都不是封闭的体系，地缘政治的变动是与地缘经济、文化等的变动联系在一起的。

一、中国石油的地缘政治战略选择

中国石油安全的地缘战略，必须适应世界地缘政治环境的新变化，认清形势，应对挑战，寻觅机遇，努力营造有利于中国石油安全的地缘战略环境。

（一）致力于改善中美关系，防止美国对中国石油进行钳制

中美同为世界大国，有着不同的国家利益，存在竞争是正常现象。但是两国间有着广泛的共同利益，不存在必然向你死我活方向发展的敌对基础。尽管如此，美国对中国仍然有遏制、防范的一面。中国要致力于发现、拓展共同利益和合作因素，防止中美之间关系过度紧张，预防美国在中东、中亚对中国石油来源进行钳制；同时，鉴于美国对重要海上通道的控制以及中国的海军实力还不能在公海上执行保护任务的实际情况，要努力防止美国在异常情况下攻击中国的石油运输。

（二）开展石油外交，同石油资源丰富地区的国家建立良好关系

1. 保持与中东国家的良好关系，继续维持中东的石油来源

中东地区是世界石油资源最为丰富的地区，也是世界上主要石油供应区。尽管许多国家多年来致力于减少对中东石油的依赖程度，有些国家也取得了相当的成功，但世界对中东石油的严重依赖形势仍然难以改变。中国对中东地区石油的依赖程度则是有增无减，必须继续维持中东的石油来源。中国与中东地区之间双方政治关系良好，双方经济上具有互补性，又有合作愿望。

2. 加强与中亚国家的关系，拓展石油来源渠道

参与中亚石油开发对中国及中亚国家均具有重要的战略意义。对中国而言，可以确保石油供应陆上来源，连接俄、中东等能源地域，获取长期、稳定的能源供应；对中亚国家而言，中国是中亚向东通往世界市场和出海口的必经之路，可实现能源出口渠道多元化。

上海合作组织的"安全"与"经贸"同时启动，进入更全面的发展阶段，上海合作组织区域经济合作也步入正轨，有利于加强中国同中亚国家的关系。同时，中国"一带一路"倡议也将助推与中亚国家联系的加强。

3. 加强同俄罗斯的互利合作关系，实现石油来源多元化

俄罗斯幅员辽阔，有着丰富的石油资源。俄罗斯与中国是战略性伙伴国。俄罗斯地区与中国存在着良好的地缘政治关系，经济上具有互补性，是主要的石油输出地区，但其经营管理水平和勘探开发的技术及设备相对落后。鉴于俄在中亚举足轻重的地位，以及俄在中亚石油竞争中的被动局面，中国应主动出击，合纵连横，联俄共同参与中亚石油竞争。

（三）在东北亚与日本、韩国进行油气合作

东北亚的油气资源潜力、市场、资金、劳动力构成了完备的发展要素。俄罗斯亚洲部分

丰富的油气资源，经济迅速发展，实力增强的中国、日本、韩国的雄厚资金，以及中国石油工业队伍的技术成熟的劳动力大军为实现东北亚的油气合作提供了有利条件。

（四）在东南亚加强战略投入

在东南亚，东盟扼中国海外运输线咽喉，对中国的石油运输安全起着关键作用。中国要加强对东南亚的战略投入，发展同东盟各国的关系，落实中国—东盟贸易区计划。中国提出的"一带一路"倡议和亚洲基础设施投资银行的组建将为中国提供一条较为安全的石油通道铺平道路。

（五）在南海海域坚持"主权属我，搁置争议，共同开发"的十二字方针

在与周边国家相关海域争议事宜处理过程中，中国几代领导人都主张通过"搁置争议，共同开发"解决，并取得积极进展。2002年中国与东盟签署《南海各方行为宣言》；2004年中国海洋石油公司与菲律宾石油公司签订协议，联合对中国南海选定区域的石油资源进行勘探；2005年中国、菲律宾和越南的石油公司签署《在南中国海协议区三方联合海洋地震工作协议》。特别是2013年10月中旬，李克强总理在越南访问时，与越南国家领导人达成海洋争议解决的重要共识，并发表了《新时期深化中越全面战略合作的联合声明》。在该联合声明中，中越两国一致同意切实管控好海上分歧，并决定共同开发中越北部湾口外资源。这表明，中越在处理海洋争议中已取得实质性的进展。可见，只要争议各方意愿合作，就能寻找到相关各方可共同接受的"共同开发"的路径。

二、中国石油天然气进口的战略举措

（一）中国石油天然气进口管道建设

1. 中亚石油天然气管道

2004年7月，中国石油天然气勘探开发公司（CNODC）和哈萨克斯坦国家石油运输股份公司（KTO）各自参股50%共同成立了"中哈管道有限责任公司"（KCP），负责中哈原油管道的项目投资、工程建设、管道运营管理等业务。

中哈原油管道总体规划年输油能力为2000万吨，西起里海的阿特劳，途经阿克纠宾，终点为中哈边界阿拉山口，全长2798公里。管道的前期工程阿特劳—肯基亚克输油管线全长448.8公里，管径610mm，已于2003年年底建成投产，年输油能力为600万吨。

中哈原油管道一期工程阿塔苏—阿拉山口段，西起哈萨克斯坦阿塔苏，东至中国阿拉山口，全长962.2公里，管径32英寸，于2006年5月实现全线通油。中哈原油管道二期一阶段工程肯基亚克—库姆克尔段，长761公里，于2009年7月建成投产，实现由哈萨克斯坦西部到中国新疆全线贯通。

2017年3月29日11时58分，中哈原油管道向中国输油累计突破1亿吨大关，成为我国首条进口量过亿吨的原油管道。2017年，中哈原油管道全年实现向中国管输原油1230.82万吨，货值43.85亿美元，同比分别增长23.16%、60.51%，年进口量再创新高。

鉴于中哈两国长期保持的良好政治关系，哈萨克斯坦相对稳定的国内形势又将大大提升这条油管的安全性。现阶段，这条石油进口通道是中国安全系数最高的能源进口通道。但是

近年来，随着中亚、里海地区大型油田的发现，这里已成为西方发达国家竞争的激烈场所。美国正在积极推动从里海到西方的石油管道建设。贯通里海与地中海的大动脉，即巴库—第比利斯—杰伊汉石油管道（简称"巴杰线"）的建成投产将阿塞拜疆的里海原油经过格鲁吉亚运往土耳其，再输往西方。如果美国对哈萨克斯坦施加影响和干预，这将使哈萨克斯坦的原油通过刚刚建成的"巴杰线"出口西方，届时将会使中国蒙受巨大的经济损失，投巨资建设的项目将面临无米下锅的尴尬局面。从长远看，"巴杰线"必将影响中国的能源安全。

在中哈原油管线之外，中国与中亚国家的天然气管道建设也取得成果。2008 年 6 月，中亚至中国的天然气管道正式开工建设，该管道起自土库曼斯坦和乌兹别克斯坦两国边境，中途穿越乌兹别克斯坦和哈萨克斯坦，在新疆霍尔果斯入境，单线全长 1833 公里，A 线、B 线已于 2011 年 12 月和 2012 年 3 月相继完成全线投运，年输气量 300 亿立方米。中亚天然气管道 C 线工程是中国石油在已建成投运的 A 线、B 线的基础上，为了进一步满足国内对清洁能源的需求，规划建设的又一条能源大动脉。C 线与 A 线、B 线并行敷设，线路总长度 1830 公里，设计年输气能力 250 亿立方米，设计压力 9.81 兆帕。线路起源于土乌边境格达依姆，经乌兹别克斯坦、哈萨克斯坦，在新疆霍尔果斯口岸入境。C 线于 2012 年 9 月全面启动建设，中国石油和乌哈同行建设者经过共同努力，2013 年年底完成线路整体焊接工作，实现了线路贯通，2014 年 5 月底投产通气。截至 2017 年 6 月底，A 线、B 线、C 线三条管线累计向中国输送天然气 1841 亿立方米。中国—中亚天然气管道 D 线全长 966 公里，其中境外段 840 公里，设计年输气量 300 亿立方米，气源地为土库曼斯坦复兴气田，是继 A 线、B 线、C 线之后又一条引进中亚天然气的大动脉。目前 D 线正在建设中，预计可在"十四五"期间初步完工。届时中亚天然气管道四线并输，将具备每年向国内输送 850 亿立方米天然气的能力，这将占到国内天然气消费量的 1/3，占我国进口天然气总量的 50%。

2. 中俄石油天然管道

中俄石油管道的建设历经波折。中俄之间从 1994 年开始就建设两国间石油输出管道进行了协商，商定建立一条从东西伯利亚的安加尔斯克至中国大庆的石油管道（"安大线"）。2003 年日本半路杀出，不断加大筹码，要求将管道从安加尔斯克铺向太平洋沿岸的俄罗斯港口城市纳霍德卡（"安纳线"）。"安大线"与"安纳线"之争，反映了日本对中国购买俄罗斯石油的防范和排斥态度。在现有油源条件下，"安纳线"与"安大线"必有一条会被无限期推迟，日本对远东石油管道的设想，必然损害中国的利益，这是一场"零和"博弈。俄罗斯权衡利弊后，2004 年决定建设由泰舍特到纳霍卡德尔的输油管道，中途建支线到大庆，即"泰纳线"。

中俄原油管道（一线）起自俄罗斯远东管道斯科沃罗季诺分输站，经中国黑龙江省和内蒙古自治区 13 个市、县、区，止于大庆。管道全长 999.04 公里，俄罗斯境内 72 公里，中国境内 927.04 公里。按照双方协定，俄罗斯将通过中俄原油管道每年向中国供应 1500 万吨原油，合同期 20 年。中俄原油管道 2010 年 11 月 1 日进入试运行阶段。截至 2017 年 11 月 1 日 8 时，已安全运营 2497 天，累计输送俄罗斯原油 1.07 亿吨，成为中俄能源合作共赢典范。中俄原油管道二线工程起始于黑龙江省漠河县兴安镇附近的漠河首站，途经黑龙江省、内蒙古自治区，止于黑龙江省大庆市林源输油站，管道全长 941.80 公里，与漠大线并行 871.6 公里，管径 813 毫米，设计压力 9.5～11.5 兆帕。2017 年 11 月 12 日 10 时 08 分，中俄原油管道二线工程全线贯通。2018 年 1 月 1 日，俄罗斯原油进入中俄原油管道二线，开始从漠河向大庆林源输送,标志着我国东北能源运输通道俄油进口的第二通道正式投入商业运营。每年从该通道进口的俄油量将从现在的 1500 万吨增加到 3000 万吨,对于填补我国东北地区石油资源供应缺口、优化国内油品供输格局、进一步保障国家能源供应安全具有十分重大的意义。

2014 年 5 月 21 日,中俄两国政府签署了《中俄东线天然气合作项目备忘录》,同时,中国石油天然气集团公司和俄罗斯天然气工业股份公司签署了《中俄东线供气购销合同》。中俄东线天然气管道工程起于黑龙江省黑河市的中俄边境,途经 9 个省区市,全长 3371 公里,是我国目前口径最大、压力最高的长距离天然气输送管道。工程于 2015 年 6 月开工建设北段试验段,将分期建设北段(黑河—长岭)、中段(长岭—永清)和南段(永清—上海),预计 2019 年 10 月北段投产,2020 年年底全线贯通。管线投产后,根据协议,最终达到每年向华输送天然气 380 亿立方米,累计合同期 30 年,合同价值约 4000 亿美元。

3. 中缅油气管道

中缅油气管道建设计划在 2004 年提出,2009 年 6 月,当时的缅甸军政府与中国签署了中缅油气管道项目协议,协议期限为 30 年。管道境外和境内段分别于 2010 年 6 月 3 日和 9 月 10 日正式开工建设,是我国继中亚油气管道、中俄原油管道、海上通道之后的第四大能源进口通道。管道包括原油管道和天然气管道,原油管道的起点位于缅甸西海岸的马德岛,投资额为 15 亿美元,设计输油能力为每年 2200 万吨;天然气管道的起点在皎漂港,投资额为 10.4 亿美元,每年可向国内输送天然气 120 亿立方米。两条管道自云南省瑞丽市进入中国境内,并在贵州省安顺市实现油气管道分离。其中输油管道经贵州省到达重庆市,输气管道经贵州省到达广西壮族自治区。2013 年 9 月 30 日,中缅天然气管道全线贯通,开始输气。2015 年 1 月 30 日,中缅石油管道全线贯通,开始输油。

(二)保障海上石油运输安全

与陆路管道相比,海运具有灵活和便利的优势。虽然俄罗斯及中亚、非洲已逐渐成为中国海外石油开发的重点区域,但在相当长的时期内,中东仍是中国获取海外石油资源的最主要来源地区。而马六甲海峡还将是运送中国石油的绝大多数油轮避不开的一道门槛,其绝对地位不会动摇。因此,中国在积极开拓石油管道运输的同时,还要确保马六甲海峡的安全、畅通和经济利用。

根据马六甲海峡复杂的国际关系现状,中国应该推动和参与建立保证海峡安全的多层次国际合作机制,提出具体的合作内容,参与海峡通道的规划、建设与管理,通过合作维护马六甲海峡的畅通无阻。

为了保证中国海运安全,中国还应该建立一支具备至少承运国家进口石油 50% 运输量的油轮船队。一些大型国有航运集团应积极与中国石油公司合作,努力破解"石油运输困局"。

(三)深入推进中巴经济走廊建设,打通中巴能源通道

2006 年 2 月,巴基斯坦前总统穆沙拉夫在中国访问时提出利用巴基斯坦阿拉伯海的瓜达尔港作为入海口,之后转入陆路向中国输油。此后,中巴两国领导人又逐步提出来中巴经济走廊建设的构想,并将其作为"一带一路"的旗舰项目。中巴经济走廊不仅包括了从中

国新疆的喀什到巴基斯坦俾路支斯坦省的瓜达尔港的公路、铁路、航空、水路以及光纤通信等3000公里的"通道"综合互通工程，更是以此带动中巴双方在走廊沿线开展重大项目、基础设施、能源资源、农业水利、信息通信等多个领域的合作，其中就包括从巴基斯坦瓜达尔港到中国新疆喀什的铁路建设。

瓜达尔深水港靠近巴基斯坦与伊朗交界处，扼守阿拉伯海的波斯湾出口，是中亚地区到达印度洋的最近港口。来自伊朗和非洲的原油可以从瓜达尔港通过铁路、公路或建设中巴石油管道直接输送到中国西北部的新疆维吾尔自治区，从而规避马六甲海峡的巨大风险。

（四）挖掘泰国克拉地峡运河

克拉地峡东临太平洋泰国湾，西濒印度洋安达曼海，位于泰国狭长的南部地区春篷府和拉侬府境内，最窄处约64公里，最高海拔仅75米。设想中的克拉运河横贯泰南，全长120公里，宽400米，深25米，双向航道，耗时10年。运河建成后，远洋运油船不必穿过马六甲海峡，可直接从印度洋的安达曼海进入太平洋的泰国湾。两大洋之间的航程至少缩短约1200公里。

但是开挖运河耗资巨大，政府难以承担，而且可能对生态环境产生严重损害。泰国政府在2004年4月提出了开凿克拉地峡的新版本，在设想中的克拉地峡运河线路上修建全长250公里的输油管道。这样就需要在印度洋和太平洋两端建设庞大的港口设施，原油需要装卸两次，运载船只需要成倍增加。

在实际运行中，中国完全可以加入以中、韩、日为主的东北亚能源需求区中，共同投资，共同受益。如果此项合作能够成功，将可以避开对马六甲海峡的过度依赖，增加石油进口的安全性。

复习思考题

1. 中国石油天然气供需的基本格局是怎样的？
2. 如何理解中国石油天然气进口面临严重的挑战？
3. 中国石油天然气进口有哪几大战略通道？

第八章
中国石油立法

当前我国天然气行业立法体系包括《矿产资源法》、配套行政法规、专项法规、相关环境资源法规（涉及土地、环保、安全生产、能源利用）、相关政策规定和内部行业规范。《矿产资源法》是矿产资源领域的基本法，也是调整石油资源的基本法，《节约能源法》则围绕能源节约利用展开。此外，还有其他众多法律涉及石油天然气行业。石油行业立法呈现出法律法规众多但较为分散的缺点，基本石油天然气法缺位、体系复杂无序、效力过低是突出问题。为了更好地规范和管理石油天然气中上下行业，解决现有石油立法体系规范化程度低、协调性差、彼此冲突的问题，促进我国石油天然气工业健康发展，尤其是在推动页岩气勘探开发、石油天然气储备、环境保护等方面取得更大进展，有必要加快改进中国石油立法。

第一节 中国石油法律基本原则

一、中国石油立法概况

长期以来，中国主要依靠行政手段管理石油工业。20世纪80年代以后，随着改革开放的不断深化，法律手段逐步受到重视。截至目前，在矿权登记、对外合作、管道保护、地震勘探、损害补偿等石油工业的一些重要领域，国家已制定了专门法规，其他相关法律、法规也逐年增多，初步改变了单靠政策调整石油工业的局面。已有的一些相关法律、法规是在中国推进改革开放和健全法制的进程中陆续出台的，虽然对规范石油工业的改革和发展发挥了重要作用。但由于受历史条件限制，这些法律、法规的内容和形式又有不少缺陷，还不能适应建立社会主义市场经济体制的需要，主要表现在四个方面：

（1）在法律和政策交叉调整的格局下，法律调整力度较小，石油工业的发展主要依靠政策支持。由于政策缺乏稳定性和规范性，有些还是临时性的办法和措施，因此难以从根本上解决石油工业的发展机制问题。

（2）石油工业作为国民经济重要基地和支柱产业，产业立法的框架体系尚未形成。石油天然气开发、储运、销售和加工利用等重要生产经营领域，长期无法可依。同时，调整石油工业的相关立法，特别是有关土地出让、税费、矿山安全等，又不完全切合石油工业的实际情况，使石油工业有法难依。这种状况，已使石油工业处于极其被动的境地。

（3）现行石油立法，多为单项法规和规章，不仅效力等级低，而且缺乏体系上的合理规划与相互配套，致使立法体系出现混乱。表现为：①从立法体系上看，石油天然气作为特定矿种和重要能源，有关石油资源管理和勘探开采的立法应具特别法的地位和效力，而现行的一些行政法规和部门规章效力低，难以起到应有的规范作用；②一般立法代替专门立法，如石油环境、石油安全、石油税收等，应基于石油勘探开发的特点，制定专门规范加以调整，用一般立法调整，往往忽视石油工业的特殊性，不利于促进石油工业的发展。

（4）专业执法体系不顺、力度不够，使已有的立法不能有效地贯彻实施。石油立法与石油执法是石油法制不可分割的两个重要方面，地方执法系统因涉及专业问题难以涉足，从而使法律规定无法实施。

总的看来，中国石油立法现状与石油工业发展不相适应。按照建立社会主义市场经济体制的要求，总结并借鉴国内外立法的经验教训，进一步建立和完善石油法制，对于促进石油工业健康发展有着极其重要的意义。

党的十八大和十八届三中全会明确指出，要"推动能源生产和消费革命"。针对当前中国能源体制存在自然垄断、行政垄断等问题，2014年6月，习近平总书记在中央财经领导小组会议中再提推进能源革命课题，包括能源消费革命、供给革命、技术革命、体制革命四个方面。习近平强调，坚定不移推进改革，还原能源商品属性，构建有效竞争的市场结构和市场体系，形成主要由市场决定能源价格的机制，转变政府对能源的监管方式，建立健全能源法治体系。习近平进一步强调，要抓紧制定相关改革方案，并启动能源领域法律法规立改废工作。由此可见，在未来一段时间内，中国石油立法的步伐将大大加快。

二、中国国际石油合作的基本法律原则

（一）石油资源国家所有的原则

《中华人民共和国对外合作开采海洋石油资源条例》（对外合作开采海洋石油资源条例）第二条规定："中华人民共和国的内海、领海、大陆架以及其他属于中华人民共和国海洋资源管辖海域的石油资源，都属于中华人民共和国国家所有。"

《中华人民共和国对外合作开采陆上石油资源条例》（对外合作开采陆上石油资源条例）第三条也规定："中华人民共和国境内的石油资源属于中华人民共和国国家所有。"

（二）开采活动及设施受中国管辖的原则

《对外合作开采海洋石油资源条例》第二条、第三条规定，"在中国内海、领海、大陆架以及其他属于中国的海洋资源管辖海域为开采石油而设置的建筑物、构筑物、作业船舶，以及油（气）集输终端和基地等，中国有管辖权；合作开采海洋石油资源的一切活动，都应当遵守中华人民共和国的法律、法令和国家的有关规定；参与实施石油作业的企业和个人，都应当受中国法律的约束，接受中国政府有关主管部门的检查、监督。"

《对外合作开采陆上石油资源条例》第四条规定，"在中华人民共和国境内从事中外合作开采陆上石油资源活动，必须遵守中华人民共和国的有关法律、法规和规章，并接受中国政府有关机关的监督管理。"

（三）资源国优先权原则

根据《对外合作开采海洋石油资源条例》和《对外合作开采陆上石油资源条例》的规定，在对外合作开采石油资源中，中国享有许多方面的优先权。这是资源国对其自然资源享有永久性权利的派生权利，从法律上说，资源国将其主权所属的自然资源提供作为与外国公司或集团开采的标的物，理应享有优于国外企业的权利。

(四) 保护自然、保持生态平衡的原则

石油资源是一种重要的自然资源，它的开采必须遵循人类对自然资源开发和利用的其他基本原则，尤其是保护自然、保持生态平衡的原则。

保护自然、保持生态平衡是发展生产力的基础，是最有效、最充分地利用自然资源，使可更新资源达到永续利用的目的。这一原则已被世界许多国家法律所肯定或认可，中国在宪法中也规定了"国家保护环境和自然资源，防止污染和其他公害"的原则。《对外合作开采陆上石油条例》第二十二条规定，"作业者和承包者在实施石油作业中，应当遵守国家有关环境保护和安全作业方面的法律、法规和标准，并按照国际惯例进行作业，保护农田、水产、森林资源和其他自然资源，防止对大气、海洋、河流、湖泊、地下水和陆地其他环境的污染和损害。"因此，在石油资源的开采和利用中，应该树立石油持续发展观。

(五) 集中管理，统一对外的原则

对外合作由国务院石油工业主管部门和国务院授予的有关部门统一对外，国务院其他部门、各地方不具有管理对外合作的职能，不能政出多门。国务院石油工业主管部门及国务院授予的有关部门在国务院批准的合作区域内，划分合作区块，确定合作方式，组织制定对外合作的规章和政策，审批对外合作油气田总体开发方案，监督石油作业活动，并对违法行为施行行政处罚。对外合作实行集中管理，不仅有利于维护国家的主权和利益，而且有利于提高工作效率。

(六) 实行国家石油公司专营合作体制的原则

国家授予国家石油公司在对外合作中代表国家利益，负责与外国企业谈判、签订、执行合作合同，享有与外国企业合作进行石油勘探、开发、生产的专营权。实行国家石油公司专营的体制的意义在于：

(1) 理顺国家与外国企业之间的关系，把政府与外国企业的关系转化为企业与企业的关系，便于开展合作。

(2) 有利于维护国家利益。石油合同的谈判需要有一个统一的标准，不同轮次、不同区块招标的合同条款既要有变化，又要保持相对稳定，既不失之过宽，损害国家利益，又不能失之过严，导致外国公司不来投资，这种全局性、连续性的特点，要求只能由一个中方主体统一对外，否则会造成内部自相竞争，使国家利益遭受损失。

(3) 国家石油公司在资金、技术和管理上有一定优势，能够更好地监督外国石油公司的作业活动，并能够较好地吸收、消化国外先进技术和管理经验。

(七) 合作区块排他性原则

由于陆上对外合作区域往往与国内自营区域重合，外国企业对此有疑虑。解决这个矛盾的原则是：对外合作区块公布后，除国家石油公司与国外企业展开合作业务外，其他企业不得进入；在区块公布前已进入并处于盆地评价勘查阶段的，在国家公司与外国企业签订合同后，应当撤出。该企业的勘查资料可交由国家公司出售，以补偿其投资。该区块发现油气田后，撤出的企业可以通过投资方式参与开发。

（八）保护外商合法权益的原则

外国企业在中国境内从事石油合作业务，必须遵守中国法律。国家保护其投资、利润和其他合法权益；对其投资和收益不实行征收，特殊情况下实行征收的，应给予相应的补偿。国家对外国企业执行合同所进口的设备和材料，按有关规定，在税收方面给予优惠。

（九）兼顾中央与地方利益，妥善处理中央与地方关系的原则

国家石油公司可以根据自愿原则，通过吸收地方参股开采有商业价值的油气田，使地方从对外合作中获得实际利益。地方人民政府应重在治安管理、土地使用、道路通行、生活服务等方面给予有效的协助。

第二节　中国主要的石油法律法规

从20世纪70年代末中国开始对外合作开采海洋石油资源以来，先后制订和修订了《对外合作开采海洋石油资源条例》《对外合作开采陆上石油资源条例》，2010年又颁布了《中华人民共和国石油天然气管道保护法》。这些条例和相关法律的制定，标志着中国石油工业进入了法制轨道，对外合作的法制环境日益完善。

一、《对外合作开采海洋石油资源条例》

《对外合作开采海洋石油资源条例》于1982年1月30日由国务院发布施行。根据2001年9月23日《国务院关于修改〈中华人民共和国对外合作开采海洋石油资源条例〉的决定》第1次修订；根据2011年1月8日《国务院关于废止和修改部分行政法规的决定》第2次修订；根据2011年9月30日《国务院关于修改〈中华人民共和国对外合作开采海洋石油资源条例〉的决定》第3次修订，2011年9月30日国务院令第607号公布。该条例分总则、石油合同各方的权利和义务、石油作业、附则4章共27条，自2011年11月1日起施行。

（一）总则

（1）资源归属。中国海域内所有石油资源均属国家所有。

（2）政府主管部门及权限。国务院指定的部门依据国家确定的合作海区、面积，决定合作方式，划分合作区块；同时，制定同外国企业合作开采海洋石油资源的规划。制定对外合作开采海洋石油资源的业务政策和审批海上油（气）田的总体开发方案也由国务院指定的部门负责。

（3）业务负责单位及其权限。中国对外合作开采海洋石油资源的业务由中国海洋石油总公司全面负责。中国海洋石油总公司享有在对外合作海区内进行石油勘探、开发、生产和销售的专营权；就对外合作开采石油的海区、面积、区块，通过组织招标，采取签订石油合同的方式同外国企业合作开采石油资源。

（4）合同审批。中国商务部负责审批中国海洋石油总公司和外国企业签订的石油合同，以及采取其他方式运用外国企业的技术和资金合作开采石油资源所签订的文件。

（5）中国政府对外国合同者的政策与管理。中国政府依法保护参与合作开采海洋石油资源的外国企业的投资、应得利润和其他合法权益，依法保护外国企业的合作开采活动；合作开采海洋石油资源的一切活动都应遵守中国的法律、法令和国家的有关规定，接受中国政府有关主管部门的检查和监督。

(二）石油合同各方的权利和义务

（1）中国海洋石油总公司通过订立石油合同，同外国合作开采海洋石油资源，除法律、行政法规另有规定或者石油合同另有约定外，应当由石油合同中的外国企业一方（以下称外国合同者）投资进行勘探，负责勘探作业，并承担全部勘探风险；发现商业性油（气）田后，由外国合同者同中国海洋石油总公司双方投资合作开发，外国合同者并应负责开发作业和生产作业，直至中国海洋石油总公司按照石油合同规定在条件具备的情况下接替生产作业。外国合同者可以按照石油合同规定，从生产的石油中回收其投资和费用，并取得报酬。外国合同者可以将其应得的石油和购买的石油运往国外，也可依法将其回收的投资、利润和其他正当收益汇往国外。

（2）为执行石油合同所进口的设备和材料，按照国家规定给予减税、免税，或者给予税收方面的其他优惠。

（3）参与合作开采海洋石油资源的中、外企业都应当依法纳税。

（4）石油合同可以约定石油作业所需的人员，作业者可以优先录用中国公民。

（5）外国合同者在执行石油合同从事开发、生产作业过程中，必须及时、准确地向中国海洋石油总公司报告石油作业情况；完整地、准确地取得各项石油作业的数据、记录、样品、凭证和其他原始资料，并定期向中国海洋石油总公司提交必要的资料和样品以及技术、经济、财会、行政方面的各种报告。

（三）石油作业

（1）作业者必须根据中国的有关规定，参照国际惯例，制订油（气）田总体开发方案和实施生产作业，以达到尽可能高的石油采收率。

（2）外国合同者为执行石油合同从事开发、生产作业，应当使用中国境内现有的基地，如需设立新基地，必须位于中国境内；中国海洋石油总公司有权派人参加外国作业者为执行石油合同而进行的总体设计和工程设计。

（3）外国合同者为执行石油合同，除租用第三方的设备外，按计划和预算所购置和建造的全部资产，当外国合同者的投资按照规定得到补偿后，其所有权属于中国海洋石油总公司；在合同期内，外国合同者仍然可以依据合同的规定使用这些资产。

（4）为执行石油合同所取得的各项石油作业的数据、记录、样品、凭证和其他原始资料，其所有权属于中国海洋石油总公司。前款数据、记录、样品、凭证和其他原始资料的使用和转让、赠与、交换、出售、公开发表以及运出、传送出中华人民共和国，都必须按照国家有关规定执行。

（5）作业者和承包者在实施石油作业中，应当遵守中国有关环境保护和安全方面的法律规定，并参照国际惯例进行作业，保护渔业资源和其他自然资源，防止对大气、海洋、河流、湖泊和陆地等环境的污染和损害。

（6）石油合同区产出的石油，应当在中华人民共和国登陆，也可以在海上油（气）外输计量点运出。如需在中华人民共和国以外的地点登陆，必须经国务院指定的部门批准。

（四）其他事宜的规定

《对外合作开采海洋石油资源条例》就合作中发生争执的仲裁、违反条例的惩罚等问题，做了明确规定。

二、《对外合作开采陆上石油资源条例》

《对外合作开采陆上石油资源条例》于 1993 年 10 月 7 日发布后，2001 年、2007 年、2011 年先后三次修订。该条例分总则、外国合同者的权利和义务、石油作业、争议的解决、法律责任、附则 6 章共 31 条，自公布之日起施行。

（一）总则

（1）资源归属。中国境内的所有石油资源属于国家所有。

（2）政府主管部门及权限。国务院指定的部门负责在国务院批准的合作区域内，划分合作区块，确定合作方式，组织制定有关规划和政策，并负责审批对外合作油（气）田总体开发方案。

（3）业务负责单位及其权限。中国石油天然气集团公司、中国石油化工集团公司（以下简称中方石油公司）负责对外合作开采陆上石油资源的经营业务；负责与外国企业谈判、签订、执行合作开采陆上石油资源的合同；在国务院批准的对外合作开采陆上石油资源的区域内享有与外国企业合作进行石油勘探、开发、生产的专营权。中方石油公司在国务院批准的对外合作开采陆上石油资源的区域内，按划分的合作区块，通过招标或者谈判，与外国企业签订合作开采陆上石油资源合同。对外合作区块公布后，除中方石油公司与外国企业进行合作开采上石油资源活动外，其他企业不得进入该区块内进行石油勘查活动，也不得与外国企业签订在该区块内进行石油开采的经济技术合作协议。对外合作区块公布前，已进入该区块进行石油勘查（尚处于区域评价勘查阶段）的企业，在中方石油公司与外国企业签订合同后，应当撤出；该企业所取得的勘查资料，由中方石油公司负责销售，以适当补偿其投资；该区块发现有商业开采价值的油（气）田后，从该区块撤出的企业可以通过投资方式参与开发。

（4）合同审批。中国商务部负责审批中方石油公司与外国企业签订的石油合同。中方石油公司也可以在国务院批准的合作开采陆上石油资源的区域内，与外国企业签订除前款规定以外的其他合作合同。该合同必须向中华人民共和国商务部备案。

（5）中国政府对外国合同者的政策与管理。中国政府依法保护参加合作开采陆上石油资源的外国企业的合作开采活动及其投资、利润和其他合法权益。在中华人民共和国境内从事中外合作开采陆上石油资源活动，必须遵守中华人民共和国的有关法律、法规和规章，并接受中国政府有关机关的监督管理。

（6）依法纳税、交费。合作开采陆上石油资源，应当依法纳税，并缴纳矿区使用费；合作开采陆上石油资源的企业雇员，应当就其所得依法纳税。

（二）外国合同者的权利和义务

（1）中方石油公司与外国企业合作开采陆上石油资源必须订立合同，除法律、法规另有规定或者合同另有约定外，应当由签订合同的外国企业（以下简称外国合同者）单独投资进行勘探，负责勘探作业，并承担勘探风险；发现有商业开采价值的油（气）田后，由外国合同者与中方石油公司共同投资合作开发；外国合同者并应承担开发作业和生产作业，直至中方石油公司按照合同约定接替生产作业为止。外国合同者可以按照合同约定，从生产的石油中回收其投资和费用，并取得报酬。外国合同者根据国家有关规定和合同约定，可以将其应得的石油和购买的石油运往国外，也可以依法将其回收的投资、利润和其他合法收益汇往国外。外国合同者在中华人民共和国境内销售其应得的石油,一般由中方石油公司收购,也可以采取合同双方约定的其他方式销售,但是不得违反国家有关在中华人民共和国境内销售石油产品的规定。

(2) 外国合同者的投资,应当采用美元或者其他可自由兑换货币。

(3) 外国合同者在执行合同的过程中,应当及时地、准确地向中方石油公司报告石油作业情况,完整地、准确地取得各项石油作业的数据、记录、样品、凭证和其他原始资料,并按照规定向中方石油公司提交资料和样品以及技术、经济、财会、行政方面的各种报告。

(4) 外国合同者执行合同,除租用第三方的设备外,按照计划和预算所购置和建造的全部资产,在其投资按照合同约定得到补偿或者该油(气)田生产期期满后,所有权属于中方石油公司。在合同期内,外国合同者可以按照合同约定使用这些资产。

(三)石油作业

(1) 作业者必须根据中国的有关规定,制订油(气)总体开发方案,并经中国主管部门批准后,实施开发作业和生产作业。

(2) 石油合同可以约定石油作业所需的人员,作业者可以优先录用中国公民。

(3) 各项石油作业的所有原始材料的所有权属于中方石油公司;所有原始资料的使用、转让、赠与、交换、出售、发表以及运出、传送到中国境外,必须按照中国有关规定执行。

(4) 在实施石油作业中使用土地的,应当依照《中华人民共和国土地管理法》和国家其他有关规定办理。

(5) 作业者和承包者在实施石油作业中,应当遵守中国有关环境保护和安全作业方面的法律、法规和标准,并按照国际惯例进行作业,保护农田、水产、森林资源和其他自然资源,防止对大气、海洋、河流、湖泊、地下水和陆地其他环境的污染和损害;使用土地的,应当依照中国土地管理法和其他有关规定处理。

(四)其他事宜的规定

《对外合作开采陆上石油资源条例》还就合作中发生争议的仲裁、违反条例的法律责任和个别条款的适用等问题,做了明确的规定。

三、《中华人民共和国石油天然气管道保护法》

2010年6月25日第十一届全国人民代表大会常务委员会第十五次会议通过《中华人民共和国石油天然气管道保护法》(以下简称《石油天然气管道保护法》),该法包括总则、管道规划与建设、管道运行中的保护、管道建设工程与其他建设工程相遇关系的处理、法律责任、附则等内容。

(一)立法意义

《石油天然气管道保护法》的出台,明确了国务院能源主管部门及管道经过地区的地方人民政府对管道保护的职能及职责,充分发挥了公安、质量监督、安全生产监督管理等有关部门在管道保护中的职能,落实了管道企业作为安全生产第一责任人的责任,为油气管道建设、油气输送安全、能源安全和公共安全提供了法律保障。

(二)适用范围

《石油天然气管道保护法》第二条明确规定,"中华人民共和国境内输送石油、天然气的管道的保护,适用本法。城镇燃气管道和炼油、化工等企业厂区内管道的保护,不适用本法。"由此看出,该法规定的保护对象是国内输送石油(包括原油和成品油)、天然气(包括天然气、煤层气和煤制气)的管道。同时该法明确了保护对象还包括管道附属设施,比如管道的加压、加热站、计量站、集油、集气站、输油、输气站;管道的水工防护设施、防风设施;管道的防腐设施;管道穿越铁路、公路的检漏装置。

(三)主管部门及职责

《石油天然气管道保护法》将国家能源主管部门设定为管道保护的权力机关,并建立了国家—省—县三级保护体制,即第一级为国务院能源主管部门,主管全国石油天然气管道工作,负责组织编制并实施全国管道发展规划,统筹协调全国管道发展规划与其他专项规划的衔接,协调跨省、自治区、直辖市管道保护的重大问题;第二级为管道经过地区的省、自治区、直辖市、人民政府的能源主管部门,负责本行政区域内的管道保护工作,协调处理本行政区域管道保护的重大问题,指导、监督有关单位履行管道保护义务,依法查处危害管道安全的违法行为;第三级为县一级,主要是加强对本行政区域管道保护工作的领导督促、检查有关部门依法履行管道保护职责,组织排除管道的重大外部安全隐患。这就改变了以前"四级多头"的管理体制局面,同时规定国务院、公安、质量监督、安全生产监督等有关部门依法在各自的职责范围内负责油气管道的保护。

(四)管道企业的管道保护责任

《石油天然气管道保护法》强调了管道企业是油气管道保护第一责任人,是管道建设和运营主体,同时也是法定的权利、义务、责任主体。该法第七条规定,"管道企业应当遵守本法和有关规划、建设、安全生产、质量监督、环境保护等法律、行政法规,执行国家技术规范的强制性要求,建立、健全本企业有关管道保护的规章制度和操作规程并组织实施,宣传管道安全与保护知识,履行管道保护义务,接受人民政府及其有关部门依法实施的监督,保障管道安全运行。"这是对管道企业法定义务和责任的概括。具体内容有以下几点。

1. 建立健全管道巡护制度

该法第二十二条规定,"管道企业应当建立、健全管道巡护制度,配备专门人员对管道线路进行日常巡护;管道巡护人员发现危害管道安全的情形或者隐患,应当按照规定及时处理和报告。"第二十三条规定,"管道企业应当定期对管道进行检测、维修,确保其处于良好状态;对管道安全风险较大的区段和场所应当进行重点监测,采取有效措施防止管道事故的发生;对不符合安全使用条件的管道,管道企业应当及时更新、改造或者停止使用。"

2. 人员、装备及经费投入制度

该法第二十四条规定,"管道企业应当配备管道保护所必需的人员和技术装备,研究开发和使用先进适用的管道保护技术,保证管道保护所必需的经费投入,并对在管道保护中做出突出贡献的单位和个人给予奖励。"

3. 管道事故处理及应急制度

该法第二十五条规定,"管道企业发现管道存在安全隐患,应当及时排除。对管道存在的外部安全隐患,管道企业自身排除确有困难的,应当向县级以上地方人民政府主管管道保护工作的部门报告。接到报告的主管管道保护工作的部门应当及时协调排除或者报请人民政府及时组织排除安全隐患。"

该法第三十九条规定,"管道企业应当制定本企业管道事故应急预案,并报管道所在地县级人民政府主管管道保护工作的部门备案;配备抢险救援人员和设备,并定期进行管道事故应急救援演练。"

发生管道事故,管道企业应当立即启动本企业管道事故应急预案,按照规定及时通报可能受到事故危害的单位和居民,采取有效措施消除或者减轻事故危害,并依照有关事故调查处理的法律、行政法规的规定,向事故发生地县级人民政府主管管道保护工作的部门、安全生产监督管理部门和其他有关部门报告。

接到报告的主管管道保护工作的部门应当按照规定及时上报事故情况,并根据管道事故的实际情况组织采取事故处置措施或者报请人民政府及时启动本行政区域管道事故应急预案,组织进行事故应急处置与救援。

(五)其他相关主体的管道保护义务

第一,管道沿线的有关单位、个人便利义务。该法第二十七条规定,"管道企业对管道进行巡护、检测、维修等作业,管道沿线的有关单位、个人应当给予必要的便利。"

第二,该法第二十八条规定,任何单位和个人禁止下列危害管道安全的行为:
(1) 擅自开启、关闭管道阀门;
(2) 采用移动、切割、打孔、砸撬、拆卸等手段损坏管道;
(3) 移动、毁损、涂改管道标志;
(4) 在埋地管道上方巡查便道上行驶重型车辆;
(5) 在地面管道线路、架空管道线路和管桥上行走或者放置重物。

第三,其他不作为义务,如在穿越河流的管道线路中心线两侧各五百米地域范围内,禁止抛锚、拖锚、挖砂、挖泥、采石、水下爆破。在管道专用隧道中心线两侧各一千米地域范围内,禁止采石、采矿、爆破等。

四、其他中国国际石油合作的法律规定

(一)石油天然气勘查开采登记

根据《矿产资源法》的规定,勘查开采矿产资源必须向登记管理机关申请登记,其中对石油天然气的勘查开采,实行特殊的登记管理制度。1998年2月,国务院颁布《矿产资源勘查区块登记管理办法》取代原《石油及天然气勘查开采登记管理暂行办法》,作为《矿产资源法》的配套法规,这是调整油气矿权法律关系的主要制度。

从法律上讲,登记是程序性规范。登记机关通过受理当事人的申请,对符合条件的当事人,发放许可证。许可证是勘探者、开采者从事石油、天然气资源勘探、开采活动的法律凭证,也是规范资源所有者与资源使用者间权利义务关系的法律依据。中国石油天然气勘查开采登记按石油天然气勘查、滚动勘探开发、开采等阶段划分登记类型,发放不同的许可证。

对外合作项目备案登记。中国对外合作实行国家石油公司专营体制下的石油合同制度,中外双方勘查开采的根据不是许可证,而是经批准成立的石油合同。为搞好登记与合同的衔接,登记管理机关依法对合作项目办理备案登记。在合同签订前,登记管理机关对项目进行复核并签署意见,合同签订并批准后,由中方国家石油公司向登记管理机关办理备案手续。

（二）石油天然气税收

国务院在对《对外合作开采陆上石油资源条例》和《对外合作开采海洋石油资源条例》进行修改时，都规定相关企业依法纳税的思想；并且都明确规定，原《中外合作开采陆上石油资源缴纳矿区使用费暂行规定》同时废止。这表明，自上述两条例施行之日起，中外合作开采陆上石油资源的企业依法缴纳资源税，不再缴纳矿区使用费。但是，本两条例施行前已依法订立的中外合作开采陆上石油资源的合同和中外合作开采海洋石油资源的合同，在已约定的合同有效期内，继续依照当时国家有关规定缴纳矿区使用费，不缴纳资源税；合同期满后，依法缴纳资源税。

（1）企业所得税。关于企业所得税的立法，国家先后在1991年制定了《中华人民共和国外商投资企业和外国企业所得税法》、1993年制定了《中华人民共和国企业所得税暂行条例》。为提高企业竞争力和吸引外商投资，统一规定内资、外资企业所得税，2007年，国家制定了《中华人民共和国企业所得税法》。该法于2008年1月1日生效实施。《中华人民共和国企业所得税法》规定："企业所得税的税率为25%。非居民企业取得《企业所得税法》本法第三条第三款规定的所得，适用税率为20%。"

（2）增值税。《中华人民共和国国家税务局关于中外合作开采石油资源交纳增值税有关问题的通知》（国税发〔1994〕114号）规定将合作油（气）田的原油、天然气增值税按次税改为按期纳税，增值税征收率为5%，以实物缴纳。此外，《国家税务总局关于对外合作开采陆上石油资源征收增值税问题的通知》（国税发〔1998〕219号）规定，中外双方签订的石油合同合作开采陆上原油、天然气，应执行《国务院关于外商投资企业和外国企业适用增值税、消费税、营业税等税收暂行条例有关问题的通知》（国发〔1994〕10号）规定，即中外合作油（气）田按合同开采的原油、天然气应按实物征收增值税，征收率为5%，在计征增值税时，不抵扣进项税额。原油、天然气出口时不予退税。

除上述税种外，还征收消费税、营业税、印花税、城市房地产税、车船使用牌照税和土地增值税，等等。

（三）其他石油法律法规和规章

除上述法律与规定外，涉及石油对外合作的还有海上交通安全法、敷设海底电缆管道管理的规定、对进入中国海域作业的外国钻井船进行检验的规定、关于海上油（气）生产设施安全监督检查和技术监督检验的规定，等等。

第三节 中国国际石油合作环境保护制度

目前我国环境保护方面的法律有30多部，行政法规有90多部。中国环境保护的基本法是《中华人民共和国环境保护法》，石油勘探开发的环境保护应当以之为基本法律依据。从污染防治角度来看，针对不同污染对象或者污染源的污染防治法律法规包括《中华人民共和国大气污染防治法》《中华人民共和国水污染防治法》《中华人民共和国固体废物污染环境防治法》《中华人民共和国环境噪声污染防治法》《中华人民共和国放射性污染防治法》等。石油天然气勘探开发所产生的废气、废水、固体废物、噪声等污染源对大气、水、土壤、植被等造成污染的防治，应当遵守这些法律法规。还有直接规范陆上石油勘探开发环境保护的法律法规以及部分省级地方性法规等。

一、环境保护法

2015年1月1日，十二届全国人大常委会第八次会议通过的新《中华人民共和国环境保护法》正式实施。本次修改明确了21世纪环境保护工作的指导思想，加强政府责任和责任监督，衔接和规范相关法律制度，以推进环境保护法及其相关法律的实施。修改后的法律共七章70条，与此前相比，有较大变化。

（一）保护环境是国家的基本国策

新环境保护法增加规定"保护环境是国家的基本国策"，并明确环境保护坚持保护优先、预防为主、综合治理、公众参与、污染者担责的原则。新环境保护法在第一条立法目的中增加了"推进生态文明建设，促进经济社会可持续发展"的规定；进一步明确国家支持环境保护科学技术的研究、开发和应用，鼓励环境保护产业发展，促进环境保护信息化建设，提高环境保护科学技术水平。新环境保护法还增加环境日的规定，将联合国大会确定的世界环境日写入本法，规定每年6月5日为环境日。此外，新环境保护法还特别规定了人大的监督职能，规定县级以上人民政府应当每年向本级人大或者人大常委会报告环境状况和环境保护目标的完成情况，对发生重大环境事件的，还应当专项报告。

（二）建立公共检测预警机制

新环境保护法对雾霾等大气污染，作出了有针对性的规定。比如，国家建立健全环境与健康监测、调查和风险评估制度；鼓励和组织开展环境质量对公众健康影响的研究，采取措施预防和控制与环境污染有关的疾病；建立环境污染公共监测预警的机制。县级以上人民政府建立环境污染公共预警机制，组织制定预警方案；环境受到污染，可能影响公众健康和环境安全时，依法及时公布预警信息，启动应急措施。国家建立跨行政区域的重点区域、流域环境污染和生态破坏联合防治协调机制，实行统一规划、统一标准、统一监测，实施统一的防治措施。

（三）划定生态保护红线

作为保护我国生态资源的重要方式，生态保护红线这一概念，自被提出起，就受到社会各界的广泛关注。环保部《国家生态保护红线—生态功能基线划定技术指南（试行）》，是我国首个生态保护红线划定的纲领性技术指导文件。新环境保护法首次将生态保护红线写入法律。该法规定，"国家在重点生态保护区、生态环境敏感区和脆弱区等区域，划定生态保护红线，实行严格保护。"该法同时规定，"省级以上人民政府应当组织有关部门或者委托专业机构，对环境状况进行调查、评价，建立环境资源承载能力监测预警机制。"

（四）重点污染物排放总量控制

新环境保护法补充了重点污染物排放总量控制制度。一是规定国家对重点污染物实行排放总量控制制度，二是建立对地方政府的监督机制。重点污染物排放总量控制指标由国务院下达，省级人民政府负责分解落实。企业事业单位在执行国家和地方污染物排放标准的同时，应当遵守重点污染物排放总量控制指标。对超过国家重点污染物排放总量控制指标或者未完成国家确定的环境质量目标的地区，省级以上人民政府环境保护行政主管部门应当暂停审批其新增重点污染物排放总量的建设项目环境影响评价文件。

（五）环境信息公开及公众参与制度

新环境保护法专章规定了环境信息公开和公众参与，加强公众对政府和排污单位的监督。主要有以下内容：一是明确公众的知情权、参与权和监督权；规定公民、法人和其他组织依法享有获取环境信息、参与和监督环境保护的权利；各级人民政府环境保护主管部门和其他负有环境保护监督管理职责的部门应当依法公开环境信息、完善公众参与程序，为公民、法人和其他组织参与和监督环境保护提供便利。二是明确重点排污单位应当主动公开环境信息，规定重点排污单位应当如实向社会公开其主要污染物的名称、排放方式、排放浓度和总量、超标排放情况以及防治污染设施的建设和运行情况，并规定了相应的法律责任。三是完善建设项目环境影响评价的公众参与，规定对依法应当编制环境影响报告书的建设项目，建设单位应当在编制时向公众说明情况，充分征求意见。负责审批建设项目环境影响评价文件的部门在收到建设项目环境影响报告书后，除涉及国家秘密和商业秘密的事项外，应当全文公开；发现建设项目未充分征求公众意见的，应当责成建设单位征求公众意见。

二、中国海洋石油环境保护立法

（一）中华人民共和国海洋环境保护法

《中华人民共和国海洋环境保护法》（1982年8月23日公布，1983年3月1日起生效，1999年12月25日重新修订后颁布实施）。该法对防治海岸工程建设项目和海洋工程建设项目对海洋环境的污染损害分别列章，规定了环境影响评价制度、环保设施"三同时"制度（即环保设施与主体工程同时设计、同时施工、同时投产使用）等，并在有关条款专门针对海洋石油勘探开发及运输作了避免溢油的义务性规定和溢油应急计划审批的制度设计。主要内容有：

（1）开发海洋石油的企业或其主管单位，在编制油（气）田总体开发方案前，应当提出海洋环境影响报告书，包括防止污染损害海洋环境的有效措施，并报国务院环境保护部门审批。

（2）海洋石油勘探的其他海上活动需要爆破作业时，应当采取有效措施，保护渔业资源。

（3）对勘探开发过程中使用的油料，应当加强管理，防止发生漏油事故，残油、废油应当予以回收，不准排放入海。

（4）海洋石油钻井船、钻井平台和采油平台的含油污水和油性混合物，不得直接排放，经回收处理后排放的，其含油量不得超过国家规定的标准。

（5）海洋石油钻井船、钻井平台和采油平台不得向海域处置含油工业垃圾，处置其他工作垃圾不得对渔业水域、航道造成污染损害。

（6）海上试油时，油和油性混合物不得排放入海，并应当确保油气充分燃烧，防止污染海洋。

（7）海上输油管线、储油设施，应当符合防渗、防漏、防腐蚀的要求，经常保持良好状态，防止漏油事故。

（8）勘探开发海洋石油，必须配备相应的防污设施和器材，采取有效的技术措施，防止井喷和漏油事故的发生。

（9）发生井喷、漏油事故时，应当立即向国家海洋管理部门报告，并采取有效措施，控制和消除油污染，接受国家海洋管理部门的调查处理。

《中华人民共和国海洋环境保护法》设定国家海洋行政部门对海洋环境的监督管理和对海

洋工程建设项目造成海洋污染环境损害的保护职责，设定国家海事行政主管部门对所辖港区水域内非渔业、非军事船舶污染海洋环境的监督管理和污染事故调查处理职责，设定国家渔业行政主管部门对渔港水域内非军事船舶渔港水域外渔业船舶污染海洋环境的监督管理和污染事故处理职责，设定军队环境保护部门对军事船舶污染海洋环境的监督管理和污染事故处理职责。

（二）《中华人民共和国海洋石油勘探开发环境保护条例》

1983年12月29日国务院发布《中华人民共和国海洋石油勘探开发环境保护条例》，就防止海洋石油勘探开发对海洋环境的污染损害做了具体规定。主要内容有：

（1）企业或作业者编制油（气）田总体开发方案时，必须编制海洋环境影响报告书，报上级主管部门审批。

（2）海洋环境影响报告书的具体内容包括油（气）田自然状况、所处海域的自然环境和海洋资源状况、油田开发中需要排放废弃物的情况和处理方式、对海洋环境影响的评价和采取的环境保护措施、防范重大油污染事故的措施等。

（3）企业和作业者应具备防治油污染事故的应急能力，制定应急计划，配备相适应的油回收设施和器材。

（4）固定式和移动式平台应按规定设置防污设备，并应经中华人民共和国船舶检验机构检验合格，获得有效证书。

（5）海洋石油勘探开发需要在重要渔业水域进行炸药爆破或其他对渔业资源有损害的作业时，应采取有效措施，避开主要经济鱼虾类的产卵、繁殖和捕捞季节。

（6）海上输油设施、输油管线应符合防渗、防漏、防腐蚀的要求。

（7）海上试油应使油气通过燃烧器充分燃烧，对试油中落海的油类和油性混合物，应采取有效措施处理。

（8）在作业中发生溢油、漏油等污染事故，应迅速采取围油、回收油的措施，化学消油剂要控制使用。

三、中国陆上石油勘探开发相关的环境保护立法

（一）对外合作开采陆上石油资源条例

《对外合作开采陆上石油资源条例》在第二十二条专门规定了陆上石油资源勘探开发应当遵守的环境保护规定，"作业者和承包者在实施石油作业中，应当遵守国家有关环境保护和安全作业方面的法律、法规和标准，并按照国际惯例进行作业，保护农田、水产、森林资源和其他自然资源，防止对大气、海洋、河流、湖泊、地下水和陆地其他环境的污染和损害。"

（二）中国石油天然气集团公司环境保护管理规定

中国石油天然气集团公司根据《中华人民共和国环境保护法》，结合陆上石油天然气勘探开发的具体情况，制定了适用于参加陆上国际石油合作中外企业的《中国石油天然气集团公司环境保护管理规定》（中油质安字〔2006〕362号）。该规定指出了防止陆上石油勘探开发对环境造成污染损害的内容。

（1）目标责任管理。石油勘探开发企业应当实行环境保护目标责任制，明确环保责任人，负责管理实施生产全过程环境保护。企业应当将环境保护目标和指标纳入生产经营责任

制，每个员工都有保护环境的义务。企业应当将环境保护费用作为优先项目纳入生产经营成本预算中，落实环境管理、污染防治、生态保护、清洁生产、环境应急等项目费用。石油勘探开发企业应当实行污染物排放总量控制制度。企业应当制订污染物排放总量控制计划，并将控制指标层层分解，逐级落实到基层和重点排污单位。污染物排放总量必须符合当地政府下达的控制指标要求。签订合同涉及环境保护内容时，应当依法明确双方环境保护责任，落实并单列环境保护费用。

（2）环境影响评价。石油勘探开发企业发展规划应当包括环境保护篇章，对规划实施后可能造成的环境影响进行分析预测和评估，提出预防或减轻不良环境影响的对策和措施。国家规定需要进行环境影响评价的规划计划，应当组织开展规划环境影响评价，并按规定程序报批。项目实施单位应当按照国家有关法律法规进行建设项目环境影响评价。海外投资、并购项目应当进行环境影响分析，并作为其可行性研究报告审批的依据。项目实施单位应当根据建设项目环境影响报告书、报告表制订项目环境保护计划。项目实施单位应当执行建设项目环境保护"三同时"制度。

（3）污染防治。石油勘探开发废物管理的顺序控制包括：预防——从工艺、原材料、设备等源头消除或最小化废物的毒性和数量；再循环——对废物进行最大可能限度地回收和再使用；处理——通过对废物进行有效处理使废物产生量或毒性最小化；处置——采用环境友好且可靠的方法对废物进行处置。石油天然气开发过程中排放污染物必须符合政府规定的污染物排放标准，固体废物处置应当满足有关技术规范要求，并依法缴纳排污费。企业还应当建立完整的废物处理和排放控制档案，执行废物排放管理申报登记制度，依法申请办理排污许可证。产生危险废物的石油天然气企业，必须按照国家有关规定制定危险废物管理计划，并向环境保护行政主管部门进行申报；必须按照国家有关规定处置危险废物，不得擅自倾倒、堆放。

（4）生态保护。油气资源开发应当采取有效措施保护生物多样性，选取有利于生态保护的工期、区域和方式，降低或减少开发活动对生态环境的破坏。从事生产作业的企业基层单位应当制订并实施HSE"两书一表"（即HSE作业指导书、作业计划书、现场检查表），执行环境保护方案，防止破坏自然生态环境。企业从事可能引起水土流失的生产建设活动，应当采取措施保护水土资源，并负责治理因生产建设活动造成的水土流失。

（5）放射性污染防治。放射性污染防治遵循"预防为主、防治结合、严格管理、安全第一"的原则。生产、运输、储存和使用放射性物质的企业，应当建立专门的管理制度，严格监督检查，有效防止因泄漏或丢失等造成环境污染。涉源企业应当按照国家有关规定，申请办理辐射安全许可证。放射源的采购、废弃应当按照国家法规要求申请办理准购证和注销手续。进、出口放射性物品时，应当向国家环境保护总局申请办理许可，并报总部质量安全环保部门备案。放射作业场所应当划出安全防护区域，设置辐射警示标志，必要时应设专人警戒。涉及放射性同位素跨地区使用的，应当向使用地省（自治区、直辖市）环境保护行政主管部门备案。放射性物品储存、运输应当符合国家法律法规及有关标准规范的要求，采取有效防护措施，防止放射性物品丢失、泄漏。发生辐射事故后，施工或使用单位应当启动应急预案，采取应急措施，并向当地公安、环境保护、卫生行政主管部门和上级单位报告。

（6）清洁生产。企业应当把清洁生产持续地应用于生产、产品和服务中。企业应当严格执行国家环境保护产业政策和清洁生产技术标准，淘汰高消耗、高排放、低效益的落后生产能力，严禁新上浪费资源、污染环境的建设项目。石油天然气勘探开发和生产过程中，应当采用有利于合理利用资源、保护环境和防止污染的方法和工艺技术；石油产品研发生产和服务过程中,应当优先采用资源利用率高、无毒无害或者低毒低害的原材料以及污染物产生量少的清洁工艺、技术和设备。应按照污染物减量化、再利用、资源化的原则,强化污染预防和全过程控制,实施生态设计管理,延伸产业链条,加强资源综合利用,倡导绿色消费,促进循环经济发展。

(7) 环境应急。石油企业应当建立 HSE 管理体系,建立和完善环境风险管理程序。包括:识别——筛选与活动相关的环境因素;评估——判断环境因素的环境敏感性,确定重大环境风险;控制——制订并实施环境管理方案,使环境风险尽可能低并可承受;恢复——制订并实施事故应急预案,减轻环境污染和破坏事故的危害。企业应当建立环境应急体系,制订并完善突发环境事件应急预案,明确责任,配备应急设备和物资,提高应对突发环境事件的能力。突发环境事件应急预案应当纳入同级总体应急预案中。对于突发公共事件可能出现的环境污染和生态破坏风险,突发公共事件应急预案应当充分考虑环境保护要求。发生环境污染和生态破坏事故时,应当启动应急预案,同时按照有关规定向政府有关主管部门和集团公司报告,并及时通报可能受到污染危害的单位和居民;应当对事故现场及受影响区域进行应急监测,并按照有关规定将监测信息上报有关主管部门。

(8) 环境信息管理。企业应当加强环境信息管理,健全环境保护技术档案和相关记录,建立获取和更新环境保护法律法规和标准规范的有效途径。按照国家有关规定,企业应当制定环境监测计划,实施环境监测。环境监测费用从企业生产成本中列支。对于重点污染源应当安装自动在线监测系统,实行在线监控。企业应当设置专职环境信息管理人员,定期对环境污染及防治、资源开发及保护、环境状况和环境管理等信息进行收集、整理和分析,并按规定及时上报环境统计信息。定期编制和发布环境保护公报,公布环境绩效,接受政府、公众及相关方的监督。

(三) 部分省级陆上石油天然气环境保护规定

根据《山东省陆上石油勘探开发环境保护条例》《黑龙江石油天然气勘探开发环境保护条例》《新疆维吾尔自治区石油勘探开发环境管理办法》等省级地方性法规的规定,重要的环境保护和油气污染防治法律制度内容有:

(1) 设备工艺的环保要求。石油勘探开发单位的新建、扩建、改建项目应当采用无污染或少污染的生产设备和工艺、技术,实行清洁生产。引进项目应当符合国家环境保护的有关规定,禁止引进不符合中国环境保护规定要求的技术和设备。石油勘探开发单位应当加强防治污染设施的管理,配备专门管理及操作人员,建立岗位责任制和操作规程,保证设施的正常运行。油气勘探开发单位应当加强新技术的研究,优先采用资源利用率高、污染物产生量少的清洁生产技术、工艺和设备,并根据需要对油气勘探开发实施清洁生产审核。

(2) 环境影响报告。石油勘探开发单位的新建、扩建、改建项目应当执行环境影响报告书(表)的审批制度,执行防治污染的设施与主体工程同时设计、同时施工、同时投产使用的制度。建设项目竣工后,防治污染的设施应当由原审批环境影响报告书(表)的环境保护行政主管部门验收合格后,方可投入生产或者使用。

(3) 水污染防治。石油勘探开发单位应当实行用水管理制度,保护地面水和地下水不受污染。未经处理达标的污水不得外排。应当提高水的重复利用率,对含油污水经处理达到注水标准的,可以实行回注,减少废水的排放量,保护地面水和地下水不受污染;确实需要排放的,应当达到污染物排放标准;产生的油沙、污泥应当进行无害化处理。在江河、湖泊、渠道、水库等地表水体或者附近进行油气勘探开发活动的,应当采取有效措施防止污染水体和破坏水体功能。排放污水必须按照该区域水功能区划标准达标排放，严禁直接或者稀释排放。废弃钻井液、岩屑、污油及其他工业固体废物、生活垃圾必须回收，不得排放或者弃置水体。油气勘探开发单位应当采取保护性措施，防止地下水污染。油气勘探开发设施在运行过程中，出现油井套管破损、气井泄漏等直接污染地下水资源的事故，油气勘探开发单位应当立即采取保护性措施，并向当地环保部门和水行政主管部门报告。在泡沼中进行油气勘探开发需要修筑道路的，应当设置涵洞或者其他过水设施，保证水体的自然流动。对原确泡沼中已建成的道路未设置涵洞或者其他过水设施的，应当限期改造。

（4）油污染防治。石油勘探开发单位应当严格执行井控技术规定，防止井喷污染；应当实行无污染作业，严格控制落地油。发生井喷、输油管道破裂和穿孔等突发性事件时，石油勘探开发单位应当及时采取措施排除故障，防止污染面积扩大，并及时回收落地原油。油气勘探开发单位新建井场不准设置土油池，已建井场的土油池应当按照所在地市级以上人民政府的统一规划逐步进行整改。

（5）废气污染防治。石油勘探开发单位排放的废气、烟尘、粉尘应当符合有关规定；天然气、油田伴生气及炼化系统中排放的可燃性气体应当回收利用；不具备回收条件而向大气排放的可燃性气体，必须经过充分燃烧，或者采取其他防治污染的措施。油气生产、储存、集输过程中应当采取有效措施，减少烃类及其他气体排放。气井测试放喷有毒有害气体时，应当及时采取处理措施，减轻对环境的污染。排气管线应当按照有关规定远离人群聚集区等环境敏感区域。

（6）废弃物污染防治。石油勘探开发单位应当有专门设施存放钻井液、岩屑和污油，对作业中产生的废弃物应当及时回收利用和处理，防止流失、渗漏、散扬。对含有汞、镉、铅、铬、砷、氰化物、黄磷等有毒有害物质的钻井液、岩屑或者其他废弃物，应当采取防水、防渗和防溢等有效措施存放。

（7）噪声污染防治。石油勘探开发单位对产生噪声的设备和装置应当采取消音、隔音、防震等有效措施，使其达到国家规定的环境噪声标准。禁止夜间在居民区、文教区、疗养区等控制区域从事产生噪声污染的作业；因抢修、抢险作业和生产工艺要求或者特殊需要必须连续作业的，应当向环保部门报告，并且公告附近居民。

（8）放射性污染物防治。石油勘探开发单位必须按照国家规定严格控制和管理有毒化学物品及含有放射性物质的物品，防止污染环境。油气勘探开发单位使用放射源的，应当加强在分装、使用、运输、储存过程中的管理，防止丢失、被盗或者操作事故发生；闲置、废弃放射源和放射性废物应当按照有关规定及时送交放射性废物库储存或者由厂家回收处理。

（9）恢复原貌的防治。新开发区域内埋设油、水、气管线不得改变原有的地形、地貌。油气勘探开发中的各项工程应当减少占地，施工中临时占地的，应当将腐殖质层剥离移走，工程结束后及时恢复原有地貌。油气勘探开发单位在勘探开发中因挖损、钻孔、震裂、压占等造成土地破坏的，应当及时采取整治措施恢复原有地貌。油气勘探开发单位应当加强对退役井、站的管理。对套损井应当及时修复，不能修复的应当彻底报废，限期恢复原貌；中转站、联合站等有关设施应当在退役后六个月内予以拆除，限期恢复原有地貌。报废的油气井应当采取措施进行密封回填，防止由于井管腐烂、破裂造成地下水污染。石油勘探开发单位在勘探开发作业完毕后，应当及时清理场地；在农田、绿洲等地带作业，必须采取治理措施，减少占用耕地和破坏植被，对临时性占用的耕地造成破坏的，应当复垦还耕、恢复植被，并赔偿损失。

（10）运输泄漏污染防治。石油勘探开发单位应当严格按照有关法律、法规的规定，加强对石油、天然气输送管道的管理，定期巡查，及时维护保养，防止渗漏、溢流事故发生。运输易挥发、易扬散、易泄漏的油气勘探开发原料或者产品，应当使用密闭运输工具或者采取有效防护措施。严禁运送油气、化学药剂的车辆泄漏、撒落或者随意排放。运输原油、酸、碱、钻井液等货物的车辆应当采取防渗漏、溢流和散落的措施；货物底脚和洗车水应当定点存放，集中处理。

(11) 保护区污染防治。石油勘探开发单位在生产活动中应当采取有效措施，保证饮用水源地、自然保护区、风景名胜区、重要渔业养殖区、盐业生产区等需要特别保护的区域不受污染。石油勘探开发单位在自然保护区、水源地、风景游览区、农田和绿洲等特殊区域作业，应当遵守国家和自治区有关法律、法规和规章的规定；对作业中产生的钻井液、岩屑、废油或者其他废弃物，必须配备固定的储存设施，并采取防水、防渗、防溢等有效措施，防止造成污染与破坏。

四、石油勘探开发引起陆上环境污染的法律责任

(一) 企事业单位和其他生产经营者的民事责任

根据中国《侵权责任法》的规定，对于污染损害私益的损害赔偿，受损失的主体可以向污染的责任者提出索赔。中国《侵权责任法》第三条规定："被侵权人有权请求侵权人承担侵权责任。"《侵权行为法》第六十五条规定："因污染环境造成损害的，污染者应当承担侵权责任。"承担民事责任的主体一般是造成环境污染的企事业单位和其他生产经营者，然而根据《中华人民共和国环境保护法》的规定，当环境影响评价机构、环境监测机构以及从事环境监测设备和防治污染设施维护、运营的机构，在有关环境服务活动中弄虚作假，对造成的环境污染和生态破坏负有责任的，除依照有关法律法规规定予以处罚外，还应当与造成环境污染和生态破坏的其他责任者承担连带责任。就环境侵权诉讼而言，提起环境损害赔偿诉讼的时效期间为三年，从当事人知道或者应当知道其受到损害时起计算。根据《中华人民共和国环境保护法》第六十四条的规定，因污染环境和破坏生态造成损害的，应当依照中国《侵权责任法》的有关规定承担侵权责任，中国《侵权责任法》第八章明确规定了环境污染责任。具体内容包括：因污染环境造成损害的，污染者应当承担侵权责任；因污染环境发生纠纷，污染者应当就法律规定的不承担责任或者减轻责任的情形及其行为与损害之间不存在因果关系承担举证责任；两个以上污染者污染环境，污染者承担责任的大小，根据污染物的种类、排放量等因素确定；因第三人的过错污染环境造成损害的，被侵权人可以向污染者请求赔偿，也可以向第三人请求赔偿，污染者赔偿后，有权向第三人追偿。

(二) 企事业单位和其他生产经营者的行政责任

企事业单位和其他生产经营者违反法律法规造成环境污染应当承担的行政违法责任，主要形式是改正违法行为、缴纳罚款、甚至被限制生产、责令停业整顿乃至关闭。违反法律法规造成环境污染的行为首先是违法排放污染物、违反环境保护制度和程序。《中华人民共和国环境保护法》第五十九条规定了对违法排放污染物行为予以纠正和罚款的规则：企业事业单位和其他生产经营者违法排放污染物，受到罚款处罚，被责令改正，拒不改正的，依法作出处罚决定的行政机关可以自责令改正之日的次日起，按照原处罚数额按日连续处罚。地方性法规可以根据环境保护的实际需要，增加第一款规定的按日连续处罚的违法行为的种

类。《中华人民共和国环境保护法》第六十条规定了限制生产、责令停业整顿乃至关闭的规则：企业事业单位和其他生产经营者超过污染物排放标准或者超过重点污染物排放总量控制指标排放污染物的，县级以上人民政府环境保护主管部门可以责令其采取限制生产、停产整治等措施；情节严重的，报经有批准权的人民政府批准，责令停业、关闭。除了违法排放污染物之外，不按法律规定履行环境保护制度和程序，也将承担行政法律责任。《中华人民共和国环境保护法》第六十一条规定了对未通过经环境影响评价而擅自开工予以处罚的规则：建设单位未依法提交建设项目环境影响评价文件或者环境影响评价文件未经批准，擅自开工建设的，由负有环境保护监督管理职责的部门责令停止建设，处以罚款，并可以责令恢复原状。

根据《中华人民共和国环境保护法》的规定，其他违反法律法规造成环境污染的行为还包括：建设项目未依法进行环境影响评价，被责令停止建设，拒不执行；违反法律规定，未取得排污许可证排放污染物，被责令停止排污，拒不执行；通过暗管、渗井、渗坑、灌注或者篡改、伪造监测数据，或者不正常运行防治污染设施等逃避监管的方式违法排放污染物；等等。企业事业单位和其他生产经营者有这些行为之一，尚不构成犯罪的，除依照有关法律法规规定予以处罚外，由县级以上人民政府环境保护主管部门或者其他有关部门将案件移送公安机关，对其直接负责的主管人员和其他直接责任人员，处十日以上十五日以下拘留；情节较轻的，处五日以上十日以下拘留。

（三）企事业单位和其他生产经营者的社会法律责任

这种责任是向社会公共利益承担的责任，是一种特殊的承担责任方式。它的被侵权方不是具体的自然人、法人或者其他组织，也不是政府行政机关或者刑事侦查机关，而是没有具体组织的社会公共利益。为此，中国环境法以专门条款规定，授权有关社会公益组织代表社会公共利益向法院起诉。《中华人民共和国环境保护法》第五十八条规定："对污染环境、破坏生态，损害社会公共利益的行为，依法在设区的市级以上人民政府民政部门登记、专门从事环境保护公益活动连续五年以上且无违法记录的社会组织可以向人民法院提起诉讼。符合法定条件的社会组织向人民法院提起诉讼，人民法院应当依法受理。提起诉讼的社会组织不得通过诉讼牟取经济利益。"

（四）环境行政主体的行政责任

作为行政主体如果违反法律规定实施滥用行政职权或者行政不作为等违法行为，应当承担违法责任。一方面，上级行政主体监督下级行政主体，下级行政主体违法将受到行政处分。《中华人民共和国环境保护法》第六十七条规定："上级人民政府及其环境保护主管部门应当加强对下级人民政府及其有关部门环境保护工作的监督。发现有关工作人员有违法行为，依法应当给予处分的，应当向其任免机关或者监察机关提出处分建议。"另一方面，根据《中华人民共和国环境保护法》第六十八条的规定，地方各级人民政府、县级以上人民政府环境保护主管部门和其他负有环境保护监督管理职责的部门有下列行为之一的，对直接负责的主管人员和其他直接责任人员给予记过、记大过或者降级处分；造成严重后果的，给予撤职或者开除处分，其主要负责人应当引咎辞职：不符合行政许可条件准予行政许可的；对环境违法行为进行包庇的；依法应当作出责令停业、关闭的决定而未作出的；对超标排放污染物、采用逃避监管的方式排放污染物、造成环境事故以及不落实生态保护措施造成生态破坏等行为，发现或者接到举报未及时查处的；违反本法规定，查封、扣押企业事业单位和其他生产经营者的设施、设备的;篡改、伪造或者指使篡改、伪造监测数据的;应当依法公开环境信息而未公开的;将征收的排污费截留、挤占或者挪作他用的;法律法规规定的其他违法行为。

（五）环境侵权的刑事责任

《中华人民共和国环境保护法》第六十九条规定："违反本法规定，构成犯罪的，依法追究刑事责任。"可见，陆上石油勘探开采中如果存在环境侵权犯罪，应当依法追究法律责任。

第四节 中国石油天然气行业立法构想

一、中国石油天然气立法的几个问题

（一）石油天然气法的名称

世界石油立法史上曾出现过许多石油法律的名称，如日本的《石油业法》，英国的《石油法》，美国得克萨斯州的《石油天然气地热作业法》《石油天然气保护法》等。各种名称的存在都有其合理性与现实性。关于中国石油法名称的选择，学界主要有两种观点：一是主张命名为《石油天然气法》，该观点主张从石油的资源能源特性出发建立石油法律制度，它调整的经济效果是石油资源开发利用的合理化和市场配置的优化，调整的法律效果是形成和维护有利于中国社会主义经济建设的石油法律秩序；二是主张命名为《石油天然气工业法》，该观点主张从推进石油工业的发展出发建立石油法律规范体系，它调整的经济效果表现为石油工业的持续、稳定、协调发展，调整的法律效果也表现为形成和维护有利于中国社会主义经济建设的石油法律秩序。

两种名称的选择各有理由。我们认为，以选择《石油天然气法》为最佳。理由是：

第一，中国石油立法的主要目的是实现石油资源的合理开发、有效利用、优化配置，因而中国石油法律名称选择《石油天然气法》较为合理。

第二，在市场经济体制下，中国不仅需要石油资源开发的规范化，更需要石油资源利用、流通的规范化。选择《石油天然气法》，从石油资源属性出发，把开发利用的合理化、资源的优化配置作为《石油天然气法》的出发点和归宿，这实际上既顺应了合理开发石油资源越来越成为各国资源和能源立法的首要目的这一历史趋势，也更符合社会主义市场经济对石油资源配置法制化的内在需要。

第三，如果以《石油天然气工业法》为石油法律的总称，把石油法律的调整对象范围限定于石油工业，固然可以用法律手段确立管理体制，整顿行业秩序，推动石油工业的规范化运作，也能进一步体现石油工业的法制化要求，但是，调整对象的范围显然狭窄了一些，没有把石油资源的流通包括在其中，同时也不太合乎市场经济的需要。

（二）石油天然气法的调整对象

《石油天然气法》以石油产业为调整对象，主要调整石油勘探开发和储运销售中产生的社会关系。主要包括两个方面，一是国家作为油气资源的所有权人，与矿业权人在资源勘探开发上的民事关系；二是国家作为社会管理者，对整个石油工业的调节、控制的纵向管理关系。可见，石油天然气法属于经济法，在中国法律体系中属能源法和资源法的子部门。

《石油天然气法》虽以石油产业为调整对象，但不是石油工业存在的所有问题都需要通过立法解决。技术、管理、具体政策和执行等问题，有的需要制定专门规程调整，有的需要根据实际情况具体问题具体解决，不宜纳入《石油天然气法》调整，比如石油天然气管道法规、石油天然气产品管理法规、石油生产环境法规、石油生产安全法规、石油建设用地法规以及石油税收法规等。

（三）石油天然气法的基本制度

《石油天然气法》调整石油经济关系的目的是石油资源开发利用的合理化、市场配置的优化，以便圆满实现国家的石油资源所有权，形成和维护有利于社会主义经济建设的石油法律秩序。因此，石油资源利用法律制度中的国家石油资源所有权制度的建构是石油立法的核心，也是关键和难点所在。构筑国家石油资源所有权制度，至少应在《石油天然气法》里规定如下几种制度：

（1）建立国家石油资源所有权人制度。尽管《宪法》《民法通则》《矿产资源法》等法律都规定了国家对石油资源的所有权，但矿产资源所有人缺位，致使中国石油资源所有权形同虚设、徒有其名。《石油天然气法》必须明确规定石油资源所有权的主体，设定所有权人。应设立一个商事主体——国家石油资源总公司代表国家行使陆上、海洋石油的勘探、开发、加工、利用、销售各方面的国家石油资源所有权。这个公司可以采用控股、参股等形式，实现其与各专业公司和区域性公司的联系，理顺企业产权关系和企业政府的关系。不能由行政机关或兼有政府、企业双重职能的机构代表国家行使石油资源所有权。行政机关是行政权主体，有自己的管理和监督职权，其石油行政权限在石油行政关系法律制度中是既定的，一旦拥有所有权，即会发生行政权和所有权集于一身的现象。二者集于一身，行政权可能吸收所有权，致使所有权成为行政的附庸而所有权虚置。同时，行政权与所有权的混同也会导致权力和利益的粘连，不利于行政权的有效行使。

（2）建立石油探矿权制度。石油资源深埋地下，其生成、运移、聚集及保存条件十分复杂，将有商业开采价值的油藏或储量寻找出来，物资消耗多、投资规模大、勘探风险高。但是，石油资源的非再生性决定了扩大石油储量、加强资源勘探是发展石油工业的必由之路。既要扩大石油储量，又不能把勘探的巨额投资和巨大风险完全由国家独揽，《石油天然气法》应就国家石油资源总公司对探矿权的处分作出明确规定。各石油勘探开发公司宜通过国家石油资源总公司发给勘探许可证，获得探矿权。许可证由国家所有权人以竞争性招标方式（对特殊的未探明区域也可实行非竞争性指定方式）有偿授予。获得探矿权的石油公司有义务按许可证的规定，在一定区块按期投入足够的工作量，进行作业，并接受国家资源总公司和政府相关部门的检查与监督。如果在许可期限内发现石油，石油公司即可申请取得采矿权，并向国家石油资源总公司缴纳矿区使用费。

（3）建立石油资源税制度。为充分体现国家资源所有权中的处分和收益两项权能，早在1989年1月1日经国务院批准财政部发布了《开采海洋石油资源缴纳矿区使用费的规定》。2011年，国务院在修改《对外合作开采海洋石油资源条例》和《对外合作开采陆上石油资源条例》时，将矿区使用费制度都修改成"依法纳税"。自此，中外合作开采海洋石油资源或陆上石油资源的中国企业和外国企业依法缴纳资源税，不再缴纳矿区使用费。

（4）建立石油资源采矿权制度。石油法有关石油采矿权制度的规定应包括：采矿权的取得、期限、终止和撤销的条件，采矿权主体的权利和义务，采矿权的转让与抛弃等。建构采矿权制度宜明确三个问题：第一，采矿权是开发公司在市场上以交付矿区使用费的方式同国家所有权人交换（或租赁）取得的等价物，因此，权利的取得是基于物权契约的行为，而国家行政机构的登记和许可仅确认其法律效力。第二，应鼓励石油资源探、采矿权主体多元发展，打破石油行业国有企业的垄断性经营格局，通过股份制等形式，允许并吸引外资、合资及国内其他行业的资本进入石油市场。各种采矿权主体完全凭借自身的竞争能力取得采矿权，石油资源的价格和矿区使用费就可能因需要的多元竞争而高涨，石油勘探开发巨额投入的资本渠道也得以拓宽，在减轻石油行业高投入的资金供给压力的同时，必然带来石油资源所有权的增值。第三，石油资源可以流通，赋存其上的权利也应可以流通。只要有利于石油资源的合理开发利用和国家所有权的实现，采矿权的任何形式的流转（出卖、出租、抵押等）都应允许。

（5）建立石油资源市场制度。整个石油法都是规制石油资源市场的经济运行，以形成完全而又规范的市场资源配置机制。石油资源市场制度宜以合理开发、优化利用石油资源为尺度，对参加石油经济关系的各种主体配置相应而又适度的权利、义务和法律责任，应规定资源市场规则和石油合同等内容。其中应明确以下两个问题：第一，设立采矿权的行为是石油资源的第一次买卖，这正是国家资源所有权实现的关键环节，或者说是国家资源所有权处分和让渡的主要形式。在这次买卖中，卖方是代表国家行使石油资源所有权的所有权人——国家石油资源总公司，买方是法定的石油开发公司等。第二，市场交易的标的，可以是已探明储量、原油、成品油或赋存其上的权利等。

总之，《石油天然气法》的内容应规定完整的石油法律制度，包括以上五种基本制度，再加上石油加工提炼制度、油品供应与销售制度、石油行政管理与监督制度、石油法律责任制度，石油涉外法律制度等。这些制度的设立与石油经济关系的逻辑结构与内在运动规律相吻合。因此，以它们为内容制定石油法体系的各层次规范性文件，就可以为石油资源的市场配置创造一个合理、稳定、高效的法律空间。

（四）石油天然气法的框架结构

法律框架结构作为法律的表现形式，应当与基本法律制度相统一，并符合立法逻辑要求。考虑石油法是产业法，石油工业的产运销各个环节，既自成体系，又紧密联系，因此石油法宜按此顺序排列，同时突出主要法律制度。

（1）总则。立法总则和根据；使用范围；石油资源所有权；石油工业发展方针；国家鼓励投资的原则；国家鼓励外商投资和管理的原则；国家鼓励国内企业跨国经营的原则；石油企业税费制度；国务院石油主管部门的职责；国家石油公司的法律地位和职责；有关法律专业术语的含义；保护油气田的责任。

（2）石油天然气勘探。标准区块的划定；勘探招标；勘探企业的资格审查；勘探合同和探矿权人的权利义务；国家鼓励风险勘探的措施；勘探资料的归属、保护、转让及管理；勘探环境保护；勘探作业损害补偿；储量申报与评估；资源战略储备；资源管理与分配的原则。

（3）石油天然气开采。开采许可制度；采矿合同和采矿权人的权利义务；油气田建设与城市规划、土地利用规划的关系；合作开采油气田及控股；合理开采油气资源；矿区使用费；生产安全与环境保护；油质鉴定与计量；国家鼓励中后期油田和边际油田的措施；天然气开采的特殊规定；油气田终止开采及善后处理。

（4）石油天然气储运与销售。管道、站库的统一规划与管理；管道建设工程与其他工程的关系处理；管道运营的监理；管道企业与生产、加工企业的关系合同制；石油价格的指定；国家对石油进出口的管理。

（5）石油天然气加工利用。加工企业的布局；加工企业设定的审批及生产许可；加工炼制涉及的环境安全；禁止小炼厂、土炼炉的规定；国家鼓励深加工的措施。

（6）油气田保护。油气田保护的范围；油气田保护的主要措施；油气田企业对保护油气田的责任；地方政府保护油气田的责任。

二、中国天然气单独立法探讨

（一）制定中国天然气法的基本条件

（1）制定中国天然气法的外部环境已经确定。中国加入WTO，自然垄断行业管理体制改革的思路和框架、政企分开、企业商业运作的模式、促进竞争、扩大对外开放的方略等均已确定。为此，制定以确立行业市场运行体制和现代监管体制为核心内容的中国天然气法的外部环境已经确定。

（2）产业实践积累的经验和教训为制定中国天然气法奠定了坚定基石。积累的经验包括西气东输项目中创造性的一些做法，一万多公里输气管道的建设、运营和管理以及天然气上游多种形式的合作开采、下游市场多元化的形成，天然气在民用、工业、发电等领域的应用等。积累的教训主要是天然气上中下游在发展中，在政府管理模式、天然气和管输定价机制、管道安全、对外合作等方面暴露出的许多问题。成功的经验和失误的教训使天然气立法能够"有的放矢"、务实而富有实效。

（3）天然气行业改革研究成果能为制定中国天然气法提供一定的技术支持。由国务院体改办经济体制与管理研究所和世界银行能源组历时三年多共同研究的《中国天然气行业经济监管框架》，在天然气行业监管体制设计、天然气产业链各环节价格确定、天然气行业市场运行体制创立等方面都取得了卓有成效的研究成果，这些可以直接为中国天然气立法提供现成的、有益的参考。

（4）制定中国天然气法的立法技术日臻成熟。中国有关天然气的许多法律、法规和政策分散在其他法律和许多部门规章之中，虽然这些法律和规章文件有过时和不妥之处，但它们是天然气立法的重要基础资料；同时，《矿产资源法》《石油天然气管道保护法》等法律法规施行过程所积累的经验，还为天然气立法提供了有益的素材，此其一。其二，近几年天然气生产大省如陕西、甘肃等，加快了天然气法规制定工作，一批地方性法规相继出炉，中国石油天然气股份有限公司也制定实施了《西气东输管道保护与管理体系》，这些天然气法规规章也为天然气立法提供了有益素材。其三，中国对煤炭、电力等行业的专门立法所积累的立法经验和技术，也为天然气立法提供了借鉴经验；中国施行已久的银行、证券、保险行业的现代监管模式所积累的经验也可为天然气监管立法所借鉴。其四，就国际立法经验而言，起源于英国的许可证模式和起源于美国、加拿大的规则模式也都可以为中国天然气立法所借鉴，阿根廷、罗马尼亚、哈萨克斯坦等经济体制转型国家在天然气立法和执法方面的经验也可为中国天然气立法借鉴。

（5）制定中国天然气法已经成为社会各界的共同呼声并已纳入政府工作日程。制定中国天然气法已经成为包括三大石油公司在内的社会各界的共同呼声。不仅如此，2003年致公党中央向全国政协会议提交了《关于尽快建立我国天然气监管制度的建议》和《关于加快出台〈中华人民共和国天然气法〉的建议》两件提案。2004年全国人大代表应名洪在十届全国人大二次会议上也提出了"关于制定天然气法"的议案。2005年,西南石油大学中国天然气法框架设计研究课题组提出了中国天然气立法的建议稿,引起全国人大代表的注意。2005年10月底,国家发改委能源局组织召开了石油天然气立法工作座谈会,与会代表一致建议,尽快组成石油天然气法起草工作小组,拟定起草石油天然气法的工作实施方案。总之,中国制定天然气法的基本条件已经成熟,立即着手制定《中国天然气法》是当务之急。

(二)中国天然气法律体系的框架设计

1. 中国天然气法的适用范围

天然气法作为规制整个天然气行业的基本法,对整个天然气产业链上、下游领域的各经营环节都应该有所规范,才有利于中国整个天然气行业的总体协调发展。因此,中国天然气法应适用于中华人民共和国领域和管辖海域内的有关天然气勘探、生产、输送、销售和对外合作的所有经营活动。

2. 制定中国天然气法的指导思想和原则

通过借鉴国外立法经验,结合中国完善市场经济体制、改革行政管理体制和适应世界贸易组织规则的要求,制定中国的天然气法必须遵循和坚持如下指导思想和基本准则:

(1)引入市场机制,营造公平竞争的市场环境。在天然气行业的整个产业链中,凡是能够引进市场机制的环节,应尽可能打破垄断,引进市场竞争机制。即使在自然垄断环节,也应以现代化的政府监管来防止经营者滥用其垄断权力,营造公平竞争的天然气市场环境。

(2)确立现代化的政府监管机制。要将政府的政策制定职能与监管职能分离,将政府作为天然气行业国有股权代表所享有的所有权同国有企业的经营权分离,为建立独立、公平、透明、稳定的监管框架提供法律依据和保障。

(3)兼顾天然气经营者和消费者的利益,维护和监督经营者、消费者权利、义务的履行。

(4)正确处理天然气产业链中,包括城市配气在内的各个经营环节之间的关系,建立上下游统一的行业法律和监管架构。

3. 选择适应中国国情的法律模式

目前国际上的天然气法律框架基本上有两种模式:一种是以英国、阿根廷等国为代表的"许可证模式";另一种是以美国、加拿大等国为代表的"规则模式"。前者的主要法律框架主要由三部分构成:一是规范监管机构成立、权力及其监管程序的法律;二是规范监管机构依法对从事天然气经营活动的企业颁发许可证的许可(或授权)规则;三是规范企业之间商业活动的合同。这种模式比较适用于天然气市场刚刚开放,政府监管及企业的商业运作均还缺乏经验的情况。后者的法律框架主要由两部分组成,即由一级法律和二级合同为主要规制手段,根据一级法律成立监管机构并赋予其权力,规定监管程序,制定提供服务、收费以及管道建设授权的原则。这种模式的监管机构有极大的自主权制定监管的具体规则,企业之间的商业活动则通过合同来约束。它要求整个社会对监管有高度的共识,政府有长期的监管经验,监管机构和企业都具有娴熟的签约技巧,比较适用于发达的市场经济体制国家。

根据中国天然气市场刚刚起步,政府监管及企业商业运作都还缺乏经验的实际情况,同时考虑"规则模式"能够更好地维护独立、公开、透明的监管原则,与中国《行政许可法》的目标要求更一致,因此中国应采用两种模式相结合的法律框架模式,即在监管方法上采取以许可证为主的方式,而在监管的决策程序上则采取"规则模式"。

4. 中国天然气法的主体内容

根据前述中国天然气立法必须注意和解决的问题，结合中国现行法律的规定和天然气行业的发展需要，中国天然气法应当包括以下主体内容：

（1）总则。总则是天然气法的总纲和总章程，规定天然气法的立法目的和依据、适用范围、天然气资源的权属和保护方针，天然气行业发展总方针、天然气开采的基本制度和天然气行业的主管部门、监管机构及其职能，明确中国天然气行业发展的总方针和国家天然气行业管理的基本原则，确立天然气行业的公平竞争机制和政府监管机制。

（2）天然气勘探规划和生产开发规划。主要规定天然气勘探规划和生产开发规划的制定及其根据、政策优惠，明确天然气勘探规划和生产开发规则在国家矿产资源规划和国民经济及社会发展规划中的地位。

（3）天然气资源勘探的登记和开采的审批。规定天然气勘探的区块登记、申请勘探的条件、勘探权的取得程序、转让制度、勘探报告的审批制度，规定申请开采的条件、开采权的取得程序、转让制度，明确中国天然气资源勘探的登记制度和开采审批制度。

（4）天然气的勘探、生产、输送和销售制度。规定天然气产业链上、下游的各经营环节的具体法律制度，明确天然气勘探、生产、输送和销售的条件、生产许可、安全生产、保护性方案、环保、质量及管道设施保护的具体制度，并对天然气监管与城市燃气管理的衔接与分工作了明确规定，体现统一规划、合理布局、公平竞争、合理开采和综合利用的行业发展总方针。

（5）对外天然气合作。规定对外天然气合作的法律适用、管辖、原则、规划制定、中方合作企业的条件、对外合作合同的签订和审批、合作各方的权利义务、争议解决及相关的具体制度和外国投资保护规定，明确对外天然气合作的基本原则和具体的法律制度。

（6）监督检查。规定中国天然气行业的监管机构及其监督检查手段和权限，改变过去中国天然气行业监管中重事前审批、轻事后监督的传统管理模式。

（7）法律责任。规定从天然气的勘探、生产、输送、销售、对外合作至管道设施保护中各种违法行为的法律责任和追究机构，规定天然气经营者不服处罚的救济制度和天然气勘探、开采争议的裁决制度，为天然气法的实施提供了法律保障。

复习思考题

1. 中国境内开展对外石油合作的基本法律原则是什么？有哪些法律法规？
2. 中国进行天然气单独立法要建立哪几方面制度？

第九章
中国国际石油合作合同

国际石油合作，实际上是石油合同的订立、履行的过程，通过石油合同在资源国和外国石油公司之间建立起意义明确的法律关系。中国同其他资源国一样，为了在国际石油合作中对石油勘探开发以及生产经营进行有效的监督，为了使政府在合作时从产出的石油中得到最大限度的经济收益，自20世纪80年代开始，国家有关石油公司开始对外签订相关的石油合作合同。

第一节 中国国际石油合作合同概述

一、合同与中国国际石油合作合同的概念

(一) 合同的概念

合同通常也称契约，是指当事人双方（或数方）订立的相互之间权利和义务关系的协议。合同有一般合同和经济合同之分。经济合同是以经济业务活动为内容的契约，这种契约的形式规定了订立合同双方必须承担的经济责任，对当事人双方或多方都有约束力。

订立合同可以用书面形式，也可以用口头形式，但法律、行政法规规定用书面形式的，必须用书面形式。依法成立的合同，就受法律的保护，各方都必须守信用，认真履行。各方必须按照合同所规定的内容，行使其权利，承担其义务，合同当事方不得擅自改变合同内容。违反合同约定的，则要承担违约的法律后果，受损方有权提出损害赔偿要求。

在社会主义市场经济条件下，合同有利于促使企业从经济上关心生产的发展和履行合同承担的法律责任。它是实行社会主义市场经济的重要工具，是组织企业之间密切协作的可靠形式。

(二) 中国国际石油合作合同的概念

中国国际石油合作合同是指由中国海洋石油总公司或中国石油天然气集团公司或中国石油化工集团公司与外国石油公司（或石油集团）依据中国法律订立的为合作开采中国海洋或陆上石油资源而进行石油勘探、开发和生产的合同。它是中外双方当事人就特定海域、特定区块确立合作开采关系而达成的协议。

中国国际石油合作合同属于中国涉外经济合同的范畴。因为中国海洋石油总公司、中国石油天然气集团公司和中国石油化工集团公司（以下简称中国国家石油公司）虽然是国家控股的国有企业，但其仍然是中国的企业法人，他们与外国石油公司（或石油集团）签订

的合同，是法人之间的法律关系，不同于中国政府与外国公司的合同关系，即国际上通称的国际契约关系。中国以一个具有企业法人资格的公司出面与外国投资者订立合作开发石油资源合同，属法人之间的协议，合同关系由中国《对外合作开采海洋石油资源条例》《对外合作开采陆上石油资源条例》以及《合同法》等相关法律法规进行调整。

二、中国国际石油合作合同的性质

（1）国际石油合作合同的中方当事人是中国国家石油公司。在中国，中国海洋石油总公司享有对外合作开采中国海洋石油资源的专营权，中国石油天然气集团公司、中国石油化工集团公司享有对外合作开采中国陆上石油资源的专营权。只有他们才有资格作为石油合同的中国一方的当事人。作为外国一方当事人，必须是拥有足够资金、技术和商誉卓著的外国石油公司（或石油集团）。

（2）国际石油合作合同的合同订立地和履行地均在中国境内。依属地主义原则，对一国境内的人、物和行为均受所在国国内法管辖，因此，履行石油合同的一切活动和行为，如企业组织的登记与管理、必需物资的采购与进口等，都只能按照中国法律规定办事。

（3）国际石油合作合同的合同标的物——自然资源，不仅位于中国境内，而且属中国国家所有，依物权适用物之所在地法的原则，国际石油合作合同应适用中国法律。

（4）国际石油合作合同是依据中国有关法律法规，如《对外合作开采海洋石油资源条例》《对外开采陆上石油资源条例》的规定，并经中国有关主管机关批准成立，依法登记后生效的。

由上观之，中国国际石油合作合同是属于中国国内法性质的合同。

三、中国国际石油合作合同的特点

国际石油合作合同由于投资额巨大，合同期限较长，一般包括石油的勘探、开发、生产等各个不同环节。它与一般的涉外经济合同相比，除了许多相似之处和共同特征外，还具有以下独特的特点：

（1）合同的主体是由法律明文规定。中方当事人只能是中国国家石油公司。它们是享有在对外合作区内进行石油勘探、开发、生产和销售的专营权的国家控股公司，只有它们才能与外国石油公司（或石油集团）签订并履行石油合同，全面负责石油合作的一切业务活动，其他的单位、企业和个人都不能成为石油合同的主体。而国际石油合作合同的外方当事人，则必须是具有法人资格的外国石油公司。之所以把自然人排除在国际石油合作合同的主体之外，原因在于个人在资金、技术等方面一般不能保证石油的开发需要。也正因为如此，中方在同外国石油公司（或石油集团）签订合同之前，需要求对方提供资信和技术水平的可靠证明，并应注意把资信较好和母公司与受其控制的子公司、关联公司严格区分开，以防其冒名顶替，给中国带来不必要的损失。

（2）合同的客体是对特定海域、特定区块内的石油资源的合作开发行为。这种合作开发行为包括了石油的勘探、开发、生产和销售及其有关的活动。行为所及的对象是合同区内可能存在的石油资源，即蕴藏在地下的、正在开采的和已经采出的原油、天然气及伴随原油和天然气产业并从中分离或提取的有价值的非烃类物质。

（3）合同的内容广泛。国际石油合作合同的双方当事人的权利义务，有相当的部分是根据《对外合作开采海洋石油资源条例》《对外开采陆上石油资源条例》等法规的规定而直接产生的，只要参与中国的海洋或陆上石油开发就必须受其约束，不能以任何方式规避。在法定的权利义务之外，双方当事人才能协商其他的权利义务内容，如双方各自的出资比例、产品销售价格的确定等。

（4）合同的订立程序与一般的涉外经济合同不同。合作开发海洋或陆上石油合同的订立，国际上通常采用两种办法：一是通过邀请外国石油公司举行双边谈判的方式进行；二是组织招标，择优录用。招标又有公开招标和选择招标两种。公开招标，即在报刊上刊登广告或发出通告，邀请外国石油公司参加投标；选择招标则是向外国石油公司发出邀请书，只有收到邀请书的外国石油公司才能参加投标。中国采用选择招标与谈判签约相结合的方式。

第二节 中国国际石油合作合同的结构

一、中国国际石油合作合同的框架

一般而言，国际石油合作合同的结构由首部、正文、约尾和附件四部分组成。

首部，即国际石油合作合同的开头部分。这部分通常包括合同的名称、法律关系的当事方名称和地址、叙述发放许可或订约的目的、发放许可日期或订约日期以及有关概念的必要阐释。这些内容虽不是国际石油合作合同的实质性条款，但仍具有一定的法律意义。一旦发生争议，合同的具体条款没有规定涉及争议的问题时，该内容就可能成为处理争端的相关依据。尤其是合同中涉及的有些名词的概念定义对合同的执行有不可估量的作用。

正文是国际石油合作合同的主体部分。它主要规定法律关系双方主体的权利义务，即通常所称的实质性条款，主要包括工作计划、利润分配、国家参股、人员培训、权利义务转让、法律适用和争端解决等。

约尾是国际石油合作合同的结尾部分。它标明合同的文字效力、正本、份数、附件的效力、法律关系当事方的签字等。

附件是对主合同有关条款和内容的进一步规范和说明，是合同内容的不可分割部分。附件内容主要包括与石油合作活动有关的而在合同中难以简单加以陈述和规范的内容与规定，如合同区地理位置及其边界线折点坐标、大型勘探开发项目合同签订的联合作业协议、会计程序和会计核算协议以及油气计量等。这类规定从性质上与合同条款不属同一层面，但往往又是合同条款所必不可少的前提条件或具体标准，因此只能以附件形式而不是以合同条款的形式出现。

一般而言，无论是哪国的国际石油合作合同，都有一套完整的体系，除合同本身应列的条款外，合同中所指明的有关附件都是合同的组成部分，如人员培训安排、财务细则等。

中国国际石油合同与国际通行的石油合同一样，也由首部、正文、约尾和附件四部分组成。就合同主体而言，其内容结构如下：（1）合同双方当事人的名称、国籍、法定地址；（2）合同中所用术语的含义；（3）合同宗旨；（4）合同区所处地理位置和面积；（5）合同期限；（6）合同区面积撤销；（7）最低限度勘探工作量和勘探费用义务；（8）管理机构及其职责；（9）作业者的资格、职责、义务（10）国家公司的协助；（11）工作计划和预算；（12）油田商业价值的确定；（13）资金筹措与费用回收；（14）原油的生产和分配；（15）原油的质量、数量、价格及运输去向；（16）优先使用中国的人员、物资和服务；（17）对中方人员的培训和技术转让；（18）资产和资料所有权；（19）伴生天然气和非伴生天然气；（20）会计、审计和劳务人员费用；（21）税收；（22）保险；（23）保密；（24）

合同的转让；（25）环境保护和安全；（26）不可抗力；（27）协商和仲裁；（28）适用法律；（29）合同生效和终止；（30）合同文字和工作语言；（31）其他条款。

二、中国国际石油合作合同的主要内容

由于石油合同具有金额大、期限长、涉及面广、综合性强等特点，所以石油合同内容繁多、条款复杂。

合同的内容由中外双方当事人依据中国法律法规的规定协商议定。中国国家石油公司在招标或谈判时提供的标准合同，是确定合同内容的重要依据。一般来说，根据国际石油合作合同的特点，其主要内容大约可以分为如下几类：

（1）与所有合同一样，规定有关合同效力的条款，即合同首部和尾部关于订约日期、地点、有关当事人法定资格、地址、合同生效条款，合同文字以及签字和批准等条件。

（2）根据中国法律的强制性规定，在合同中列入重述该强制性规定的条款，如解决争议的条款、遵守和适用中国法律的条款、缴纳税费的条款、防污条款，以及有关中国优先权的条款。这类条款不是经双方协商同意才在合同中作出的规定，而是强调双方当事人对中国法律强制性规定的重视。以遵守和适用中国法律的条款为例，合同一般都规定："本合同的效力以及对本合同的解释和执行，均应受中华人民共和国法律管辖。如果在对本合同的解释或执行时，中华人民共和国法律没有有关规定，则应适用双方可接受的石油资源国广为适用的法律原则。""在本合同生效后，如果由于中华人民共和国政府颁布了新的法律、法规，或对适用的法律、法规进行了任何修改，使合同者的经济利益发生了重要变化，双方应及时协商，并对本合同的有关规定作必要的修改和调整，以保持合同者在本合同中的合理的经济利益。"当然，这是涉及一个与法律适用有关的问题——法律的追溯力问题。鉴于石油合同的特殊性，外国石油公司更关心依中国法律成立的中外合作勘探开发自然资源合同在法律有新规定时如何处理。

（3）根据中国法律规定的原则，在合同中列入经双方当事人协商一致把原则具体化的条款，如培训中方人员的具体安排、中国主管机关实施检查监督的具体规则和解决争议的组织和程序等。这部分条款属于双方当事人在法定的范围内商定具体措施的条款，如《中华人民共和国对外合作开采海洋石油资源条例》第二十四条规定："在合作开采海洋石油资源活动中，外国企业和中国企业间发生的争执，应当通过友好协商解决。通过协商不能解决的，由中华人民共和国仲裁机构进行调解、仲裁，也可以由合同双方协议在其他仲裁机构仲裁。"双方当事人在合同中应规定如何协商、由什么仲裁机构仲裁等内容。

（4）根据中国法律的规定，较大程度上由双方当事人依法自行商定的条款，如选定合同区、投资与投资回收、产品分配、财务和经营管理制度与机构等条款，这些条款决定合作开发的模式及双方在经济上的权利义务关系。在签订合同、协商这部分条款时，应遵循下列规定：

①中国采取勘探与开采生产相结合的合同方式，在勘探阶段，外国合同者要提供勘探的一切设备、资金和技术负责勘探作业，并对勘探的结果承担全部风险。这就是说，如勘探不能获得商业性油气，外国合同者自负一切损失。合同还应规定，勘探作业的最低作业量（探井数、应进尺数等）和勘探的最低投资额。

②在勘探中发现商业性油（气）田，中外双方当事人可共同投资进行开发，投资比例可由双方议定。完成开发作业后，进入生产阶段。双方当事人依合同规定从生产的石油中回收投资费用和按投资比例分成取得石油报酬。外国合同者还可按商定价格购买一定数量的石油。但在特殊情况下（如战争），中国政府有权征购、征用外国合同者所得的，或所购的一

部或者全部石油。

③在上述开发生产阶段中,外国合同者应负责开发生产作业。在征得我方同意时,可将作业的某些工作承包给第三者。在条件具备时,中国国家石油公司接替生产作业。

④外国合同者的投资规定得到全部补偿时,作业设施及资财的所有权即归属中国国家石油公司。但在合同期间,外国合同者可以使用。

这些规定表明中国现在所采取的国际石油合作模式是以产品分成为基础的中外合作经营制。但中国有关法律对石油合同模式未作限制,因此在双方协商一致的基础上,也可采用其他模式。

三、中外合作者的权利与义务

由于石油合同的内容是根据中国《对外合作开采海洋石油资源条例》《对外石油开采陆上石油资源条例》等法律法规的规定而直接产生的,其中石油合同双方当事人的权利与义务是法定的,只要参与中国的石油资源开发就必须受其约束,不能以任何方式规避。在法定的权利与义务之外,双方当事人才能协商其他的权利与义务内容。

(一)外国合同者的权利与义务

1. 外国合同者的权利

根据《中华人民共和国对外合作开采海洋石油资源条例》《中华人民共和国对外石油开采陆上石油资源条例》等有关法律、法规的规定,外国合同者享有以下主要权利:

(1) 外国合同者在合同区(即在为合作开采石油资源,以地理坐标圈定的区域面积)内的投资及其应得利润,以及其他各种合法活动,均受中国法律保护。

(2) 外国合同者依照合同规定,可以从生产的石油中回收其投资和费用并取得报酬,当外国合同者的投资按规定得到补偿之后,为开采石油而设置的全部资产所有权属于中方;但是如果生产作业并未结束,外国合同者依据合同的规定仍可使用这些资产。

(3) 外国合同者在依法缴纳税金之后,可将其回收的投资,分得的利润和其他正当收益汇往国外,并可将其分得或购买的石油运往国外。

(4) 外国合同者为执行合同所进口的设备,材料可享受中国政府规定给予的各种减税,免税待遇和其他税收方面的优待。

2. 外国合同者的义务

(1) 按照合同和规定对中国海洋或陆上石油资源进行勘探作业,除法律、法规另有规定或者合同约定外,外国合同者承担全部勘探风险;如果发现商业性油(气)田,则应与中方共同投资,合作开发,并负责开发作业和生产作业,直到中方在条件具备的情况下接替生产作业为止。

(2) 按《中华人民共和国对外合作开采海洋石油资源条例》《中华人民共和国对外石油开采陆上石油资源条例》和其他有关规定,参照国际惯例,制定油(气)田总体开发方案和生产作业实施细则,以达到尽可能高的石油采收率。

(3) 可以优先雇用中方人员参加石油作业,在中方具有竞争力的条件下优先使用中国的服务,优先采购中国的物资。

(4) 必须及时准确地向中方报告石油作业情况,完整准确地取得各项有关资料,定期将资料,样品,数据和报告提交中方,全部资料所有权归属中方,其使用、转让、赠与、交换、出售、公开发表及传送出境都必须经中方批准。

(5) 在执行石油合同的过程中拟定使用先进的技术设备和经营管理方案。

(6) 为执行石油合同，应在中国境内设立分支机构或代表机构，依法履行登记手续，其机构的住所地应当与中方共同商定。

(7) 按《中华人民共和国外汇管理暂行规定》开设银行账户。

(8) 外国合同者及其雇员均应遵守中国法律、法令、接受中国政府主管部门的检查和监督，向中国政府依法纳税。

(9) 遵守中国有关环保和安全方面的法律规定，参照国际惯例进行作业，保护中国海洋渔业资源和其他自然资源，防止对大气、海洋、河流、湖泊、陆地等环境的污染和损害。

(二) 中国国家石油公司的权利与义务

1. 中国国家石油公司的权利

中国国家石油公司是中国对外合作开采海洋或陆上石油的专营公司，是石油合同的中方当事人，其权利主要包括：

(1) 在中国政府和主管部门划定的对外合作区域内组织对外招标、评标，并与外国合同者谈判，签订石油的勘探开发和生产合同，尽可能利用国外的资金技术，合作开采合同区内的石油资源。

(2) 在执行石油合同过程中接受外国合同者提供的数据、样品、资料和石油作业报告，对上述资源享有所有权，但在未取得外国合同者书面同意前负有向第三方保密的义务。

(3) 有权派人参加石油开采合同的总体设计和工程设计，有权参加由双方代表组成的管理委员会，委员会主席也应由中方首席代表担任，委员会对每个油（气）田是否有商业价值所作出的决定，必须报中国国家石油公司认可。

(4) 对外国合同者为执行石油合同而建造、构造的建筑物、构造物，在外方收回全部投资后，享有所有权。

2. 中国国家石油公司的义务

(1) 协助外国合同者取得在中国的银行开设银行账户的批准或许可证。

(2) 协助外国合同者办理外币兑换手续。

(3) 解决外国合同者需要的办公室、办公用品、交通工具、通信手段，联系安排生活住宿。

(4) 协助外国合同者办理海关手续，协助外方雇员及其长住家属办理出入境签证，为其交通、迁移、医疗、国内旅行提供方便。

(5) 在实施石油合同过程中需要把有关文件、资料、样品运往国外分析和处理的，协助外国合同者取得必要的运出许可。

(6) 协助外国合同者招聘中方人员。

(7) 协助外国合同者向中国有关部门购买海况、水文、气象等资料，并与渔业、水产、气象、海运、民航、铁道、交通、通信、基地服务等部门联系有关事宜等。

中国国家石油公司为外国合同者提供协助所开支的一切费用应由外国合同者支付，对外方提出的其他要求，中国国家石油公司也将在可能的情况下予以协助。

四、中国国际石油合作合同的特殊条款

石油合同条款浩繁，其中既有许多一般的涉外经济合同所共同具备的普通条款，也有一

部分是石油合同才具有的特殊性条款。

（一）关于合同区面积撤销条款

该条款称"退回条款"，是指在勘探期第一阶段期满或某一次延期期满及由勘探转为开采之后，合同者必须将勘探矿区的一部分归还给资源国的有关规定。

1. 合同区面积撤销条款是基于资源国对石油资源的永久主权产生的，对于中外合作者来说都是有利的

中国在合同签订之后把大块面积的区块的勘探开发权授予外国合同者，若在合同几十年的生效期限内一直保持不变，显然对中国开发利用区域的自然资源不利，也容易导致外国合同者拖延勘探时间。由于石油作业情况非常复杂，一个作业者在某区块未获石油发现，或许别的作业者却在同一区块获重大发现。所以，中国把合同区面积的一部分收回，也便于授权给别的公司重新勘探。对外国合同者来说，依照合同区面积撤销条款逐步放弃经过勘探它认为不存在油气资源或希望不大的区域，不仅可以逐步把力量集中在最有希望的区块，也不必支付过多的费用。

2. 中国国际石油合作合同通常按合同面积的大小签订不同的面积撤销条款

1）勘探区面积划分的规定

勘探区域面积的规定一般是通过划分区块的方式实现的。对于区块的划分应就以下三个问题作出明确的规定：

第一，区块的形状。区块形状的确定一般采用坐标格制度。区块一般接近正方形或长方形，并随着国家的地理识别制度或经纬度而不同。坐标格制度的优点是比较便于管理，并可避免区块太小或形状不整而难于部署。中国对外合作项目的区块形状就是采用坐标格制度确定的，但也曾出现过关于区块边界线是否采用省界及河流、水深线等的争议方式，由于这些界线都是可变的，因此必须从法律上明确严格采用坐标格制度。

第二，基本区块的确定。基本区块是指以彼此相距为10分（或1分）的经度线和彼此相距为10分（或1分）的纬度线所圈定的一块陆地表面积。基本区块管理制度有利于勘探区块管理规范化，实践中有以下两种方式：第一种方式为，盆地评价勘探项目可以以10分的经（纬）度线间距作为基本区块，而工业区带勘探项目和开发生产项目则以1分的经（纬）度线间距作为基本区块；第二种方式则统一以1分的经（纬）度线间距作为基本区块，即以万分块作为基本区块。

第三，区块面积的大小。勘探区块实行基本区块管理后，它就可以由数个基本区块组成，那么其面积的大小就是所有基本区块面积的和。

勘探面积的大小各国差异很大。在美国和加拿大的陆上，很多情况下，其勘探的单个构造带可以是160英亩大小的区块，一个石油公司可以得到一个或更多的这种区块进行勘探。而在其他国家，勘探面积要大得多。如在北海，英国把一度（经度和纬度）划分为30个区块；荷兰和德国划为18个区块；挪威以1个经纬度划分为12个分单位，每分单位划为一个单独勘探面积，即在北海每个单个区块的面积，大体上从200平方公里到500平方公里。巴西近海每个区块约3000平方公里。在很多发展中国家，每个区块的大小，从几平方公里到几万平方公里。还有些国家勘探面积很大，如在印度尼西亚，勘探面积从10000到100000平方公里，阿根廷、秘鲁、加拿大、智利以及芬兰勘探区块面积也都很大。

2) 勘探区面积撤销的规定

勘探面积的撤销一般都是按勘探的不同阶段而规定不同的面积撤销比例。如整个勘探阶段为 7 年，可以把它分为 3 年、2 年、2 年三个阶段，在每一个阶段，规定一个撤销面积的比例。比如，中国石油天然气集团公司对外风险勘探招标标准合同规定，勘探期第一阶段结束时，外国合同者应撤销本合同签字之日的合同区面积的 40%；勘探期第二阶段结束时，外国合同者应撤销开发区和（或）生产区以外的合同区第二阶段剩余面积的 25%；外国合同者在勘探期结束后应撤销出开发区和（或）生产区以外的合同区的其余面积。

在海洋石油勘探中，面积大于或等于 2000 平方公里的合同区，外国合同者应在勘探期第一阶段完成时交还合同签字之日合同区面积的 25%；第二阶段期满时撤销除了开发区和生产区以外合同区面积的 25%；面积小于 2000 平方公里的仅在第一阶段期满时撤销该合同签字之日合同区面积的 25%，但无论合同区面积有多大，在勘探期最后一个阶段期满时或勘探期临近结束时因合同区有了石油发现却来不及评价时，得到中国国家石油公司的允许延长了勘探期的，在延长期期满时，外国合同者均应撤销开发区或生产区以外的合同区的其余面积。

撤销条款一般不包括正在开发和已生产的面积。在整个勘探阶段结束，除去正在开发和已生产的面积外，应全部撤销其合同面积，而且撤销的面积一般要求呈一定的几何形状。勘探面积的撤销可以有按照基本区块和按照连续的矩形面积两种方式。各国一般都允许作业者自己决定撤销部分的地理位置、形状、大小和块数。中国国际石油合作合同中一般都规定，外国合同者按合同区面积撤销条款所决定撤销的面积，应由数量尽可能少的矩形面积组成。

（二）关于最低限度勘探工作量和勘探费用义务条款

为确保外国合同者及时有效地履行合同，中国国际石油合作合同中一般还订有最低限度勘探工作量和勘探费用义务条款，其内容包括：

（1）外国合同者应在合同生效之日起 6 个月内开始勘探工作，并按合同规定完成每一个阶段的最低限度勘探工作量和勘探费用义务。每一勘探阶段最低勘探量包括的地震测线长度（公里）、钻完初探井、钻井总进尺（米）和为完成这些作业所需的最低勘探费（美元）的具体数目，则应在合同签订之前，由投标者提出，再由中国国家石油公司作为评标条件之一而确定。

（2）在勘探期第一阶段期满时，外国合同者可以选择是否继续下阶段勘探或终止合同，但必须完成规定的勘探工作量和勘探费用的最低限度。如果继续下阶段勘探，未完成的最低勘探工作量和勘探费用在外国合同者向中国国家石油公司说明未完成的理由并经同意后，方可加在第二阶段的最低限度勘探工作量和勘探费用义务之中；超出的部分则可冲减第二阶段的最低限度。如果外国合同者提出终止合同，或者该阶段是合同期的最后一个阶段，无论外国合同者投入的勘探费用是否已完成或超额完成最低限度勘探费用义务，外国合同者都须在 30 天内将该阶段规定的最低限度勘探工作量的未完成部分，折算成金额以美元交付中国国家石油公司，具体折算办法按合同附件的会计程序办理。如果最低勘探工作量义务已完成而勘探费用未用完，则未用完部分视为节约，不再交付给中国国家石油公司。

（三）关于争议的处理

尽管有许多国家强调，外国投资者与资源国之间的争议应交由资源国法院或行政法庭解决，但也有很多国际石油合作合同规定，双方争议应按照国际仲裁法解决，或在双方一致同意的某个特定的仲裁法庭解决，如果不能就此达成协议，则双方应将有关事宜交由某个著名的国际仲裁机构解决。如果在国际石油合作合同的仲裁条款中未说明解决争议的仲裁机构，至少应明确以下一些问题：

（1）法庭的选择：合同中应明确规定交由哪一个法庭。

（2）程序的选择：合同应具体规定采用的程序，是采用资源国仲裁法的程序，还是采用国际法的程序。

（3）法律的选择：合同应明确规定，解决争议时所使用的是资源国的法律，还是将本国的法律与国际法中的有关条款结合起来作为解决双方争端时所使用的法律。

（4）地点的选择：一般来说，任何地点都可以，但仲裁听证通常应在资源国举行，因为对资源国政府来讲，在国外举行听证会所需要的费用要比在国内高得多。

（5）语言的选择：很多合同采用本国和商业上习惯使用的外国语（英语）作为仲裁中使用的正式语言，所有听证材料、申诉或辩护的声明、裁决理由均使用上述两种文字书写。

总之，由于国际石油合作合同所确定的一般都是长期的合作关系，双方的利益应紧密地结合在一起，双方应该本着合作精神，应尽可能地友好协商解决，如果协商不能解决，再提交仲裁。

（四）关于国际石油合作合同的管理机构

国际石油合作合同签订后，就交由具体的合同管理机构去执行。合同管理机构的具体设置是签约双方在合同中的管理条款已经明确规定。

1. 联合管理委员会

为保证中国国际石油合作合同的顺利进行，合同一般都规定，在合同生效之日起45天内，由合作双方各指派几名代表组成联合管理委员会。

联合管理委员会一般由合作双方派出同等数目的人员组成。一般为6~8人，中外方各占一半。合同规定，中方在所派代表中指定一人为中方的首席代表，并任联合管理委员会的主席；外方也在其代表中指派一人为外方的首席代表，同时任联合管理委员会的副主席。根据以往情况，外方的首席代表一般为外国合同者在中国执行作业机构的总裁兼任。

为使联合管理委员会的决策既符合双方的利益，又能促进和保证石油作业的顺利进行，合同规定了联合管理委员会的职责：（1）双方授权管理委员会审查作业者提出的工作计划和预算；（2）根据作业者的评价报告决定每个油（气）田是否具有商业价值，并报中国国家石油公司认可；（3）预审每个油（气）田总体开发方案及预算，批准或确认一定限额内的采办事项；（4）决定并宣布合同区内每个油（气）田开始商业性生产的日期；（5）按照资料管理规定及合同规定，确定与石油作业有关的第三方及关联公司提供资料和数据的种类和范围；（6）划定油（气）田开发区和生产的边界和预审面积撤销方案；（7）审批生产作业移交计划和作业者提出的保险计划；（8）审批合同任何一方或专家小组，作业者提交的其他事项，审批需报请中国政府有关部门和中国国家石油公司批准的事项。

2. 秘书组

秘书组为联合管理委员会的常设机构，分别由中、外方各指派一名秘书组成。其主要职责是：（1）根据联合管理委员会的决定起草并发出召开会议的通知书；（2）负责会议记录；

(3) 起草联合管理委员会会议纪要和决议等文件；(4) 负责双方资料、文件、信息、方案、报告等的传递。除此之外，外方的秘书一般都由作业者的行政经理或总裁秘书兼任，因此他们都负有一些行政工作。中方的秘书则要兼管中方内部的一些行政事务工作。

3. 专家小组

专家小组为联合管理委员会的一非常设咨询性机构，它是根据石油作业不同阶段的需要，针对不同的技术问题应联合管理委员会的要求而临时成立的。专家小组的人数及组长的人选由联合管理委员会确定。在合同中对专家小组的职责进行了规定：(1) 应联合管理委员会的要求讨论和研究联合管理委员会交给的由作业者提交联合管理委员会审查和批准的适宜事项以及联合管理委员会交给的任何其他事项，并向联合管理委员会提出建议性的意见；(2) 根据工作需要，在不影响石油作业的情况下，去作业者的办事机构和作业现场观察和了解作业者实施石油作业的情况，并向联合管理委员会提出有关报告；作业者应通过与联合管理委员会协商为专家小组完成本项前述任务做出必要的安排；(3) 根据联合管理委员会的要求，列席联合管理委员会的会议。

4. 专业代表组

中国国家石油公司有权指派专业代表到作业者各部门与作业者人员一道工作，专业代表的人数及专业选择由双方共同协商确定。按合同规定专业代表并不属联合管理委员会的下属机构，他们是中方派到作业者机构各部门与外方人员一道工作的中方的技术专业代表。除采办专业代表合同另有明确规定外，其他专业代表不具任何实质权力。但在实际运行中，专业代表已经成了联合管理委员会的一部分。这主要有三个原因：(1) 一些专业代表本身又是联合管理委员会的正式代表；(2) 这些专业代表虽为技术方面的代表，但因是代表中方的意见，所在外方看来，这些人的意见是联合管理委员会特别是中方作决策的基础；(3) 从中方内部管理看，专业代表又是中国国家石油公司对外合作的具体的、主要的工作形式。

专业代表的设置，根据石油作业的不同阶段的具体要求而有所不同。具体来讲，在勘探阶段则主要派地质、物探、钻井、财务、采办等专业代表；在开发阶段则要增加油藏、工程等代表；在生产阶段则要增加生产专业代表等。在合同中没有规定专业代表的具体职责。根据近十几年的实践，专业代表的职责基本上可以归纳为：

(1) 代表中方监督在其业务范围内的有关石油合同条款和有关决议的执行，并要求作业者遵守中国政府的有关法律及法规。

(2) 参与日常具体的石油作业活动，并在参与过程中，贯彻中方意图，维护国家利益。

(3) 协助作业者安全顺利完成石油作业，其中包括协助作业者与中国政府有关部门打交道，为石油作业提供协助；向作业者提供各级政府主管机构的有关要求，向作业者提供技术协助。

(4) 学习外国合同者的先进技术并负责向公司内部提供具体的技术资料和技术总结，使专业代表成为中国国家石油公司向外国合同者学习先进技术的桥梁。

(5) 负责向中方内部有关业务部门汇报工作，传达信息，转递技术资料等。

(6) 完成中方所交给的其他任务。

管理委员会办事机构双方人员的费用以及专家小组人员的费用均由作业者支付，该费用可按合同会计程序的规定分别计入勘探费用，开发投资和生产作业费。

（五）关于油田商业价值的确定

确定某一含油构造是不是具有商业性的开采价值的油田，也是国际石油合作合同的一项重要内容。

（1）在合同区内如有任何石油发现作业者都应立即向管理委员会报告，管理委员会如果确定它值得评价，则由作业者在一定期限内提交评价工作计划，经管理委员会批准后，按计划向管理委员会提交一份有关该油圈闭有无商业价值的详细评价报告，该报告应包括地质、开发、工程（经济评价）和待上报的总体开发方案。管理委员会应在收到该评价报告的一定期限内召开会议审议报告，确认该含油圈闭是不是具有商业价值的油田并决定是否开发。如果管理委员会确认它有商业价值并决定开发，应将上述评价报告和总体开发方案报中国国家石油公司认可。该总体开发方案还要由中国国家石油公司报中国政府审批，经批准后，作业者根据批准后的油田总体开发方案，实施开发作业，不得无故拖延，否则视为自动放弃该油田的一切权利。

（2）如果管理委员会对某一经评价的含油圈闭确定没有商业价值，该含油圈闭可继续留在合同区内，在勘探期满时该决定如果没有改变，则应将该含油圈闭的面积从合同区内撤销；如果勘探期满前管理委员会一致认为对该含油圈闭需要重新评价，作业者应提出新的评价报告，报管理委员会审批。

（3）如果管理委员会对某一含油圈闭是否具有商业价值意见不一致则看合同双方的态度而定。为避免分歧，国际石油合作合同对于判定一个含油圈闭是否有商业价值，以及是否愿意开发具体规定了一些比较客观的检验标准。①根据对投资、价格及采收率的合理推断，如果能回收所花费用的开发投资，并获得双方议定的或合同规定的利润率，则该含油圈闭就可以开发；反之，则不能。②单井产量是否能达到某一规定标准，这种方法比规定合理利润率标准更为简单，但可能不会在各方面尽如人意，如果油质太差，成本太高，则仍然可能无商业价值。总而言之，确定某一含油圈闭是否具有商业价值，影响因素很多，如果外国合同者认为它不具有商业价值，则视为已放弃对该含油圈闭参与开发。当中国国家石油公司决定单独开发时，开发期内仍允许外国合同者参与开发。如果中国国家石油公司认为它不具有商业价值，外国合同者可单独投入全部开发资金进行开发。开发成功，则作为中国国家石油公司不投资的油田；开发失败，则由外国合同者承担该油田全部开发投资的风险。

（4）如果出现跨界油田，将由中国国家石油公司组织外国合同者及相邻各方商订制订统一开发的总体方案，并协商有关条款。

（六）关于原油的分配比例

按照合同的规定，外国合同者可以从生产的石油中回收其投资和费用，并取得报酬。原油的分配比例一般是：

（1）将年度原油总产量的17.5%作为工商统一税和矿区使用费，由国家公司交纳给中国政府。

（2）将年度原油总产量的50%作为费用回收油分配：首先作为双方为生产作业而实际支付而尚未回收的生产作业费，按合同约定的原油价格作价后，以原油回收；剩余的部分作为投资回收油，回收外国合同者在合同区内已发生的尚未回收的勘探费用，以及中国国家石油公司和外国合同者在本油田已发生的尚未回收的开发投资和合同利息。

(3) 年度原油总产量在扣除了矿区使用费、工商统一税和投资回收油之后，剩余部分作为余额油分配。其中，一部分作为国家留成油，交付中国国家石油公司；另一部分作为分成油，按合同双方投资的比例进行分配。如果中国国家石油公司在油田未投资则100%分给外国合同者。

每个油田每日历年的分成油 = 该年的余额油 × 分成率（X）

每一油田每日历年的分成率应根据该油田在该日历年的年度原油总产量，按连续增量的滑动阶梯来确定。

每日历年分成率（$X_1 \sim X_8$）的具体比例，在外国合同者投标时作为标书内容进行竞争，然后由中国国家石油公司择优而确定。

从原油分配条款中可以看到，外国合同者实际上可获以下三项原油之和：

（1）按开发投资的比例所实际支付的生产作业费折算成的原油份额；

（2）投资回收油中回收的份额；

（3）分成油中应得的份额。

如果外国合同者希望向中国国家石油公司购买部分原油，可协商购买合同区内各油田投资回收油中属中国国家石油公司回收的原油的一部分或全部。若经中国国家石油公司要求，外国合同者还有义务销售中国国家石油公司分得的那部分原油。

（七）关于原油的质量、价格及运输去向

合同区内各油田所产原油均由中国商品检验局或其委托的代表机构按中国标准总局部颁标准进行质量分析。

原油价格参照当时世界主要石油市场相类似品质原油的独立成交价格，根据原油质量、交货条件、运输和付款条件等因素，按交货点的离岸价格确定。

由于原油属于重要能源和战略物资，资源国有权决定其原油的去向。根据中国政府的决定，中国国家石油公司会将可能影响中国政治权益的原油限制去向通知外国合同者，外国合同者除了不能向中国限制的去向运送石油之外，可自行决定其所提原油的去向。

第三节　中国国际石油合作标准合同

一般标准合同是指按照国家主管机关颁布的法规拟定的供双方谈判签订合作合同的基本条款。在国际石油合作中，标准合同是资源国为适应合作勘探开发石油中对外招标的需要而发布的一种双方谈判签订石油合作合同的基础文本。

一、中国国际石油合作标准合同概述

（一）中国国际石油合作标准合同的含义

中国国际石油合作标准合同是由中国国家石油公司以中国《对外合作开采陆上石油资源条例》《对外合作开采海洋石油资源条例》等相关法律法规为依据制定的，具有固定项目及具体条款的协议，它是一种事先印制成文本供外国合同者签订的合同。

该标准合同包含了中国陆上、海洋石油对外合作的方针、政策和规定，具体说明了实现这项合作的思路和合同模式，是外国石油公司提出他们的建议书的依据，但它本身并不是法

律文件。标准合同中的基本方针、政策和其他的一些具体政策规定是不可谈判的,其他问题是可谈判的,但应尽量减少可谈判的内容。

每一轮招标或者每个时期的双边谈判都有其特定的标准合同,它是国际招标文件的重要组成部分。

(二) 中国国际石油合作标准合同的特点

(1) 中国国际石油合作标准合同为中国国家石油公司和外国合同者的利益划定了轮廓范围。合同条款中突出了贯彻执行中国陆上、海洋石油对外合作的基本方针,对涉及资源国和外国石油公司利益的一些敏感性问题预先作了安排,提出了处理原则和办法。合同条款对合同双方既有约束,又有保护,或者兼有约束和保护。

(2) 中国国际石油合作标准合同既吸收了一般经济标准合同的成功经验和一些重要条款,又保持了石油勘探开发的特性所应有的条款,使标准合同显得更加成熟,被外国石油公司所广泛接受。

(3) 中国国际石油合作标准合同贯穿着重合同、守信用、维护合同利益、用合同语言开展工作的基本要求。

(4) 中国国际石油合作标准合同注明了在修改时需要考虑市场和区块两个因素。

①市场因素。

合同是实现市场经济的重要工具,它必须要受市场因素的影响。石油是一个十分特殊的商品,所以石油市场也是一个十分敏感的市场,极易受到世界政治、经济和军事等突发事件的冲击,使石油市场变化频繁,预测难度和风险很大。

在石油市场诸因素中,石油储量、石油价格对标准合同的影响较大。

从世界石油储量的变化特点和发展趋势看,20世纪80年代以来,世界石油储量持续增长,中东仍然是世界石油储量增长最多的地区。新增储量在构成上有以下特点:勘探发现的少,复算增加的多;来自成熟探区的多,新区开辟的少;海上石油的比例日渐加大。这些特点反映了资源探明程度、油价、技术进步等是决定储量变化的主要因素,这些因素仍将影响未来石油储量的增加情况。预计在上述因素影响下,今后世界石油储量会呈现以下变化趋势:储量仍将持续增长,但年均增长率下降;中东仍是储量增长潜力最大的地区,拉美地区和苏联地区的石油储量分别可望在近期和中期获得较快增长,老区和海上依然是储量增长的两个重要领域。

从中国国土、人口、环境与发展看,中国油气资源尚有相当的发展潜力,但国土单位面积的石油资源占有量和人均占有量均低于世界平均水平。数据分析显示,近期内中国石油产量有下降的可能,但只要加强勘探、努力把更多的资源量转化为储量,情况可能有所缓解,产量还可能有所增加,如果加强天然气勘探开发,则天然气产量有相当大的提高。

②区块因素。

区块因素对标准合同的影响也是显而易见的。合同条款的修改依各区块的实际情况而定。

(三) 中国国际石油合作标准合同的基本方针和政策

(1) 陆上、海洋石油对外合作区域的石油资源所有权属于中华人民共和国。

(2) 外国合同者的投资利益受中国法律保护,同时,外国石油公司必须接受中国法律约束。

(3) 中国政府授权中国国家石油公司统一管理海洋、陆上石油资源对外合作，负责合同的谈判，签约与执行，并享有勘探、开发、生产和销售合同区的石油的专营权。

(4) 外国合同者除法律、法规另有规定或者合同另有约定外，独自承担勘探风险；发现商业性油田后，双方共同投资合作开发；外国合同者并应承担开发作业和生产作业，直至中方石油公司按照合同约定接替生产作业为止。

(5) 外国合同者在勘探期内的不同阶段完成最低工作义务后有权退出石油合同。

(6) 在中方任主席的联合管理委员会管理下由外国合同者充当作业者，勘探费用回收后，中国国家石油公司有权接管石油作业。

(7) 合同区内作业所获全部资料所有权属中方。

(8) 开发费用回收完后，合同区内资产所有权属中方。

(9) 合同生效、权益转让和油田总体开发方案，必须经中国政府有关部门批准。

(10) 外国合同者优先雇用中方人员；在同等条件下，优先使用中国的承包和服务。

(11) 外国合同者应对中方人员进行培训和技术转让。

(12) 外国合同者可以从生产的原油中回收投资和费用，并按照合同规定取得报酬。

(13) 外国合同者、中国国家石油公司必须依法纳税。

(14) 中国国家石油公司向作业者提供协助，帮助解决石油作业中发生的问题。

（四）中国国际石油合作标准合同的核心内容

标准合同的核心内容是经济分成模式，其要点有三个：一是外国合同者独自承担勘探风险，即勘探投资全部由外国石油公司承担，并承诺最低义务勘探工作量和最低勘探费用。义务工作量的多少是外国石油公司投标竞争的重要条件。若没有发现商业性油气田，中方没有偿还外国石油公司勘探投资的义务。二是发现了商业性油气田后，中方参与开发投资，投资比例最多为51%。三是它属于产品分成合同模式，中国陆上石油对外合作标准合同的经济分成模式（第二轮）如图9-1所示。

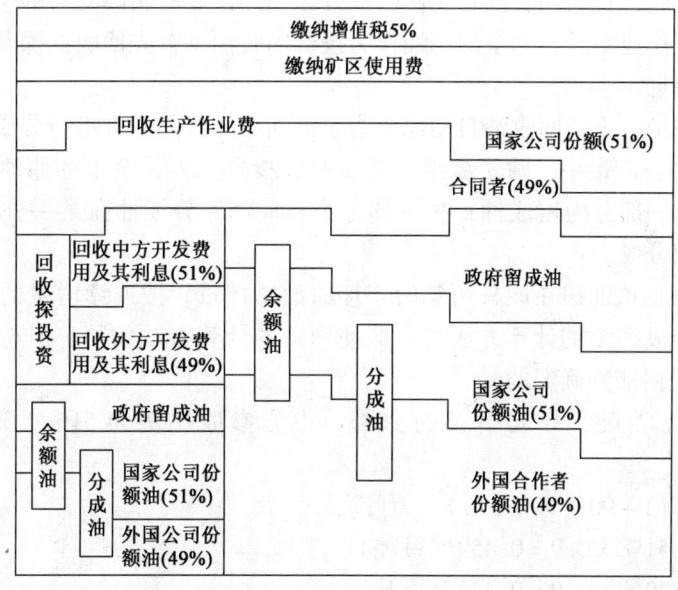

9-1 中国陆上石油对外合作标准合同的经济分成模式（第二轮）

中国国际石油合作标准合同的分成原则如下：

（1）年度原油总产量的5%的原油用于缴纳增值税。

（2）按表9-1连续增量的年度原油总产量滑动阶梯确定的原油用于缴纳矿区使用费：每个油田年度原油总产量（单位为万吨）适用于每个油田的每个产量阶梯的百分比。

表9-1 年度原油总产量与矿区使用费的比例

年度原有总产量，万吨	矿区使用费的比例
≤5	0
5~10	1%
10~15	2%
15~20	3%
20~30	4%
30~50	6%
50~75	8%
75~100	10%
>100	12.5%

用 R 表示矿区使用费费率。如果合同区内有某个商业性生产的油田，假设在某一日历年内该油田的年度原油总产量为100万吨，则该油田在该日历年内应交纳的矿区使用费的费率 R 为：

$$R = \frac{5R_1 + 5R_2 + 5R_3 + 5R_4 + 10R_5 + 20R_6 + 25R_7 + 25R_8}{100} \times 100\%$$

（3）年度原油总产量的60%作为费用回收油，其支付或回收顺序为：

①当油价确定后，费用回收油首先回收双方为生产作业所实际支付的生产作业费。

②支付了生产作业费后，剩余的原油作为投资回收油，首先回收勘探费用，然后回收开发费用及其合同利息。

③投资回收完毕，投资回收油自动地成为余额油用于合同双方进行分成。

（4）年度原油总产量中，除了缴纳税费及回收投资以外，余下的原油称为余额油。余额油分成两部分：一部分为留成油；另一部分为分成油。分成油在某一分成率 X 下，由双方按参股比例进行分成。

分成率 X 应根据该油田在该日历年的年度原油总产量，按连续增量的年度原油总产量滑动阶梯确定。分成率 X 的计算方法与矿区使用费的计算方法相同，但与矿区使用费费率不同，分成率 X 是由谈判确定的。

若余额油为1万吨，分成率 X 为90%，中方参股比例为51%，外方参股比例为49%。则：

政府留成油：$(1-90\%) \times 1 = 0.1$（万吨）

中方份额油：$51\% \times 0.9 = 0.459$（万吨）

外方份额油：$49\% \times 0.9 = 0.441$（万吨）

中外双方在向中国政府缴纳33%的所得税后，剩下的油为双方的净利润油。

二、中国海洋国际石油合作标准合同

（一）合同基本条款（前言至第六条）

1. 前言

前言说明了海洋石油对外合作最主要的基本方针和政策。

2. 定义

条款对合同中的专门用语进行了概念和性质的描述，对其赋予了本合同下的法律解释，是合同的基本要素。

（1）开采：泛指石油的勘探、开发、生产和销售及其有关的活动。

（2）石油合同：指中国海洋石油总公司同外国企业为合作开采中华人民共和国海洋石油资源，依法订立的包括石油勘探、开发和生产的合同。

（3）合同区：指在石油合同中为合作开采石油资源以地理坐标圈定的海域面积。

（4）勘探作业：指用地质、地球物理、地球化学和包括钻勘探井等各种方法寻找储藏石油的圈闭所做的全部工作，以及在已发现石油的圈闭上为确定它有无商业价值所做的钻评价井、可行性研究和编制油（气）田的总体开发方案等全部工作。

（5）开发作业：指从国务院指定的部门批准油（气）田的总体开发方案之日起，为实现石油生产所进行的设计、建造、安装、钻井工程等及其相应的研究工作，并包括商业性生产开始之前的生产活动。

（6）生产作业：指一个油（气）田从开始商业性生产之日起，为生产石油所进行的全部作业以及与其有关的活动，诸如采出、注入、增产、处理、贮运和提取等作业。

（7）外国合同者：指同中国海洋石油总公司签订石油合同的外国企业。外国企业可以是公司，也可以是公司集团。

（8）合同开始执行之日：指合同者从中国海洋石油总公司获得本合同已被中华人民共和国商务部批准的通知的那个月的下个月的第一天。

3. 合同宗旨

条款确定了"本合同的宗旨是对合同区内可能存在的石油进行勘探、开发和生产"，要求"合同者应使用其适用而先进的技术和选派其有能力的专家进行石油作业"；同时规定了合作模式、外方独承风险、双方合作开发油田所需的其余的开发费用，剩余产品分成等。条款还声明："本合同不授予合作者本合同明文规定以外的其他任何权利。"

4. 合同区

合作区即资源国政府许可用于风险勘探的海域面积，该面积的大小取决于资源国政府将用于许可的区域的潜在含油前景。中国矿产资源勘查工作区范围以经纬度 $1' \times 1'$ 划分的区块为基本单位区块，每个石油和天然气矿产勘查项目的最大范围为 2500 个基本单位区块。条款规定如下：

（1）本合同签字之日的合同区由_____（　　）基本区块组成，总面积为_____平方千米，其地理位置及边界线折点坐标见本合同附件一。

（2）除了本合同明确规定的权利外，合同者对合同区范围内的海面、海底、或海洋中存在的除石油以外的其他任何自然资源或海产资源或埋藏物均不享有任何权利。

5. 合同期

合同期是指石油合作协议存在的有效时间。各国通常把期限分为勘探期和开发期。在中国，还规定有一个生产期，且合同期限一般是不可谈判的。勘探期为7年，生产期是15年。条款具体规定："勘探期从本合同开始执行之日起应分为三个阶段（分别为3年、2年和2年）并应由七个连续合同年组成。""合同区内任一油（气）田的生产期应为自该油（气）田开始商业性生产之日起至国务院授权的部门或者单位批准的总体开发方案中所规定的生产期终止之日止，但是生产期不应超过自该油（气）田开始商业性生产之日起的十五个连续生产年。""本合同期限从合同开始执行之日起最长不超过三十个连续合同年，除非本合同另有规定。"

6. 合同区面积撤销

合同规定："勘探期第一阶段结束时，合同者应撤销本合同签字之日的合同区面积的百分之四十。""勘探期第二阶段结束时，合同者应撤销除开发区和（或）生产区以外的合同区第二阶段剩余面积的百分之二十五。""撤销的面积，应由数量尽可能少的矩形面积组成，以有利于进一步勘探作业。"

7. 最低限度勘探工作义务和预期的最低限度勘探费用

最低限度勘探工作义务是指合同者在规定期限内必须完成的最低工作量安排，一般包括完成一定数量的地震测线（公里）、评价所获得的地质和地球物理数据、钻探最低数量的探井或野猫井。未完成规定的工作义务将被视为严重违约。

条款阐明计算最低限度勘探工作义务和预期的最低限度勘探费用时，要以实物工作量为主；要以勘探第一阶段和以钻井工作量为主；并给出了合同者完不成某个阶段最低限度勘探工作义务时的惩罚。条款规定："在计算合同者是否完成规定的勘探期各个阶段的最低限度期工作义务时，应以预探井井数和地震测线千米数为计算的依据。但因技术原因报废而未达到预定地质目的的预探井，未经总公司同意，不得计入合同者实际完成的预探井井数中。"条款要求："合同者应在合同开始执行之日起六个月内开始勘探作业，并应在合同开始执行之日起十八个月内开始钻第一口预探井。除非双方另有协议。"

（二）合同的管理条款（第七条至第十一条）

1. 管理机构及其职责

条款规定由中国海洋石油总公司和合同者各指派同等人数的代表组成执行合同的双方代表机构。合同要求："为使石油作业能够正常进行，从本合同开始执行之日起四十五天内，双方应组成联合管理委员会。""联合管理委员会应由中国海洋石油总公司和合同者各指派同等人数的代表组成，每一方应从自己的代表中指定一名代表作为首席代表。"

2. 外国合同者

（1）外国合同者为执行合同从事开发、生产作业，应当在中华人民共和国境内设立分支机构或者代表机构，并依法履行登记手续。该机构的住所地应当同中国海洋石油总公司共同商量确定。

（2）外国合同者在执行合同从事开发、生产作业过程中，必须及时地、准确地向中国海洋石油总公司报告石油作业情况；完整地、准确地取得各项石油作业的数据、记录、样品、凭证和其他原始资料，并定期向中国海洋石油总公司提交必要的资料和样品以及技术、经济、财会、行政方面的各种报告。

（3）外国合同者为执行石油合同从事开发、生产作业，应当使用中华人民共和国境内现有的基地；如需设立新基地，必须位于中华人民共和国境内，且新基地的具体地点以及在特殊情况下需要采取的其他措施，都必须经中国海洋石油总公司书面同意。

（4）作业者和承包者在实施石油作业中，应当遵守中华人民共和国有关环境保护和安全方面的法律规定，并参照国际惯例进行作业，保护渔业资源和其他自然资源，防止对大气、海洋、河流、湖泊和陆地等环境的污染和损害。

（5）外国合同者投资进行勘探，负责勘探作业，并承担全部勘探风险；发现商业性油（气）田后，由外国合同者同中国海洋石油总公司双方投资合作开发，外国合同者应负责开发作业和生产作业，直至中国海洋石油总公司按照石油合同规定在条件具备的情况下接替生产作业。

3．中方海洋石油总公司

（1）为了使合同者能够迅速有效地进行石油作业，应合同者的要求，中国海洋石油总公司有义务为合同者提供取得在中国银行开设银行账户所需的批准或许可。

（2）办理外币兑换手续，取得需要的办公室、办公用品、交通工具、通信手段并为需要的膳宿做安排，办理海关手续等。

（3）协助合同者向中国有关部门购买环境、水文和气象等资料，并协助合同者招聘中国的人员。不过协助发生的一切费用，应由合同者支付。

4．工作计划和预算

合同规定了工作计划和预算应由作业者提交给联合管理委员会和中国海洋石油总公司审查和批准，包括超支和预算外开支的限度、年度工作和预算的审批。

5．油田商业价值的确定

（1）发现及评估。发现及评估是指通过石油作业，在以前未曾知道蕴藏石油的量、地方或油层或地质构造中发现了石油，并按传统石油工业惯例评价可开采潜力的行为。石油合同对详细评估义务的规定包括：①合同者必须将任何发现及时报告给联合管理机构；②必须提交评估计划与时间安排；③必须提交评估报告。地质、开发、工程及费用的评估必须在规定时间内提交。

（2）商业性宣布。石油公司考虑海上石油储藏经济性的因素包括储藏的地质或规模、储藏与服务基地、处理设施及市场的距离、水深、气候、政府收益份额或财政结构、产品价格、技术和政治风险等。商业性宣布标志着勘探阶段的结束，生产阶段的开始。合同规定："商业性决定由联合管理委员会作出"，"要求在通知发现石油时起90天内作出"。

（三）合同的经济条款（第十二条至第十五条）

1．资金筹措和费用回收

条款对合同者支付勘探费用、开发费用和生产作业费用以及开发期与生产期之间的划分、中国海洋石油总公司和外国合同者的开发投资比例、合同利息、贷款担保、费用回收方式和限额等作了具体规定。

合同规定:"勘探作业所需的一切勘探费用应由合同者单独提供,其中为完成最低限度勘探工作义务所需的勘探费用,应视为合同者的自有资金。""合同区内每一油(气)田开发作业所需的开发费用,分别由总公司和合同者按照中国海洋石油总公司为百分之五十一、合同者为百分之四十九的投资比例提供。"

2. 原油的生产和分配

合同规定,增值税、矿区使用费应根据中华人民共和国有关规定缴纳。按年度原油总产量的5%支付增值税,矿区使用费按规定计算并以交纳。60%作为费用回收油,剩下的余额油分为两部分:留成油$(1-X)$和分成油(X),分成率X按年度原油产量滑动阶梯确定,分成油按开发投资比例分配给合同双方。

合同规定,每一个油田每个日历年的分成油,应按照中国海洋石油总公司百分之五十一和合同者百分之四十九的各自在开发费用中投资的比例分配给双方。如果在合同区内有总公司不参与开发的油田,则合同者将获得该油田百分之一百的分成油;如果在合同区内有中国海洋石油总公司按少于百分之五十一的比例参与开发的油田,则该油田该历年的分成油应按照双方各自在该油田的实际投资比例分配给双方。

3. 原油的质量、数量、价格、去向和处置

(1) 原油的质量。合同规定,合同区内各油田所生产的原油的质量分析,由国家进出口商品检验局或由其授权的任何的代表机构按照中华人民共和国国家标准总局颁布的标准或国务院授权部门或者单位颁布的标准进行取样分析。

(2) 原油的数量。合同规定,合同区各油田生产的原油,在提取时应在双方同意的某一交货点处用双方同意的计量器具进行计量。所有计量器具应由中国政府的有关计量部门或由其授权的代表机构进行定期校正或专门测试,并出具合格证书或确认后,方可投入使用。交付的原油质量和数量均应按国家商检局出具的商品质量检验证书和重量检验证书证实,并以该证实的质量和数量作为结算依据。

(3) 原油的价格。合同规定,各类品质的原油的价格应是在交货点的离岸价格。在确定原油价格时,应参照当时世界主要石油市场相类似品质原油所通行的正常交易价格予以确定,并根据原油的质量、交货条件、运输、付款和其他条件等因素予以调整。除上述规定外,条款还对原油价格的确定程序、购买原油的付款条件都作了详细规定。

(4) 原油的去向。合同规定,依据中国政府的规定,中国海洋石油总公司应通知合同者任何损害中国政治利益的禁止去向,合同者不应将原油运往所通知的禁止去向。

(5) 原油的处置。根据中国《对外合作开采海洋石油资源条例》的规定,石油合同区产出的石油,应在中国登陆,也可以在海上油(气)外输计量点运出。如需在中国以外的地点登陆,必须经主管部门批准。在战争、战争危险或其他紧急状态下,中国政府有权征购、征用外国合同者所得的和所购买的石油的一部分或全部。

4. 国家参股额

国家参股是指国家以某种参与利益方式参与石油开发作业的行为。通过参股措施,国家可以使政府收入最大化,控制石油业,获得石油作业的技术和管理技能与商业经验,直接进入国际石油市场,保护国家利益。

合同规定:"在合同者获得油田商业性发现以后,中国海洋石油总公司按参与利益比例

投资参与商业性发现的开发,其财政参股只有在决定宣布石油发现具有商业性并进行开发时才开始。进入开发阶段后,承担开发财政义务的国家参股者的参股份额对合同者先前投资的勘探、评估费用不予补偿。""中国海洋石油总公司参股的最大份额可达到51%"。

(四) 中方享有的优惠条款 (第十六条至第十七条)

1. 优先使用中国的人员

合同约定石油作业所需的人员,作业者可以优先录用中国公民。为达到此目的,合同者应事先向中国海洋石油总公司和联合管理委员会分别提交一份包括有列出人员岗位和人数的雇用中国的人员的计划,中国海洋石油总公司将根据其计划为上述雇用提供或协助招聘待聘的中国人员。为实施石油作业,合同者应有义务录用合格的中国人员及按培训计划经培训后合格的中国人员。

2. 资产和资料所有权

油(气)田内所购置、安装和建造的全部资产,自合同者在该油(气)田发生的开发费用全部回收完成后或生产期满后,其所有权属于中国海洋石油总公司,石油作业中获得的资料,样品和其他原始资料,其所有权属于中国海洋石油总公司。

(五) 天然气条款 (第十八条)

伴生天然气气量超过生产和作业需要,承包商应进行可行性研究。开发利用这种剩余气体按下列程序进行:(1) 如果任何一方单方面地认为剩余气体具有商业价值,这种气体可由该方自己承担费用进行开发,产量分成不受影响;(2) 如果双方同意剩余气体具有商业价值,则应进一步投资开发这种气体;(3) 如果双方对商业性开发持不同意见,在"互利原则"下通过谈判没有达成协议,中国海洋石油总公司保留单方面处置这种剩余气体的权利。

在发现非伴生天然气的情况下,双方应进行友好谈判,达成一个补充协议。该协议应包括如下因素:其一,天然气价格应以国际上通行的一般定价原则来确定;其二,合同期限应予单独确定;其三,石油分成的一般原则应适用于天然气的分成,为保证承包商获得合理的经济利益,分成比例可通过谈判以调整。如果没有市场或存在其他因素,将未开发气田保留在合同区域内的期限经任何一方请求可予适当延长,最长以勘探期终止后3年为限,需要再次延长则须经中国政府批准。如果承包商认为天然气发现不具有商业性,则被视为放弃发现的权力。如果双方都认为天然气发现具有商业性且3年内通过谈判没能达成协议,中国海洋石油总公司有权单方面将该气田用于招标,承包商有权参与。

(六) 合同的财会条款 (第十九条至第二十一条)

1. 会计、审计和人员费用

作业者应对合同区内的全部财务活动进行记账和核算,提供详细报告和书面报告;非作业者有权审计;人员费用是指为执行本合同而从事经营、管理、会计、财务、税务、劳资关系、采办、法律、计算机服务、工程、地质、地球物理、钻井、生产作业以及其他的工作人员所花费的工作时间而给的报酬和其他有关费用。

合同对作业者的上级管理费、审计、中方人员工资及其他费用、外雇人员的费用标准等,都作了详细的规定。

2. 税收

参与合作开采海洋石油资源的中国企业、外国企业，都应当依法纳税。

3. 保险

在实施合同区内的石油作业前，作业者应代表双方根据联合管理委员会批准的保险计划投保，并取得保险契约。

（七）法律条款（第二十二条至第二十七条）

1. 保密

与本合同有关的资料双方均需保密，不得泄露给第三方，保密期限由中国海洋石油总公司根据有关规定并参照国际惯例确定。条款还规定了解密的范围。

2. 不可抗力

任何一方因不可抗力而未能按期履行合同义务的不被认为是违约；当遭受不可抗力时，双方应努力将损失减少到最小程度；因不可抗力而使石油作业暂停时，其延长期不应超过暂停的时间。

3. 权利义务转让

权利义务转让给子公司需要中国海洋石油总公司事先同意，承包商必须保证转让的义务得到履行；转让给第三方则必须得到中国海洋石油总公司事先批准，只要中国海洋石油总公司提供的条件具有可比性，它有优先购买权。

4. 争议解决与法律适用

合同规定："在合作开采海洋石油资源活动中，外国企业和中国企业间发生的争执，应当通过友好协商解决。通过协商不能解决的，由中华人民共和国仲裁机构进行调解、仲裁，也可以由合同双方协议在其他仲裁机构仲裁。"

合同规定："合作开采海洋石油资源的一切活动，都应遵守中华人民共和国的法律、法令和国家的有关规定；参与实施石油作业的企业和个人，都应受中国的法律的约束，接受中国政府有关主管部门的检查、监督。"如果没有相关的法律，则"应适用为双方所接受的、在石油资源国广泛使用的法律适用原则"。"在本合同生效后，如果由于中华人民共和国政府颁布了新的法律、法规，或对适用的法律、法规进行了任何修改，使合同者的经济利益发生了重要变化，双方应及时协商，并对本合同的有关规定作必要的修改或调整，以保持合同者在本合同中的合理的经济利益。"

条款同时规定了争端解决条款与法律适用条款不因协议的终止而失去效力。

5. 合同的生效和终止

中国商务部批准合同之日为合同生效日。除合同者选择终止合同的情况外，生产期期满或第30个合同年结束时均应终止合同。

6. 合同文字和工作语言

（1）本合同主件、附件及其后的补充性文件均应采用中文和英文书写，两种文本应具有同等效力。

（2）本合同生效后，以中、英两种语言作为工作语言。

三、中国陆上国际石油合作标准合同

（一）合同基本条款（前言至第六条）

1. 前言

说明了陆上石油对外合作最主要的基本方针和政策。

2. 定义

对合同中的43个专门用语进行了概念和性质的描述，对其赋予了本合同下的法律解释，是合同的基本要素。

3. 合同宗旨

合同宗旨与中国海洋石油合作标准合同一样，都是"对合同区内可能存在的石油进行勘探、开发和生产。"

4. 合同区

（1）说明合同区面积由若干个基本区块组成。条款规定："本合同签字之日的合同区由＿＿＿＿基本区块组成，总面积为＿＿＿＿平方千米，其地理位置及边界线折点坐标见本合同附件一。"

（2）强调"除石油天然气资源外合同者不享有区内其他资源条款"。规定"除了本合同明确规定的权利外，合同者对合同区范围内的地面、地下、湖床、河床、底土或任何水体以及在它们中存在的除石油以外的其他任何自然资源或水产资源或埋藏物均不享有任何权利。"

5. 合同期

合同期限一般是不可谈判的。勘探期为7年，开发期在总体开发方案中作出规定，生产期为15年。

合同规定："勘探期从本合同开始执行之日起应分为三个阶段并应由七个连续合同年组成。""合同区内任一油（气）田的生产期应为自该油（气）田开始商业性生产之日起至国务院授权的部门或者单位批准的总体开发方案中所规定的生产期终止之日止，但是生产期不应超过自该油（气）田开始商业性生产之日起的十五个连续生产年。""本合同期限从合同开始执行之日起最长不超过三十个连续合同年，除非本合同另有规定。"

6. 合同区面积撤销

条款规定了勘探期第一、二阶段结束时分别设置面积撤销的比例，以及应撤销除开发区和（或）生产区以外合同区其余面积的条件。

合同规定："勘探期第一阶段结束时，合同者应撤销本合同签字之日的合同区面积的百分之四十。""勘探期第二阶段结束时，合同者应撤销除开发区和（或）生产区以外的合同区第二阶段剩余面积的百分之二十五。""撤销的面积，应由数量尽可能少的矩形面积组成，以有利于进一步勘探作业。"

7. 最低限度勘探工作义务和预期的最低限度勘探费用

条款阐明计算最低限度勘探工作义务和预期的最低限度勘探费用时，要以实物工作量为主；要以勘探第一阶段和以钻井工作量为主；给出了外国合同者完不成某个阶段最低限度勘探工作义务时的惩罚。条款规定:"在计算合同者是否完成规定的勘探期各个阶段的最低限度期工作义务时,应以预探井井数和地震测线千米数为计算的依据。但因技术原因报废而未达到预定地质目的的预探井,未经中国石油天然气集团公司或中国石油化工集团公司同意,不得计入合同者实际完成的预探井井数中。"

条款要求:"合同者应在合同开始执行之日起六个月内开始勘探作业,并应在合同开始执行之日起十八个月内开始钻第一口预探井。除非双方另有协议。"

(二) 合同的管理条款(第七条至第十一条)

1. 管理机构及其职责

条款规定了由中国石油天然气集团公司或中国石油化工集团公司和合同者各指派同等人数的代表组成执行合同的双方代表机构;规定了联合管理委员会作出决定的方式,中国石油天然气集团公司或中国石油化工集团公司的监督、管理作用,兼任联合管理委员会代表的中方专业代表的工作和采办代表的特殊地位等。

合同规定:"为使石油作业能够正常进行,从本合同开始执行之日起四十五天内,双方应组成联合管理委员会。""联合管理委员会应由中国石油天然气集团公司或中国石油化工集团公司和合同者各指派同等人数的代表组成,每一方应从自己的代表中指定一名代表作为首席代表。"

2. 作业者

条款阐述了选择作业者的条件,外国合同者担当合同区内勘探、开发、生产的作业者应有的义务;规定了作业者在实施石油作业过程中,怎样处理有关资料、样品或报告,以及作业者因失误而应负的责任;对石油作业有关的环境安全等提出了要求;就项目管理组、生产作业的移交和接替等进行了论述。

合同作了以下一些主要的规定:

(1) 组成合同者的各公司为执行本合同应按照中华人民共和国国家工商行政管理局的有关规定向该局注册或登记,并应取得中国石油天然气集团公司或中国石油化工集团公司的必要的批准。作业者的负责人在实施石油作业方面应全权代表合同者。作业者的组织机构表及其人员的姓名、职称和简历应事先提交中国石油天然气集团公司或中国石油化工集团公司,其中作业者高级人员的任命必须征得中国石油天然气集团公司或中国石油化工集团公司同意。

(2) 作业者在实施石油作业过程中,应按照下述规定处理有关资料、样品或报告:

①作业者应按照中国《对外合作开采陆上石油资源条例》的有关规定及本合同附件五(资料管理)向中国石油天然气集团公司或中国石油化工集团公司提供与石油作业有关的各项资料,并有权使用和管理这些资料。作业者向其母公司上报的资料应同时报送给中国石油天然气集团公司或中国石油化工集团公司。

②作业者应及时向中国石油天然气集团公司或中国石油化工集团公司提供有关石油作业的安全报告、环保报告、事故报告以及按合同附件二(会计程序)规定编制的财务报告。

③作业者应向合同者中的非作业者提供其合理要求的上述有关数据和报告的副本。

④应本合同任一方要求,作业者应向该方提供下列资料:购买设备和材料的采办计划、询价单、报价单、订货单和服务合同等;技术手册、技术规范、设计标准、设计文件(包

括设计图纸)、施工记录、施工资料、消耗统计资料、设备清单、备件清单等;技术调查报告和成本分析报告;作业者在执行本合同中所取得的有关石油作业的其他资料。

(3) 作业者在实施石油作业过程中应遵守中华人民共和国有关环境保护和安全方面的法律、法令标准和其他法规,并参照国际石油工业惯例尽力做到:

①使石油作业所引起的环境、社会和生态环境的损害和破坏降低到最低程度。

②及时控制井喷,防止或避免合同区内发现的或生产的石油的浪费或流失。

③防止石油流入低压层或者破坏相邻的含油层。

④防止水通过干井或其他井流入含油层,除非为了二次采油。

⑤防止对陆地、森林、植被、农作物、建筑及其他设施的损害和破坏。

⑥将人身的安全和健康的危害减少到最低限度。

3. 中国石油天然气集团公司或中国石油化工集团公司提供的协助

为了使合同者能够迅速有效地进行石油作业,应合同者的要求,中国石油天然气集团公司或中国石油化工集团公司有义务为合同者提供取得在中国银行开设银行账户所需的批准或许可;办理外币兑换手续,取得需要的办公室、办公用品、交通工具、通信手段并为需要的膳宿做安排;办理海关手续等九个方面的协助。

合同规定:"应合同者的要求,中国石油天然气集团公司或中国石油化工集团公司应按照有关条例和规定,向合同者出售与合同区有关的非本合同石油作业所取得的资料和样品,也应协助合同者向中国有关部门购买环境、水文和气象等资料,并"协助合同者招聘中国的人员","中国石油天然气集团公司或中国石油化工集团公司按本条提供协助发生的一切费用,应由合同者支付,并应按本合同附件二(会计程序)的规定处理。"

4. 工作计划和预算

合同规定工作计划和预算应由作业者提交给联合管理委员会和中国石油天然气集团公司或中国石油化工集团公司审查和批准,包括超支和预算外开支的限度和年度工作和预算的审批。

5. 油田商业价值的确定

确定任一石油发现是否具有商业价值有一套完整的评价程序。合同规定:"在合同区内如有任何石油发现,作业者应及时向联合管理委员会报告该发现。""如果联合管理委员会或合同者决定某一石油发现值得评价,作业者应尽快向联合管理委员会提交一份为评价该石油发现的包括评价工作量和时间表在内的评价工作计划。"

合同规定了制订完评价工作计划、实施作业以及完成最后一口评价井之后上交评价报告的具体时间期限,并要求"评价报告应包括地质、开发、工程和经济评价以及待批准的总体开发方案"。

条款对某一经评价的含原油圈闭是否具有商业价值以及合同双方认识不一致而导致的不同类型的开发和开发结果也作了具体规定。

(三) 合同的经济条款(第十二条至第十四条)

合同的经济条款包括"资金筹措和费用回收""原油的生产和分配""原油的质量、数量、价格和去向"等内容,其条款与中国海洋国际石油合作标准合同一样。

(四) 合同赋予中方优惠的条款（第十五条至第十七条）

1. 优先使用中国的人员、物质和服务

（1）合同者为实施石油作业采购必需的货物、租用设备以及签订承包合同或其他服务合同时，约定如果中国的货物、设备及服务的价格、质量、和交付期等方面具有竞争力，则合同者应优先采用中国的货物、设备和服务。

（2）合同者在实施石油作业时，应遵照《对外合作开采陆上石油资源条例》第二十一条的规定约定优先雇用中国的人员。为此，合同者应事先向中国石油天然气集团公司或中国石油化工集团公司和联合管理委员会分别提交一份包括有列出人员岗位和人数的雇用中国的人员的计划，中国石油天然气集团公司或中国石油化工集团公司将根据其计划为上述雇用提供或协助招聘待聘的中国人员。为实施石油作业，合同者应有义务录用合格的中国人员及按培训计划经培训后合格的中国人员。

（3）中国石油天然气集团公司或中国石油化工集团公司所属或委托的中国的工程设计公司有权参加合同者为执行本合同而进行的总体设计和工程设计。中华人民共和国境内的工程设计公司在技术水平、质量、价格和交付时间具有竞争力的条件下，应优先承包上述的总体设计和工程设计。

2. 资产和资料所有权

按照计划和预算所购置、安装和建造的全部资产，自合同者在该油（气）田发生的开发费用全部回收完成后或生产期满后，其所有权属于中国石油天然气集团公司或中国石油化工集团公司，但在合同期内，外国合同者可以按照合同约定使用这些资产；石油作业中获得的资料、样品和其他原始资料，其所有权属于中国石油天然气集团公司或中国石油化工集团公司。

(五) 天然气条款（第十八条）

天然气包括伴生天然气和非伴生天然气。伴生天然气首先用于油田生产，对剩余的伴生天然气，条款规定了处理程序。

关于非伴生天然气，条款规定了发现非伴生天然气的工作程序。

(六) 合同的财会、法律条款（第十九条至第三十条）

1. 会计、审计和人员费用

作业者应对合同区内的全部财务活动进行记账和核算，提供详细报告和书面报告；非作业者有权审计；人员费用是指为执行本合同而从事经营、管理、会计、财务、税务、劳资关系、采办、法律、计算机服务、工程、地质、地球物理、钻井、生产作业以及其他的工作人员所花费的工作时间而给的报酬和其他有关费用。

合同对作业者的上级管理费、审计、中方人员工资及其他费用、外雇人员的费用标准等，都作了详细的规定。

2. 税收

外国合同者和承包商及其雇员应当按照中华人民共和国的税收法规，向中华人民共和国政府缴纳各种税。

3. 保险

在实施合同区内的石油作业前,作业者应代表双方根据联合管理委员会批准的保险计划投保,并取得保险契约。

4. 保密

与本合同有关的资料双方均需保密,不得泄露给第三方,保密期限由中国石油天然气集团公司或中国石油化工集团公司根据有关规定并参照国际惯例确定。条款还规定了解密的范围。

5. 转让

合同权益的转让是国际通行的做法。经中国石油天然气集团公司或中国石油化工集团公司同意,合同者可以将其合同权益转让给他的关联公司;经中国石油天然气集团公司或中国石油化工集团公司同意和外经贸部批准,合同者可将其合同权益转让给第三方。

6. 环境保护和安全

作业者必须严格遵守中国政府已颁布的有关环境和安全的法规,应尽最大努力保障作业人员安全和健康。

7. 不可抗力

任一方因不可抗力而未能按期履行合同义务的不被认为是违约;当遭受不可抗力时,双方应努力将损失减少到最小程度;因不可抗力而使石油作业暂停时,其延长期不应超过暂停的时间。

8. 争议解决

(1)对本合同任何条款的执行或解释所引起的任何争执,应当通过协商或者调解解决。

(2)上述的任何争执如在争执发生后九十天内经协商或调解不能解决,本合同任一方根据合同中的仲裁条款或者事后达成的书面仲裁协议,可将争执提交仲裁。仲裁将根据下列条款进行:

①经双方约定,将该争执提交中国国际经济贸易仲裁委员会,按照该会的仲裁程序规则进行仲裁。

②如双方未能就上述仲裁安排达成一致意见,双方应根据以下规定组成临时仲裁庭进行仲裁。临时仲裁庭应由三名仲裁员组成,双方应各指定一名仲裁员,并应由被指定的该两名仲裁员选定第三名仲裁员。如果双方中的一方在第一名仲裁员指定后六十天内未能指定其他的仲裁员,或在第二名仲裁员被指定后的六十天内两名被指定的仲裁员未能选第三名仲裁员,则有关的仲裁员由瑞典斯德哥尔摩商会仲裁院指定。第三名仲裁员应是与中华人民共和国和组成合同者的任一公司的所属国均有正式外交关系的一个国家的公民,并应该是和双方都没有任何经济利益或经济关系的公民。仲裁地点应由双方协商确定,如双方在指定第三名仲裁员之后六十天内不能取得一致意见,则由临时仲裁庭的多数仲裁员选定。临时仲裁庭应按照1976年联合国国际贸易法委员会仲裁规则进行仲裁。但该仲裁规则如与本条规定(其中包括指定仲裁员的机构在内)有抵触时,应以本条规定为准。

③中文和英文均应作为仲裁中使用的正式语言,所有听证材料、申诉或辩护的声明、裁决及其理由均应该用中、英两种文字写成。

④任何仲裁庭裁决应是终局裁决,对双方均应有约束力。

⑤本合同终止后,将有关本合同的争议提交仲裁的权利应继续保留。

9. 合同的生效和终止

中华人民共和国商务部批准合同之日为合同生效日。除合同者选择终止合同的情况外,生产期期满或第三十个合同年结束时均应终止合同。条款还作出了关于中方有权单方面终止合同的规定。

10. 适用法律

(1) 本合同的效力以及对本合同的解释和执行,均应受中华人民共和国法律管辖。如果在本合同的解释或执行时,中华人民共和国法律没有有关规定,则应适用双方可接受的石油资源国广为适用的法律原则。

(2) 在本合同生效后,如果由于中华人民共和国政府颁布了新的法律、法规,或对适用的法律、法规进行了任何修改,使合同者的经济利益发生了重要变化,双方应及时协商,并对本合同的有关规定作必要的修改或调整,以保持合同者在本合同中的合理的经济利益。

11. 合同文字和工作语言

(1) 本合同主件、附件及其后的补充性文件均应采用中文和英文书写,两种文本应具有同等效力。

(2) 本合同生效后,以中、英两种语言作为工作语言。

12. 其他条款

本合同生效之日起三十天内,合同者应向中国石油天然气集团公司或中国石油化工集团公司缴纳一次性的签字费一百万美元,该签字费不能回收。

复习思考题

1. 什么是中国国际石油合作合同?有什么特点?
2. 中国国际石油合作合同中外方的权利和义务是怎样规定的?
3. 中国国际石油合作标准合同中关键财税条款是怎样规定的?

第十章
中国国际石油合作纠纷的法律解决

第一节 国际石油合作纠纷解决机制概述

所有石油协议都有争端解决条款，通常这样规定：当事方间有关协议的解释、适用或履行引起的任何争端，应通过协商友好解决；协商不能解决的，应提交仲裁。有的还进一步规定，在仲裁不成功时，应提交国内法院解决。争端解决条款与法律适用条款不因协议的终止而失去效力。这是普遍接受的法律原则。

一、友好协商

有的规定以外交谈判方式解决，如泰国与马来西亚谅解备忘录第七条规定，双方应采用和平方法，通过协商或谈判解决在解释或执行协定中所产生的争端或纠纷。有的规定以调解方式解决，如冰岛与挪威协定规定，通过协商不能解决的争端，应提交由三人组成的和解委员会。

友好协商与严格的法律程序相比，具有保持当事人双方在争端解决过程中相当程度的灵活性的优点，他们在协商程序中可以相互谅解、妥协，取得共同都可以接受的解决方法，有助于增进双方间的了解和培养互信的情感。

二、司法诉讼

司法诉讼就是国际经济活动中当事人向适用管辖权的法院起诉，通过国际民事诉讼程序解决争议纠纷的方式。如印度尼西亚的产品分成合同规定，双方应定期会晤，讨论石油作业的进行，尽一切努力友好协商，解决因此产生的任何争端；不能友好解决的争端应提交特别仲裁或国际商会；在仲裁不成功时，争端应提交印度尼西亚国内法院解决。中国民事诉讼法设专章规定了涉外民事诉讼程序，用于解决涉外的民事纠纷。

司法诉讼是一种非常严肃和严格的解决争议的方式，它涉及司法管辖权和法律适用问题，本文将在下面设专节介绍此内容。

值得注意的是，仲裁和司法解决适用的法律通常是资源开发国的国内法；有些国家在国内法之外，还允许适用国际法。如泰国的租让协议规定，仲裁裁决适用的法律为泰国法及可适用的国际法原则。中国的《对外合作开采海洋石油资源条例》第三条也规定："在本条例范围内，合作开采海洋石油资源的一切活动，都应遵守中华人民共和国的法律、法令和国家的有关规定；参与实施石油作业的企业和个人，都应受中国的法律的约束，接受中国政府有关主管部门的检查、监督。"如果没有相关的法律，则"应适用为双方所接受的、在石油资源国广泛使用的法律适用原则"。

三、国际商事仲裁

国际商事仲裁,一般而言是指在国际商事交往中,当事人各方依据合同中的仲裁条款或单独的仲裁协议,自愿将现在或将来的具有商事性质的争议提交给各方同意的仲裁员进行审理,并作出有约束力的裁决的一种争议解决方式。它具有仲裁机构(仲裁庭)的民间性、管辖的非强制性、当事人的自主性、解决争议的快捷性和灵活性、仲裁的保密性和仲裁裁决的强制执行性等特点。这些特点使这种争端解决方式备受欢迎。世界著名的仲裁机构有国际商会仲裁院、解决投资争端国际中心、伦敦国际仲裁院、中国国际经济贸易仲裁委员会和中国华南国际经济贸易仲裁委员会等。

通常,各国的石油立法或石油协议对仲裁庭的组成、地点、程序和法律效力等有明确规定。仲裁庭可由一人或多人组成;仲裁员可由双方指定或约定的机构指定;仲裁地通常是资源开发国,也可以是国际仲裁机构所在地;仲裁依据的规则在很多发展中国家采用的是国际商会、解决投资争端国际中心、联合国国际贸易法委员会以及国际仲裁机构的仲裁规则;仲裁裁决根据仲裁庭的意见作出,裁决通常是终局,对双方具有约束力。如英国与挪威《1976年关于开发弗里格气田和从气田向英国输送天然气的协定》规定,有关协定的解释或适用的任何争端或许可证持有人之间或管道所有者之间有关协定的任何其他事项应提交政府间谈判或弗里格协商委员会解决;如果没有解决,任何一方政府都可以将争端提交仲裁庭解决,仲裁决定对双方政府有拘束力。

四、国际组织解决

当前,国际组织在解决国际民商事纠纷中发挥着日益广泛的作用,国际组织也是逐渐成为解决国际石油合作纠纷的有力支撑。随着越来越多的国家加入WTO,通过WTO争端解决机构解决国际民商事纠纷越来越受到欢迎。

在上述四种解决机制中,影响最为广泛的是司法诉讼、国际商事仲裁和国际组织解决。

第二节 中国国际石油合作诉讼管辖权

一、国际民事管辖权的一般原理

(一)国际民事管辖权的含义

国际民事管辖权是指一国法院受理涉外民事案件的权限范围。国际民事管辖权的核心问题是一个特定的涉外民事案件应由哪个国家的法院审理,或者说哪个国家的法院有权对该特定的涉外民事案件进行管辖。至于涉外民事案件应由一国境内何地、何类、何级法院审理,则属于国内民事诉讼法所要解决的问题。

国际民事管辖权不同于国际商事仲裁中的仲裁管辖权。国际民事管辖权是一种司法管辖权,通常由国家的立法或有关的国际条约直接规定,并具有强制性。在国际民事诉讼中,虽然当事人在一定条件下也可以协议选择管辖法院,但这种选择必须以国家的法律规定为依据,并且各国对当事人选择管辖法院还有诸多限制。而国际商事仲裁中的仲裁管辖权则不一样，国际商事仲裁机构只是民间性质的机构，不具有强制管辖任何案件的权力，只有在双方当事人协商一致将争议提交给某仲裁机构仲裁的情况下，该仲裁机构才有资格对争议进行审理和裁决。换言之，仲裁管辖权并不由国内立法或国际条约直接规定，而是产生于当事人的授权。

国际民事管辖权与国内民事管辖权也不相同。国际民事管辖权涉及的是国与国之间管辖权的分配问题，而国内民事管辖权涉及的是一国之内不同种类、不同地域、不同级别的法院之间管辖权的分配问题。此外，国际民事管辖权有时可依当事人的国籍来确定，但在确定国内民事管辖权时，对当事人的国籍这一因素则无须考虑。

（二）国际民事管辖权的意义

在国际民事诉讼中，管辖权问题具有十分重要的意义。

首先，对涉外民事案件行使管辖权，是国家主权的重要体现。根据国家主权原则，每一主权国家都享有属地管辖权和属人管辖权。所谓属地管辖权，是指主权国家有权对位于其领域内的一切人和物以及发生在其领域内的一切行为和事件行使管辖权。所谓属人管辖权，是指国家对具有本国国籍的人，无论其在国内还是在国外，都有权进行管辖。国家主权延伸到司法领域，就要求一个国家的法院对那些与本国领域内的人、物、事件和行为有关或者与本国国民有关的涉外民事案件行使管辖权。只有这样，国家的主权和利益才能得到维护。

其次，国际民事管辖权的确定，是一国法院受理涉外民事案件和进行审判的前提。一国法院能否受理某一涉外民事案件，关键在于对该案件有无管辖权。只有在确定一国法院对某一涉外民事案件具有管辖权之后，该国法院才能对案件进行审理和判决。如果不具有管辖权的法院受理了案件，其作出的判决将被其他国家拒绝承认和执行。

再次，国际民事管辖权的确定，对当事人的诉讼地位有较大的影响。按照诉讼程序依法院地法这一各国公认的原则，当事人在哪个国家的法院进行诉讼活动，就应当依哪个国家的法律享受诉讼权利和承担诉讼义务。在有关国家对当事人的诉讼权利和诉讼义务规定不同的情况下，案件由不同国家的法院受理，当事人享受的诉讼权利和承担的诉讼义务也就必然有所差异。

最后，国际民事管辖权的确定，对涉外民事案件的最终审判结果有重大影响。法院在处理涉外民事案件时，通常都是依本国的国际私法规则来确定所应适用的实体法。由于各国的国际私法规则各不相同，因而同一个涉外民事案件如果由不同国家的法院行使管辖权，就会依不同的国际私法规则援引不同的实体法作为准据法，并据此对案件作出不同的判决。从这一点来讲，管辖权的确定，也就决定了案件的最终处理结果。

正是由于国际民事管辖权具有以上重要意义，所以，国际上争夺国际民事管辖权的斗争一直十分激烈。一方面，不少国家总是希望尽量扩大本国法院的管辖权，并常以他国法院无管辖权为由拒绝履行他国法院的委托或拒绝承认和执行他国法院的判决；另一方面，涉外民事案件的当事人为了获得对自己有利的判决，也常常采取"挑选法院"的做法，向可能作出对其有利判决的法院提起诉讼。

（三）确定国际民事管辖权的主要原则

从各国立法和有关国际条约的规定看，国际民事管辖权通常是以案件同有关国家的特定联系为标准来确定。按照联系因素的不同，确定涉外民事案件管辖权的原则主要有以下几个。

1. 属地管辖原则

属地管辖原则又称地域管辖原则或领土管辖原则，它是以领土为标志来确定国际民事管辖权。凡涉外民事案件的当事人、诉讼标的物或被告的财产在一国领域之内，或者有关的民事行为或事件发生在一国领域之内，该国法院即对案件具有管辖权。从各国立法和实践看，属地管辖主要有以下几种情况：

（1）以被告住所地为标志确定管辖权。这是属地管辖原则中最常用的一种管辖制度，它源于各国民事诉讼法中"原告就被告"原则，即由原告向被告住所地法院起诉。这一管辖制度被德国法系国家、英美法系国家以及苏联和东欧一些国家所采用，例如，《秘鲁民法典》（1984）第二千零五十七条规定："秘鲁法院有权对住所在秘鲁境内的被告行使司法管辖权。"有些国际条约也采用这一制度，如1968年欧洲经济共同体《关于民商事件管辖权及判决执行的公约》第二条第一款规定："除本公约另有规定外，凡在一个缔约国有住所的人，不论其所属国籍，均得在该国法院被诉。"

（2）以诉讼标的物或被告财产所在地为标志确定管辖权。由于以诉讼标的物所在地或被告财产所在地为标志确定并行使管辖权有利于法院判决的有效执行，所以各国普遍承认这一管辖制度。如1971年美国《冲突法第二次重述》第五十九条规定："一州有权行使司法管辖权以影响对该州立地的权益，即使享有或主张该土地权益的人不属该州司法管辖范围。"第六十条规定："一州有权行使司法管辖权以影响该州内并非处于州际或对外贸易运输过程中的动产中的权益，即使享有或主张该动产权益的人不属该州司法管辖范围。"1987年《瑞士联邦国际私法》第一百条、1928年美洲国家间《布斯塔曼特法典》第三百二十四条和第五百二十五条也有类似规定。

（3）以法律事实发生地为标志确定管辖权。法律事实包括行为和事件。在涉外契约纠纷案件中，各国普遍主张以合同的订立地或履行地为标志确定管辖权；在涉外侵权行为案件中，各国普遍主张以侵权行为地为标志确定管辖权。例如，《秘鲁民法典》（1984）第二千零五十八条规定："秘鲁法院在下述情况下，对于住所地在国外者的承袭财产案件同样有司法管辖权：……诉讼涉及应在共和国境内履行的债，或者因在共和国境内订立的合同或发生的事实而产生的债。对于因在共和国境内实施或产生后果的罪行而引起的民事诉讼，为专属管辖权；……"1965年欧洲经济共同体《关于民商事件管辖权及判决执行的公约》第五条中也有类似的规定。

2. 属人管辖原则

属人管辖原则是以当事人的国籍为标志确定国际民事管辖权。采用属人管辖原则的主要有法国、意大利、荷兰、比利时、卢森堡、西班牙以及南美洲的部分国家，其中以法国最为典型。《法国民法典》（1804）第十四条规定："不居住在法国的外国人，曾在法国与法国人订立契约者，因此契约所生债务的履行问题，得由法国法院受理；其曾在外国订约，对法国人负有义务者，亦得由法国法院受理。"第十五条规定："法国人在外国订约所负的债务，即使对方为外国人的情形，得由法国法院受理。"按照这些规定，只要一方当事人具有法国国籍，无论其是被告还是原告，法国法院对案件都有管辖权。由于这种管辖制度将被告置于十分不利的地位，所以，许多学者均对此持批评态度。

3. 专属管辖原则

专属管辖原则也称独占、排他的管辖原则，是指一国规定某些涉外民事案件只能由本国法院管辖，而不承认他国法院对此类案件的管辖权。凡属一国专属管辖的案件，如果其他国家法院行使了管辖权,则其他国家法院的判决在该国得不到承认和执行。

专属管辖案件的范围,一般由各国根据本国的具体情况自行决定。各国比较一致的主张是,有关不动产的案件由不动产所在地法院专属管辖。此外,有些国家还将有关当事人的权利能力和行为能力的案件,有关登记效力的案件以及有关婚姻、家庭、亲属、收养、继承等方面的案件,纳入专属管辖的范围。为了协调国家之间的关系,有些国际条约也规定了专属管辖问题。如1968年欧洲经济共同体《关于民商事件管辖权及判决执行的公约》第十六条除规定不动产物权或其租赁权纠纷由财产所在地国法院管辖之外,还规定:公司或其他法人组织的成立、撤销、破产、清算等,由法人或其他法人组织所在地国法院管辖;有关确认公共登记效力的诉讼,由保管登记簿的机构所属国法院管辖;有关专利、商标等的注册或效力纠纷,由登记注册国法院管辖。

4. 协议管辖原则

协议管辖也称合意管辖,它源于当事人"意思自治"原则,指的是双方当事人可以协议将他们之间可能发生或已经发生的纠纷交付给某国法院管辖和审理。由于协议管辖能够有效地解决因各国对管辖的规定不同所造成的管辖冲突并且有利于法院判决的顺利执行,所以许多国家的立法中都规定有协议管辖制度。

各国在承认协议管辖原则的同时也对该原则的适用规定了若干限制,主要包括:第一,协议管辖只适用于涉外合同和其他财产权益纠纷案件,而不适用于有关身份方面的案件;第二,协议管辖只限于选择一审法院,二审时当事人无权选择管辖法院;第三,当事人协议选择管辖法院不得违反有关国际条约和国内立法关于专属管辖的规定;第四,当事人协议选择的管辖法院应与案件有实际联系。

对当事人协议选择管辖法院的方式,各国的规定和要求不尽相同。有的国家规定,协议管辖必须以当事人书面或口头的明示协议为依据;但也有国家除承认明示协议外还承认默示的协议,即在当事人不存在选择管辖法院的明示协议的情况下,如果原告向一国法院起诉而被告来就该国法院的管辖提出异议并应诉答辩的,就视为被告承认该国法院对案件的管辖权。例如,《南斯拉夫法律冲突法》(1982)第四十九条规定明示的协议管辖之后,第五十条又规定:"当南斯拉夫社会主义联邦共和国法院的管辖权是以被告同意南斯拉夫社会主义共和国法院审理为依据时,被告作出对起诉的答辩表示其同意进行审理,但对支付命令提出异议,不应认为是反对管辖。"《布斯塔曼特法典》(1928)第三百一十八条、《秘鲁民法典》(1984)第二千零五十九条也承认当事人通过默示协议选择管辖法院的做法。

除上述确定国际民事管辖权的原则外,还有所谓的"选择管辖"原则,即一国在主张本国法院对某类涉外民事案件享有管辖权的同时,也不否认别国法院享有管辖权。

从多数国家的立法和实践看,上述原则的运用都不是机械的,通常是以一种原则为主,辅之以其他原则。

(四) 国际民事管辖权的冲突及其解决

1. 国际民事管辖权的冲突

由于各国确定国际民事管辖权的标准不同,因而在实践中可能发生国际民事管辖权的冲突问题。国际民事管辖权的冲突可表现为积极冲突和消极冲突两种情形。凡两个或两个以上国家的法院对同一涉外民事案件交叉或重复行使管辖权的,称为国际民事管辖权的积极冲突；凡对某一涉外民事案件各国均无管辖权的，称为国际民事管辖权的消极冲突。在国际民事诉讼中，常见的是管辖权的积极冲突，国际私法所要致力解决的也是管辖权的积极冲突。至于管辖权的消极冲突，各国通常是在国内立法中赋予法院一定的自由裁量权，由法院在方便当事人诉讼的情况下，例外地受理一些各国都无管辖权的案件。

国际民事管辖权的积极冲突，主要是由下列原因引起：第一，对同一起涉外民事案件，两个或两个以上国家的法院依其确定管辖权的标准都享有管辖权；第二，当事人就同一案件向两个或两个以上有管辖权的国家的法院提起诉讼，如原告先后或分别在几个国家的法院起诉，或者几个原告分别在不同国家法院起诉，或者双方当事人互相以对方为被告分别在不同国家的法院起诉，或者案件经一国法院判决后败诉方又在另一国法院起诉；第三，两个或两个以上国家的法院都受理了该案件。

发生国际民事管辖权的积极冲突时，几个有管辖权的受案法院可能分别适用不同的法律对案件作出不同的判决，从而使当事人的权利义务关系难以确定。同时，在几个受案法院都对案件作出判决的情况下，它们之间往往会互相拒绝承认和执行对方国家法院对该案件作出的判决，这既不利于当事人权利的实现，也不利于发展正常的国际民事交往。正是由于国际民事管辖权的冲突会产生种种不良的后果，所以各国都应当采取必要的措施以解决这一问题。

2. 国际民事管辖权冲突的解决

对国际民事管辖权的冲突，目前主要是依一些双边条约和区域性条约加以解决。这些国际条约在一定范围内统一了有关国家行使管辖权的标准，因而在一定程度上消除了管辖权的冲突。有关解决国际民事管辖权冲突的国际条约主要有《布斯塔曼特法典》（1928）、《关于船舶碰撞中民事管辖权若干规则的国际公约》（1952）、《国际有体动产买卖协议管辖公约》（1958）、《协议选择法院公约》（1965）、《关于民商事件管辖权及判决执行的公约》（1968）、《国际油污损害民事责任公约》（1969）等。其中，《关于民商事件管辖权及判决执行的公约》（1968）对解决国际民事管辖权冲突的问题规定得最为详细和完备。现将该公约主要规定简介如下：

（1）公约的适用范围。公约第一篇规定，该公约适用于民商事案件，但该公约对下列案件不予适用：①自然人的身份或能力，夫妻财产制以及遗嘱或继承；②破产、清算协议及其他类似程序；③社会保障；④仲裁。

（2）关于地域管辖。公约第二篇第一节规定了被告住所地法院管辖原则，但第二节又规定了非被告住所地国法院也可以行使管辖权的若干情形：①有关合同案件，债务履行地法院有权管辖；②有关强制扶养案件，被扶养人住所或惯常居所地法院有权管辖；③有关侵权行为案件，侵权行为发生地法院有权管辖；④根据产生刑事诉讼的行为而提起损害赔偿或要求恢复原状的民事诉讼，审理刑事诉讼的法院有权管辖；⑤有关法人分支机构或代理机构的业务活动所产生的争议，该分支机构或代理机构所在地法院有权管辖。

（3）关于专属管辖。公约第二篇第五节对专属管辖作了如下规定：①以不动产物权或其租赁权为标的的诉讼，专属不动产所在地的缔约国法院；②以法人的有效成立、撤销或歇业清理，或以有关其机构的决议是否有效为标的的诉讼，专属法人所在地的缔约国法院；③以确认公共登记效力为标的的诉讼，专属保管登记簿的缔约国法院；④有关专利权、商标权的诉讼，专属接受申请或办理注册的缔约国法院；⑤有关判决执行事项，专属执行地的缔约国法院。

（4）关于协议管辖。公约第二篇第六节规定，如果当事人一方或数方在一个缔约国有住所，就可以达成协议，选择某个缔约国的某一法院或某些法院管辖其争议。但协议选择管辖法院不得违反有关专属管辖的规定。

（5）关于管辖权冲突的解决。公约第二篇第七节、第八节对管辖权冲突的解决办法作了规定。如第二十一条规定："相同当事人间就同一诉因在不同缔约国法院起诉时，首先受诉法院以外的其他法院应主动放弃管辖权，让首先受诉法院受理。"第二十三条规定："属于数个法院有专属管辖权的诉讼，首先受诉法院以外的法院应放弃管辖权，让首先受诉法院审理。"

二、国际石油合作诉讼分配管辖权

共同开发区是有关国家在国际法上具有确定的专属管辖权或自认为具有这种权力的区域之间建立的，因此管辖权的分配通常是共同开发协定的一项重要内容。共同开发区的管辖权主要涉及当事国在立法、行政、司法和防务等方面的权力。从现有的共同开发协定来看，对管辖权的处理方式主要有以下类型。

（一）由一个国家单独管辖并依其法律行使

如根据巴林与沙特阿拉伯就法席图·卡·萨阿法油田达成的协议规定，油田归沙特阿拉伯所有，巴林分享该油田纯收入一半的权利无损于沙特阿拉伯对油田区域的主权和行政管理权。

（二）两国在共同开发区内边界线的各自一侧行使管辖权和适用法律

在跨界石油矿藏的联合开发和把共同开发区作为大陆架边界线补充因素的情形下，有关国家已经划定了它们间的大陆架或专属经济区边界线，这意味着有关国家行使主权权利有了明确的疆界范围，建立在边界线两侧的共同开发区并不改变边界线作为两国间主权权利分界的意义。因此，每个国家通常在共同开发区内其边界线一侧的区域行使管辖权，并执行其法律。冰岛与挪威就边界共同开发协定，在共同开发区内被边界线分隔的挪威部分和冰岛部分，双方在各自的区域内适用其有关控制石油勘探开发活动、安全措施和环境保护的立法、石油政策及法规，双方的行政当局负责各自区域的行政管辖。

（三）两国共同管辖和作业者的国籍国管辖

在将共同开发区作为替代边界线解决方法的情形中，由于并不存在一条确定的边界线，管辖权的分配则成为问题。如前所述，作为边界争端替代解决方法的共同开发区是有关国家同意搁置他们主张行使主权权利的海洋区域，即任何一方都不能在共同开发区内单方面或竞相行使管辖权。但在共同开发安排中，该区域不能作为一个"无法律"区域存在。解决这一问题有两个明显的方法可供选择：一是制定适用于共同开发区的统一法律，然而在较短时间内要就这方面达成协议似乎难度极大；二是将共同开发区分为两个管辖区域，双方将其法律适用于自己管辖的那部分区域，但这给人留下当事方间的管辖权已在地理上划定的印象，明显地与共同开发协定搁置主权权利争议的指导精神不相符合。在这种现实考虑下，有些国家设定了两国共同管辖和作业者的国籍国管辖的模式。共同管辖通常辅以联合管理机构进行，如在泰国和马来西亚的共同开发区，两国对该区域海床及底土的非生物自然资源的勘探、开发、控制及行政管理的权力由代表双方的联合管理局行使，而有关捕鱼、航行、海洋研究、防止污染以及其他相关事项等的管辖权，两国政府均可以行使，联合管理局应承认和尊重这些权利。为避免管辖权的冲突，共同开发区被分为马来西亚小区和泰国小区。但这种刑事管辖区域既不能视为两国已确定在共同开发区的大陆架边界线,也不应损害任何一方在该区域内的主权权利。后来,泰国和马来西亚还同意将此项分区制度适用于其他法律及民事管辖。

(四) 混合形式的管辖

有些国家基于两国间的特殊关系和实际考虑,在共同开发区的管辖上适用上述某几种形式的结合。如在科威特与沙特阿拉伯的共同开发安排中,除不妨碍双方对整个区域内自然资源的权利外,双方对中立区中已划归为各自领土的那部分行使行政、立法和防卫权;对于中立区6海里以外的大陆架区域,两国行使平等的权利。在澳大利亚与印度尼西亚的合作区,双方各自在B区和C区行使其管辖权和适用其法律,而共同开发的A区则由两国共同管辖,A区内有关石油勘探开发的活动由对部长理事会负责的联合管理局监督与控制。

三、中国国际石油合作诉讼管辖权的内容

中国法院确定国际民事管辖权的根据有两个方面:一是中国缔结或参加的国际条约关于管辖权的规定,二是中国国内立法关于涉外民事案件管辖权的规定。

在中国缔结或参加的国际条约中,有国际民事管辖权内容的国际公约主要有《国际铁路货物联运协定》(1951)、《关于船舶碰撞中民事管辖权若干规则的国际公约》(1952)、《统一国际航空运输某些规则的公约》(1958)、《维也纳外交关系公约》(1961)、《维也纳领事关系公约》(1963)、《国际油污损害民事责任公约》(1969)、《联合国国际货物销售合同公约》(1980)等。此外,中国与英、美、法等国缔结了一系列包含有国际民事管辖权内容的双边条约。司法实践中,中国法院在决定是否对某一涉外民事案件行使管辖权时,通常是优先适用中国缔结或参加的国际条约的规定,但中国声明保留的条款除外。

无条约规定或者条约的规定不能适用于有关的涉外民事案件时,中国法院应根据中国《民事诉讼法》的有关规定确定国际民事管辖权。中国《民事诉讼法》关于国际民事管辖权的规定,主要包括以下几个方面的内容:

(一) 级别管辖

根据《民事诉讼法》第十七条、第十八条的规定,一般的涉外民事案件应以基层人民法院为第一审法院,重大涉外案件应以中级人民法院为第一审法院。按照最高人民法院《关于适用〈民事诉讼法〉若干问题的意见》的解释,重大涉外案件是指争议标的额大,或者案情复杂,或者居住在国外的当事人人数众多的涉外案件。涉外海事、海商案件应以各海事法院为第一审法院,它的上诉审法院应是各海事法院所在省、自治区、直辖市的高级人民法院。

(二) 地域管辖

同世界上大多数国家一样,中国一般是以被告住所地为标准确定国际民事管辖权,即采用原告就被告作法。只要涉外民事案件中的被告住所地在中国境内,中国法院就有管辖权。如果被告的住所地同其经常居住地不一致,只要其经常居住地在中国境内,中国法院也有管辖权(《民事诉讼法》第二十一条)。但是,对不在中国领域内居住的人提起的有关身份关系的诉讼,则可由原告住所地的中国法院管辖(《民事诉讼法》第二十二条)。

除上述地域管辖的一般原则之外,根据《民事诉讼法》第二百六十五条,对于被告住所

不在中国境内的某些涉外民事案件，中国法院还可以依特殊的地域标准行使管辖权，即：因合同纠纷或者其他财产权益纠纷，对在中国领域内没有住所的被告提起的诉讼，只要合同签订地、合同履行地、诉讼标的物所在地、被告可供扣押的财产所在地、侵权行为地、被告代表机构住所地在中国境内，中国上述地点的人民法院就有权对有关的涉外民事案件进行管辖。

（三）专属管辖

中国《民事诉讼法》第二百六十六条规定："因在中华人民共和国履行中外合资经营合同、中外合作经营合同、中外合作勘探开发自然资源合同发生纠纷提起的诉讼，由中华人民共和国法院管辖。"此外，《民事诉讼法》第三十三条还规定以下三种案件为专属管辖：（1）因不动产纠纷提起的诉讼，由不动产所在地人民法院管辖；（2）因港口作业中发生纠纷提起的诉讼，由港口所在地人民法院管辖；（3）因继承遗产纠纷提起的诉讼，由被继承人死亡时住所地或者主要遗产所在地人民法院管辖。

第三节 中国国际石油合作的商事仲裁

一、国际商事仲裁的一般原理

（一）国际商事仲裁的含义和特点

1. 国际商事仲裁的含义

国际商事仲裁是指设在国际组织或一个国家境内的仲裁机构，根据双方当事人达成的仲裁协议，对当事人提交的国际商事争议进行审理并作出具有拘束力的裁决的解决争议的方式。

对于国际商事仲裁的"国际性"和"商事性"，各国立法、有关的国际条约以及国际商事仲裁机构的仲裁规则通常都倾向于作广义的解释。例如，按照《联合国国际贸易法委员会国际商事仲裁示范法》（1985），只要仲裁协议的当事人在签订仲裁协议时营业地位于不同国家，或者仲裁地点不在当事人营业地所在国，或者商事契约的实质性义务的履行地点不在当事人营业地所在国，或者与争议的标的最密切关联的地点不在当事人营业地所在国，或者与仲裁协议的标的有关的国家在一个以上，仲裁就具有"国际性"。该示范法还认为，商事包括由所有商事性质的关系所产生的事项，无论契约性质与否。商事性质的关系包括但不限于下述交易：提供或交换货物或劳务；经销协议；商务代表或代理；代理经营；工厂建筑；咨询；工程；许可证交易；投资；金融；银行业务；保险；勘探合同或特许；合资经营以及工业或商业合作经营的其他形式；经由空运、海运、铁路或公路装运货物或旅客。

从上述解释可以看出，对一国而言，凡是具有涉外因素的由所有商事性质的关系所产生的事项发生纠纷引起的仲裁，都可以视为国际商事仲裁。正是由于国际商事仲裁解决的争议事项包含涉外因素且具有商事性质，因此，国际商事仲裁又称涉外商务仲裁，或简称涉外仲裁。

2. 国际商事仲裁的特点

与解决国际民商事争议的其他方式相比较而言，国际商事仲裁具有以下几个显著特点：
（1）仲裁机构的民间性。执行国际商事仲裁职能的仲裁机构，一般是民间性机构而非国家的司法机关。根据大多数国家的立法，国际商事仲裁机构虽然可以对当事人提交的争议进行审理并作出裁决，但它不能行使国家司法机关的职权，如无权对当事人采取任何强制措施、无权强令证人到庭作证、无权强制执行仲裁裁决等。

（2）管辖的非强制性。国际商事仲裁机构只能根据双方当事人达成的仲裁协议受理案件，其管辖权来自双方当事人的协议授权，而非出自法律的严格规定。双方当事人未协议选择某一仲裁机构解决其争议时，该仲裁机构对有关的争议无权受理。

（3）当事人的自主性。在国际商事仲裁中，双方当事人享有较为充分的意思自治权。他们可以约定把哪些争议交付仲裁，还可以协议选择仲裁机构、仲裁员、仲裁地点、仲裁应适用的程序以及解决争议应当适用的实体法等。

（4）解决争议的快捷性和灵活性。国际商事仲裁通常实行一裁终局制，仲裁裁决一经作出，即对双方当事人产生拘束力，当事人不得就仲裁裁决中确定的事项重提是非，非依法律途径，其他机构也不得变更仲裁裁决。一裁终局的仲裁制度，排除了当事人提起上诉的可能，因而与国际民事诉讼相比，大大缩短了解决争议的时间。此外，仲裁庭在审理案件的过程中，可以进行调解，也可以支持双方当事人自行和解，因而仲裁解决争议具有较大的灵活性。

（5）仲裁的保密性。为了保证当事人各方商业秘密的安全，仲裁庭审理案件原则上不公开进行。同时，仲裁机构、仲裁员和案件的当事人对仲裁案件也负有保密的责任。这种审理方式，与法院原则上公开审理案件的方式明显不同。

（6）仲裁裁决的强制执行性。仲裁机构虽然是民间性质的机构，但各国法律和有关的国际条约一般都赋予了仲裁裁决强制执行的法律效力。如果一方当事人不履行仲裁裁决中确定的义务，另一方当事人可以依执行地国家的法律规定申请强制执行。

（二）国际商事仲裁协议

1. 国际商事仲裁协议的含义和种类

国际商事仲裁协议（以下简称仲裁协议）是指双方当事人同意将他们之间可能发生或者业已发生的国际商事争议交付仲裁机构仲裁的共同意思表示。由于仲裁必须以仲裁协议为依据，因此，当事人之间存在有效的仲裁协议，是仲裁程序得以启动的前提条件。

根据大多数国家的仲裁规范，仲裁协议必须以书面形式订立，方被认为有效。书面形式的仲裁协议按其载体不同，可分为仲裁条款、仲裁协议书、其他文件中包含的仲裁协议三种。

1）仲裁条款

仲裁条款是指当事人在合同中以合同条款形式达成的、约定将可能发生的有关本合同的争议提交仲裁并受仲裁裁决约束的一种仲裁协议。仲裁条款虽然是合同的组成部分，但它又具有相对的独立性，即合同的变更、解除、终止、失效或无效，均不影响仲裁条款的效力。这就是所谓的仲裁条款单独有效原则。

当事人在订立合同时，由于合同争议尚未发生，以何种方式解决以后可能发生的合同争议，并不威胁当事人的现实利益，因而仲裁条款比较容易达成。此外，以合同条款形式达成仲裁协议，还可以避免单独签订仲裁协议的烦琐手续，对当事人甚为经济、方便，当事人也乐于采用。正因如此，仲裁条款是最常见的一种仲裁协议。

目前，不少常设仲裁机构都制定有"建议的仲裁条款"（即格式仲裁条款），供当事人在订立合同时采用。如斯德哥尔摩商会仲裁院建议的仲裁条款："所有与本合同有关的争议均依《斯德哥尔摩商会仲裁院规则》以仲裁最终解决之。"该仲裁院同时建议当事人在必要时加上:"仲裁庭由×名成员（或独任仲裁员）组成。""本合同中的事件应依××法律解决。""仲裁辩论应以××语进行。"中国的国际仲裁机构建议的仲裁条款为:"凡因本合同引起的或与本合同有关的任何争议，均应提交××仲裁机构仲裁，按照申请仲裁时该会现行有效的仲裁规则进行仲裁。仲裁裁决是终局的，对双方均有约束力。"这种由常设仲裁机构建议的仲裁条款，只有经当事人采用并规定在其签订的合同中，才能成为具有约束力的仲裁协议。

2）仲裁协议书

仲裁协议书是指双方当事人之间签订的约定将已经发生或将来可能发生的争议提交仲裁的单独的书面文件。仲裁协议书不是表现为合同中的一个条款，而是合同文本以外的一个单独文件。

当事人以订立仲裁协议书的方式约定将争议提交仲裁，通常是发生在以下几种场合：第一，合同中未订立仲裁条款时，当事人可以订立一项仲裁协议书，规定将该合同的争议提交仲裁；第二，合同中订立的仲裁条款无效，而双方当事人仍愿意通过仲裁解决该合同的争议时，可以订立一项有效的仲裁协议书，规定将该合同的争议提交仲裁；第三，双方当事人协商一致对合同中的仲裁条款进行补充或修订时，可以订立仲裁协议书，对原仲裁条款予以补充或修订；第四，非合同性质的商事关系发生纠纷时，双方当事人同意提交仲裁的，可以订立仲裁协议书，规定将争议提交仲裁。

3）其他文件中包含的仲裁协议

这种仲裁协议，是指双方当事人在相互往来的信函、电报、电传、传真和其他书面材料中，同意将某一特定的争议提交仲裁的共同意思表示。这种仲裁协议的特点是双方当事人同意仲裁的共同意思表示并不集中表现在一个文件中，而是分散在相互往来的多份文件中，只有把这多份文件综合起来，才能确定当事人之间存在仲裁协议。例如，一方当事人在发给另一方当事人的文件中建议把某一争议提交给某个仲裁机构依该仲裁机构的仲裁规则仲裁解决，另一方当事人发回的文件中表示接受建议，同意将争议提交该仲裁机构依其仲裁规则仲裁，即是属于这种类型的仲裁协议。

2. 仲裁协议的主要内容

仲裁协议的内容，在不违背有关国家强制性规定的前提下，原则上由双方当事人协商确定。一般而言，一项完整、有效的仲裁协议，应当包括以下几个方面的内容：

（1）提交仲裁的争议事项。按照国际上通行的做法，当事人只能就仲裁协议中规定的争议事项提请仲裁，仲裁机构也只能对仲裁协议中规定的争议事项进行裁决，因此，任何一项仲裁协议，都必须明确规定提交仲裁的争议事项。仲裁协议中对提交仲裁的争议事项的规定，应当符合以下要求：第一，提交仲裁的争议事项具有可仲裁性，即该争议事项可以通过仲裁方法解决；第二，提交仲裁的争议事项属于仲裁协议中选择的仲裁机构的受案范围；第三，提交仲裁的争议事项必须明确、具体、特定。

（2）仲裁地点。由于仲裁地点不仅关系到当事人是否方便参加仲裁，而且常常关系到仲裁适用的程序规范和实体法，因此，当事人在仲裁协议中一般都要对仲裁地点作出明确规定。实践中，大多数仲裁协议都规定仲裁活动应在仲裁机构所在地进行，但也有一些仲裁协议规定的仲裁地点与仲裁机构所在地不一致。

（3）仲裁机构。关于选择仲裁机构的问题，国际商事仲裁的习惯做法有两种：一种是将争议提交给某个常设仲裁机构仲裁;另一种是组织临时仲裁机构进行仲裁。如果双方当事人约定将争议提交给某一常设仲裁机构仲裁,就应当在仲裁协议中写明该常设仲裁机构的名称。如果约定由临时仲裁庭进行仲裁,则应当在仲裁协议中对仲裁庭的组成人数以及如何指定仲裁员等问题作出明确规定。

(4) 仲裁适用的规则。在通常情况下,当事人将争议提交某一常设仲裁机构仲裁,也就意味着同意适用该常设仲裁机构的仲裁规则。有些常设仲裁机构甚至要求必须适用本机构的仲裁规则,而不允许当事人自由选择仲裁规则。但是,也有一些常设仲裁机构允许当事人选择仲裁规则,或者允许当事人对本机构的仲裁规则作出修改。因此,双方当事人可以在仲裁协议中对仲裁适用的规则作出约定。如果争议交由临时仲裁机构仲裁,双方当事人可以在仲裁协议中自己制定仲裁规则,也可以在仲裁协议中选择适用某一常设仲裁机构的仲裁规则。

(5) 仲裁裁决的效力。仲裁裁决的效力主要是指裁决是否为终局;对当事人有无约束力;如不服裁决,能否向法院起诉要求变更等。大多数国家的仲裁立法都规定仲裁裁决是终局的,当事人不得向法院起诉要求变更。但也有少数国家规定,除非当事人在仲裁协议中放弃上诉权,否则,当事人可以对仲裁裁决提起上诉。例如《1980年法兰西共和国仲裁法令》第四十二条就有这样的立法规定。有鉴于此,仲裁协议中有必要对仲裁裁决的效力作出明确规定。

除以上几个主要方面外,仲裁协议中还可以规定双方当事人协商一致的其他内容,如仲裁使用的语文、仲裁费用的负担等。

3. 仲裁协议的有效条件

仲裁协议要产生法律上的效力,其本身必须有效。仲裁协议有效的基本条件包括:

(1) 订立仲裁协议的人必须具有合法资格。订立仲裁协议的合法资格主要包括两个方面:首先,订立仲裁协议的人必须是该协议的当事人或其合法代理人。仲裁协议在性质上是当事人之间的契约,这种契约只能由当事人自己订立,或者由当事人的合法代理人以当事人的名义订立,否则,仲裁协议无效。其次,订立仲裁协议的人必须具有完全的行为能力。如果订立仲裁协议的人根据对其适用的法律为无行为能力或者限制行为能力,同样会产生仲裁协议无效的后果。

(2) 仲裁协议的双方当事人意思表示真实。合同法上的"双方当事人意思表示必须真实"原则同样适用于仲裁协议。如果一方当事人采取欺诈、胁迫等手段,使对方不能为真实意思表示而订立仲裁协议,则仲裁协议无效。

(3) 仲裁协议的内容必须合法。仲裁协议和其他契约一样,其内容必须合法,才能发生法律效力。仲裁协议内容的合法性,至少应当符合两个方面的要求:第一,约定提交仲裁的事项必须是有关国家的法律允许通过仲裁方式处理的事项;第二,仲裁协议的内容不得违反仲裁地国的强制性规定,不得与仲裁地国的公共秩序相违背。

(4) 仲裁协议的形式必须合法。除极少数国家(如瑞典)的法律对仲裁协议没有特殊的形式要求之外,大多数国家都规定仲裁协议必须以书面形式订立。有些国家的国内法对仲裁协议的形式的要求更为严格,它们要求仲裁协议必须用公证的形式作成。凡是不符合法定形式的仲裁协议,都属于无效仲裁协议。

4. 仲裁协议的效力

仲裁协议作为一种特殊的契约,其效力不仅及于双方当事人,而且还及于仲裁机构、仲裁员和有关国家的法院。仲裁协议的效力主要表现在以下几个方面:

(1) 对双方当事人的效力。仲裁协议一经合法成立，即对双方当事人产生法律上的约束力。首先，就仲裁协议中规定提交仲裁的事项，当事人必须承担不向法院起诉的义务，发生纠纷时，当事人之间不能协商解决的，只能依仲裁协议向仲裁机构申请仲裁。其次，仲裁协议中的各项约定，双方当事人必须严格遵守，如遵守协议选择的仲裁规则，与仲裁机构积极配合以保证仲裁程序的顺利进行，自觉履行仲裁裁决等。

(2) 对仲裁机构的效力。仲裁协议对仲裁机构的效力主要表现在：第一，仲裁协议赋予了仲裁机构受理案件的权力，只有双方当事人在仲裁协议中约定将争议提交某仲裁机构仲裁时，该仲裁机构才能取得对争议的仲裁权。第二，仲裁协议的各项规定，对仲裁机构具有约束力，即仲裁机构只能对仲裁协议中规定提交仲裁的事项进行仲裁，而不能对仲裁协议约定范围以外的事项进行仲裁；如果仲裁协议中对仲裁应当适用的仲裁规则和实体法作了规定，仲裁庭应依仲裁协议中规定的仲裁规则和实体法进行仲裁（不允许选择仲裁规则者除外）；对双方当事人在仲裁协议中所作的其他约定，如仲裁庭的人数或指定仲裁员的方法等，仲裁机构也不得违反。

(3) 对法院的效力。有效的仲裁协议具有排除法院司法管辖权的效力，即对于双方当事人在仲裁协议中约定提交仲裁的事项，法院不得受理。如果一方当事人违反仲裁协议向法院起诉，另一方当事人有权根据有效的仲裁协议请求法院不予受理或者停止诉讼程序。仲裁协议对法院的效力，还表现为仲裁协议是法院承认和执行仲裁裁决的依据。仲裁机构根据有效仲裁协议作出的仲裁裁决，符合承认和执行的条件的，法院应当予以承认和执行。

二、中国国际商事仲裁

（一）中国国际商事仲裁机构

目前中国的国际商事仲裁机构有中国国际经济贸易仲裁委员会、中国海事仲裁委员会、华南国际经济贸易仲裁委员会和上海国际经济贸易仲裁委员会。

1. 中国国际经济贸易仲裁委员会

中国国际经济贸易仲裁委员会（简称 CIETAC），是以仲裁的方式，独立、公正地解决契约性或非契约性的经济贸易等争议的常设商事仲裁机构，是中国国际贸易促进委员会根据中央人民政府政务院 1954 年 5 月 6 日的决定、于 1956 年 4 月设立的，当时名称为对外贸易仲裁委员会。中国实行对外开放政策以后，为了适应国际经济贸易关系不断发展的需要，对外贸易仲裁委员会于 1980 年改名为对外经济贸易仲裁委员会，又于 1988 年改名为中国国际经济贸易仲裁委员会，自 2000 年 10 月 1 日起同时启用"中国国际商会仲裁院"名称。

中国国际经济贸易仲裁委员会总会设在北京。根据业务发展的需要，仲裁委员会在深圳、上海和重庆设立了华南分会、上海分会和西南分会。总会和分会使用相同的《仲裁规则》和《仲裁员名册》，在整体上享有一个仲裁管辖权。

仲裁委员会在组织机构上实行委员会制度，设主任一人，副主任若干人，委员若干人；主任履行仲裁规则赋予的职责，副主任受主任的委托可以履行主任的职责。仲裁委员会设立仲裁员名册，仲裁员由仲裁委员会从对法律、经济贸易、科学技术等方面具有专门知识和实际经验的中外人士中聘任。

仲裁委员会总会和分会设立秘书局与秘书处，各有秘书长一人，副秘书长若干人。总会秘书局和分会秘书处分别在总会秘书长和分会秘书长的领导下负责处理仲裁委员会总会和分会的日常事务。

仲裁委员会还设立三个专门仲裁委员会：专家咨询委员会、案例编辑委员会和仲裁员资格审查考核委员会。专家咨询委员会负责仲裁程序和实体上的重大疑难问题的研究和提供咨询意见，对仲裁员的培训和经验交流、对仲裁规则的制定和修订提供意见，对仲裁委员会的工作和发展提出建议等。案例编辑委员会负责案例编辑和仲裁委员会的年刊编辑工作。仲裁员资格审查考核委员会按照仲裁法和仲裁规则的规定，对仲裁员的行为进行监督考核，对仲裁员的聘任提出建议。

仲裁委员会总会、华南分会和上海分会根据当事人约定的仲裁条款（仲裁协议）受理当事人提起的国际的、涉外的和国内仲裁案件。根据《中国国际经济贸易仲裁委员会仲裁规则》第三条的规定，仲裁委员会受理下列争议案件：一是国际的或涉外的争议案件；二是涉及香港特别行政区、澳门或台湾地区的争议；三是国内争议案件。

2. 中国海事仲裁委员会

中国海事仲裁委员会的前身是中国国际贸易促进委员会海事仲裁委员会。根据《中国海事仲裁委员会仲裁规则》第二条的规定，它的受案范围是海事、海商、物流争议以及其他契约性或非契约性争议，包括：（1）租船合同、多式联运合同或者提单、运单等运输单证所涉及的海上货物运输、水上货物运输、旅客运输争议；（2）船舶、其他海上移动式装置的买卖、建造、修理、租赁、融资、拖带、碰撞、救助、打捞，或集装箱的买卖、建造、租赁、融资等业务所发生的争议；（3）海上保险、共同海损及船舶保赔业务所发生的争议；（4）船上物料及燃油供应、担保争议，船舶代理、船员劳务、港口作业所发生的争议；（5）海洋资源开发利用、海洋环境污染所发生的争议；（6）货运代理，无船承运，公路、铁路、航空运输，集装箱的运输、拼箱和拆箱，快递，仓储，加工，配送，仓储分拨，物流信息管理，运输工具、搬运装卸工具、仓储设施、物流中心、配送中心的建造、买卖或租赁，物流方案设计与咨询，与物流有关的保险，与物流有关的侵权争议，以及其他与物流有关的争议；（7）渔业生产、捕捞等所发生的争议；(8)双方当事人协议仲裁的其他争议。

3. 华南国际经济贸易仲裁委员会

华南国际经济贸易仲裁委员会（又称深圳国际仲裁院，SCIA），1983年设立于中国深圳经济特区。曾名"中国国际经济贸易仲裁委员会华南分会""中国国际经济贸易仲裁委员会深圳分会"。

该仲裁机构实行以理事会为核心的决策、执行和监督有效制衡治理机制，超过三分之一的理事来自境外。自成立以来，一直是粤港法律界长期合作的重要平台，也是中国商事仲裁现代化的探索者和国际化的重要组成部分。1984年在中国内地率先聘请境外仲裁员；1989年开创中国内地仲裁裁决依照联合国《承认及执行外国仲裁裁决公约》（也称纽约公约）(1958)获得境外法院强制执行的先例；2012年成为中国第一个确立法定机构管理模式的仲裁机构。它坚持独立性、专业化和高效率原则，充分尊重当事人的意思自治，公正解决国内、涉外和国际争议，案件范围遍及中国内地各省、自治区、直辖市、港澳台地区和五十多个国家，裁决结果受到当事人普遍欢迎。

近年来，华南国际经济贸易仲裁委员会适应粤港地区产业发展的需要，持续创新，借鉴国际惯例，建立开放性的仲裁规则体系，探索多元化争议解决机制（ADR），在粤港地区建立起

"商会调解+仲裁""展会调解+仲裁"和"香港调解+SCIA仲裁"的商事争议解决合作平台。2013年9月,华南国仲联合资本市场监管部门和自律组织共同创立深圳证券期货业纠纷调解中心,以保护中小投资者合法权益保护为重要原则,从中国资本市场的特点和需要出发,创设了商事仲裁、专业调解、行业自律和行政监管"四位一体"的资本市场纠纷解决模式。

4. 上海国际经济贸易仲裁委员会

上海国际经济贸易仲裁委员会(上海国际制裁中心),前身是中国国际经济贸易仲裁委员会上海分会。经过二十多年的发展,它受理的案件数量逐年上升,案件争议涉及贸易、投资、技术转让、兼并收购、金融、证券、保险、房地产、建设工程、物流、知识产权、特许经营、能源、环境权益、信息技术等各商事领域。案件当事人遍及全国各地及世界上六十多个国家和地区。上海国际仲裁中心的裁决依据《承认及执行外国仲裁裁决公约》(1958)已在四十多个国家和地区得到承认和执行。

(二)中国关于仲裁裁决的承认和执行的立法与实践

在中国,国际商事仲裁裁决的承认和执行,主要包括以下三种情形:

1. 中国涉外仲裁机构的裁决在中国的执行

中国涉外仲裁机构的裁决均为终局裁决,当事人应当自觉履行。如果一方当事人不自觉履行,只要其在中国境内有住所或可供执行的财产,另一方当事人就可以向中国有管辖权的中级人民法院申请强制执行。《中华人民共和国仲裁法》第六十二条规定:"当事人应当履行裁决,一方当事人不履行的,另一方当事人可以依照民事诉讼法有关规定向人民法院申请执行。受申请的人民法院应当执行。"《中华人民共和国民事诉讼法》第二百七十三条也规定:"经中华人民共和国涉外仲裁机构裁决的,当事人不得向人民法院起诉。一方当事人不履行仲裁裁决的,对方当事人可以向被申请人住所地或者财产所在地的中级人民法院申请执行。"

当事人向人民法院申请执行中国涉外仲裁机构的裁决,应当提出书面申请,并附裁决书正本。如申请人为外国一方当事人,其申请书须用中文本提出。人民法院对中国涉外仲裁机构的裁决进行审查后,认为符合执行条件的,即采取强制措施予以执行;经审查认为不符合执行条件的,应裁定不予执行。根据《中华人民共和国民事诉讼法》第二百七十四条第一款,如果被申请人提出证据证明中国涉外仲裁机构的仲裁裁决有下列情形之一的,经人民法院组成合议庭审查核实,裁定不予执行:(1)当事人在合同中没有订立仲裁条款或者事后没有达成书面仲裁协议的;(2)被申请人没有得到指定仲裁员或者进行仲裁程序的通知,或者由于其他不属于被申请人负责的原因未能陈述意见的;(3)仲裁庭的组成或者仲裁的程序与仲裁规则不符的;(4)裁决的事项不属于仲裁协议的范围或者仲裁机构无权仲裁的。该条第二款还规定,人民法院认定执行该裁决违背社会公共利益的,裁定不予执行。此外,《中华人民共和国仲裁法》也规定,当事人提出证据证明涉外仲裁裁决有民事诉讼法第二百七十四条第一款规定的情形之一的,经人民法院组成合议庭审查核实,裁定撤销。中国涉外仲裁机构的仲裁裁决被人民法院裁定不予执行的,当事人可以根据双方达成的书面仲裁协议重新申请仲裁,也可以向人民法院起诉。

2. 中国涉外仲裁机构的裁决在国外的执行

《中华人民共和国民事诉讼法》第二百八十条第二款规定:"中华人民共和国涉外仲

机构作出的发生法律效力的仲裁裁决，当事人请求执行的，如果被执行人或其财产不在中华人民共和国领域内，应当由当事人直接向有管辖权的外国法院申请承认和执行。"由于中国已参加《承认及执行外国仲裁裁决公约》（1958），因此，当事人向该公约其他缔约国的法院申请承认和执行中国涉外仲裁机构的仲裁裁决时，可以按照该公约的规定办理。当事人向非公约缔约国的法院申请承认和执行中国涉外仲裁机构的仲裁裁决时，如果中国与对方国家存在相互承认和执行仲裁裁决的双边条约或者互惠关系，中国涉外仲裁机构的仲裁裁决也可以得到对方国家法院的承认和执行。

3. 外国仲裁机构的裁决在中国的执行

《中华人民共和国民事诉讼法》第二百八十一条规定："国外仲裁机构的裁决，需要中华人民共和国法院承认和执行的，应当由当事人直接向被执行人住所地或者其财产所在地的中级人民法院申请，人民法院应当依照中华人民共和国缔结或者参加的国际条约，或者按照互惠原则办理。"根据该规定并结合中国缔结和参加的国际条约，外国仲裁机构的裁决在中国的承认和执行大致可以分为以下两种情况：

（1）在《承认及执行外国仲裁裁决公约》（1958）其他缔约国领土内作出的仲裁裁决，当事人申请中国法院承认和执行的，中国法院应按该公约的规定办理。中国在加入该公约时，对该公约的适用提出了"互惠保留"和"商事保留"两项保留声明，因此，当事人申请中国法院承认和执行的外国仲裁裁决，必须是在该公约其他缔约国领土内作出，并且该仲裁裁决所解决的争议必须是根据中国法律属于商事法律关系所引起的争议，中国法院才依照该公约的规定予以承认和执行。

（2）在非《承认及执行外国仲裁裁决公约》（1958）缔约国领土内作出的仲裁裁决，当事人请求中国法院承认和执行时，中国法院可以根据有关外国与中国缔结的关于承认和执行仲裁裁决的双边条约的规定办理。在没有这种双边条约的情况下，中国法院可以按照互惠原则办理。如果既无条约又无互惠的，中国法院没有承认和执行外国仲裁裁决的义务。

第四节 WTO 争端解决机构裁决

为争端寻求积极的解决办法，保障多边贸易体系的可靠性和可预见性，世界贸易组织制定了《关于争端解决规则与程序的谅解》（1994），以下简称《争端解决谅解》。除主协议条款外，它还有四个附录：附录一为《由本谅解涉及的各个协议》；附录二为《各有关协议中的专门或附加的规则和程序》；附录三为专家组解决争端的《工作程序》；附录四为《专家审议小组》。

一、争端解决机构

设立专门的争端解决机构是世界贸易组织争端解决机制区别于关贸总协定争端解决机制的一个显著特点。广义的争端解决机构包括世界贸易组织争端解决机构本身世界贸易组织秘书处、专家小组、上诉机构、和世界贸易组织总干事。

（一）争端解决机构本身

《争端解决谅解》第二条规定，为管理争端解决规则与程序及有关协议中争端解决的专门条款,设立争端解决机构。它直接隶属于部长会议,没有自己的主席、工作人员、工作程序等。

根据《争端解决谅解》第二条的规定,争端解决机构应向世界贸易组织各有关理事会和委员会通报与其有关协议相关的各项争端的进展情况。争端解决机构可根据需要召开会议,以期在规定时限内完成争端处理的任务。争端解决机构在就贸易争端作出决定时,应采取协商一致的方式进行。

争端解决机构的主要职责是:(1)成立专家小组并通过其报告;(2)建立常设上诉机构并通过其报告;(3)监督裁决和建议的履行;(4)根据有关协议授权成员方中止减让和其他义务。

(二)世界贸易组织秘书处

《争端解决谅解》第二十七条规定了世界贸易组织秘书处在争端解决中的责任,具体内容包括:

(1)秘书处有责任协助专家小组工作,特别是在被处理问题的法律、历史和程序方面向专家小组提供资料和帮助,并在文秘和技术方面提供支持。

(2)应各成员方请求在争端解决方面提供协助,特别是为发展中国家成员方提供额外的法律咨询和协助。在发展中国家成员方提出请求时,秘书处应从世界贸易组织的技术合作处中选派一名合格的法律专家,该专家应以确保公正的方式帮助该发展中国家处理争端。

(3)秘书处应开设有关争端解决程序和实践的培训班,以使各成员方研究与解决贸易争端问题,使专家更加了解这方面的知识。

(三)专家小组

专家小组是解决争端实体问题的最主要的机构,《争端解决谅解》对它的设立、组成及其职权作了较详细的规定。

1. 专家小组的设立

专家小组不是一个常设机构,它是在某一具体争端中应当事方的请求而专门设立的。根据《争端解决谅解》第六条的规定,争端当事方经60天的磋商未能解决争端时,任一当事方可向争端解决机构提出设立专家小组的请求。请求应以书面形式提出,内容包括:(1)是否已经进行磋商;(2)争端所指向的具体措施;(3)简要说明该项投诉的法律依据;(4)如果请求设立的专家小组将具有标准职权范围以外的特殊职权,则书面申请应包括该特殊职权的建议文本。争端解决机构最迟应在将该请求列入正式议题的会议之后的下一次会议上成立专家小组,但如果会议成员经协商一致不同意成立专家小组的则属例外。

2. 专家小组的组成

《争端解决谅解》第八条就专家小组的组成作了详细规定。

(1)专家小组成员的资格。专家小组成员的选择范围很广泛,可以是政府人士,也可以是非政府人士。具体可以是以下人员:曾经在专家小组任职的人员;曾担任1947年关贸总协定缔约方代表;世界贸易组织管辖协议的专门理事会或委员会的代表;在世界贸易组织秘书处讲授过国际贸易法或政策,或者出版过有关著作的专家;曾经担任过某一成员方的高级贸易政策官员。

(2)专家小组成员的选定。在从上述符合条件的人员中选定专家小组成员时,应当确保其具有客观独立性，具有处理国际贸易问题的足够丰富的阅历和经验。如果某一专家小组成员候选人属于争端当事方或争端第三方的公民，则他不能成为该争端的专家小组成员，但如果各争端当事方均同意其成为专家小组成员的，则属例外。

（3）专家小组候选人花名册。世界贸易组织秘书处保存有一份拥有上述资格的政府和非政府人士的花名册，以便从中选出合格的专家小组成员。花名册中应列明其在某一领域的技术专长或特殊经历。各成员方可以定期地提议将一些政府和非政府人士的姓名纳入花名册中，并提供该人士在国际贸易某些部门或有关协议方面拥有专门知识和经验的信息资料。提议经争端解决机构批准，这些人员的姓名可以增补到花名册中。

（4）专家小组成员。专家小组一般由3名专家组成，特殊情况下也可由5名专家组成，但必须从专家小组设立之日起10天内得到各争端当事方的同意。争端解决机构应在专家小组成立后立即将其组成情况通知各成员方。世界贸易组织秘书处应向争端各当事方推荐专家小组的人员提名，除非有令人信服的理由，争端各当事方应当接受秘书处的提名。如果在决定设立专家小组后20天内未就其人员组成达成协议，任一当事方可提出请求，由总干事与争端解决机构主席、争端所涉及的有关委员会或理事会主席协商，任命其认为最合适的人选担任专家小组成员，争端解决机构主席应在收到请求后10天之内，向各成员方通报专家小组的组成情况。专家小组成员应以个人身份而不是作为政府代表或任何组织的代表履行职能。各成员方不能以任何方式影响专家小组执行处理争端的职权。

（5）发展中国家成员方的优惠待遇。如果争端发生在发展中国家与发达国家之间，发展中国家成员方可提出请求，要求专家小组中至少应包括1名来自发展中国家的专家小组成员，争端解决机构对此请求应予以接受。

3．专家小组的职权

根据《争端解决谅解》第七条的规定，专家小组应当具有下述职权：（1）按照有关协议的规定，审查争端当事方提交争端解决机构的有关事项，进行必要的调查，最终作出解决该争端的决定，并提交争端解决机构作出裁决；（2）在审理案件过程中，专家小组享有向任何个人或机构索取必要资料的权利，后者应对专家小组的此类通知及时地予以答复；（3）专家小组在对争端作出决定后，将以书面形式向争端解决机构报告其调查结果，说明事实真相、引用的有关条款及作出决定的基本理由，如果争端在专家小组阶段由各成员方自行协商解决，专家小组的报告只需要扼要说明案件及已达成的解决方法。

此外，在设立专家小组的过程中，争端解决机构可以授权其主席通过与争端各当事方磋商，拟定专家小组的职权，其拟定的职权可以是《争端解决谅解》所规定的标准职权，也可以是非标准职权。如属于后者，则任何成员方均可向争端解决机构提出异议。经过拟定的职权应通告全体成员方知晓。

4．上诉机构

《争端解决谅解》第十七条规定，争端解决机构应设立一个受理上诉的常设机构，处理争端当事方对专家小组决定不服提出的上诉请求。上诉机构由7名成员组成。任何一件上诉案件将由其中的3人审理。上诉机构的成员任职期限为4年，可连任一次，但在《建立世界贸易组织协定》生效后第一批被任命的7人中，有3人的任期是两年，这样可以保持上诉机构人员的轮换，而不会发生一次更换全部7名人员的情况。上诉机构一般由具有公认的权威并在法律、国际贸易及各有关协议所涉及的专门领域内具有专业知识的人员组成。他们与任何政府没有关系，不受任何当事方的影响。

5. 世界贸易组织总干事

《争端解决谅解》第五条第六款规定，世界贸易组织总干事以其职务资格进行斡旋、调解或调停、以协助各成员方解决争端。这一规定是对关贸总协定有关总干事参与争端解决程序的继续，总干事凭借对事实和法律知识的权威，在斡旋、调解程序中可以充分发挥作用。

二、争端解决程序

《争端解决谅解》规定的争端解决程序基本上分为以下几个阶段：磋商、斡旋、调解和调停、专家小组程序、上诉程序。

（一）磋商

磋商是争端解决的第一个程序阶段，是指两个或两个以上成员为使相互间的争议问题得到解决或达成谅解而进行国际交涉的一种方式。由于磋商解决争端问题是争端各当事方在协商一致的基础上达成一致意见，有利于所达成协议的执行，因此这一阶段是争端解决的必经阶段，也是世界贸易组织所提供的争端解决方式。

《争端解决谅解》第四条规定，某一成员方认为另一成员方在其境内采取的措施影响了世界贸易组织所管辖协议的实施，并损害了该成员方的利益，可提出要求磋商的请求，另一成员方应对此请求给予同情的考虑，并提供充分的磋商机会。从该条规定可以看出，任一成员方在被提起磋商请求时，有提供磋商机会的义务。

《争端解决谅解》第四条还规定了磋商的具体程序和各个阶段的具体时限：

（1）某一成员方提出磋商请求后，接到请求的成员方应自收到请求的 10 日内对该请求作出答复（但在双方同意情况下可不受此时限约束），并在收到请求后 30 日内开始进行磋商。如果接到请求的成员方未在自收到请求之日起 10 天内作出答复，或者在收到请求后 30 日内未开始进入磋商程序，则提出请求的成员方可直接请求设立一个专家小组，以便直接进入争端解决的专家小组阶段。

（2）磋商请求应由请求磋商的成员方向争端解决机构及有关的理事会和委员会通报。请求应以书面形式提出，并说明提出请求的理由，包括对请求事由的鉴定和对起诉的法律依据的提示。

（3）磋商应在保密状态下进行，磋商的内容不妨碍任一成员方在下一步诉讼程序中享有的权利。

（4）自收到磋商请求之后的 60 日内，争端各当事方未能达成解决争端的一致意见，则起诉方可在 60 日期限届满时要求设立一个专家小组。如果在 60 日期限内各当事方一致认为磋商无法解决他们之间的争端，则起诉方可在 60 日期限内就提出设立专家小组的请求。

（5）紧急情况下的特别时限规定。在涉及易损坏、易腐烂货物等紧急情况下，成员方应在收到请求后不超过 10 日内进行磋商，如果在收到请求后的 20 日内磋商未能达成双方满意的解决办法，则起诉方可请求设立专家小组。在紧急情况下，争端各当事方、专家小组及受理上诉机构应尽最大努力加速完成诉讼程序。

（6）参与磋商的成员方以外的某一成员方如果认为正在进行的磋商所涉及的问题对其有重大贸易利益，可自磋商的请求分发之日起 10 日内，向参与磋商的各成员方和争端解决机构通告其参加磋商的愿望。若参与磋商的各成员方同意其提出的理由,则可参与磋商。如果要求参与磋商的请求未被接受,则该成员方可直接向有关成员方提起要求磋商的请求,以开始另一个磋商的程序。

(二)斡旋、调解和调停

这一程序不是争端解决的必经程序,根据《争端解决谅解》第五条的规定,只有在争端各当事方自愿接受的情况下才可进行。争端的任何当事方在任何时候均可请求斡旋、调解和调停,该程序可在任何时候开始,也可在任何时候终止。如果在提出磋商请求后的60日内已进入斡旋、调解和调停,则起诉方应在自磋商提起之日起至要求设立专家小组之前留出60日的时间。如果在60日期限内各当事方一致认为斡旋、调解和调停不能解决该争端,则斡旋程序终止,起诉方可于60日内提出设立专家小组的请求。对进入斡旋、调解和调停程序的案件所涉及的具体情况,特别是在此期间争端各当事方所持的立场应予以保密,并且各当事方在此期间所持立场在斡旋、调解和调停失效后,对其今后的诉讼并不起作用,不影响其按规定应享有的权利的行使。

(三)专家小组程序

在争端各当事方经磋商达不成一致或一方对磋商的请求未予以答复的情况下,应起诉当事方的请求,争端解决进入专家小组程序阶段。该程序是整个争端解决程序中最为复杂的部分,也是最为重要的部分。专家小组经过对案件的审查所作出的决定往往直接决定了案件的处理结果,因而《争端解决谅解》对专家小组程序作了非常详细的规定,具体内容包括以下几个方面:

1. 多边投诉程序及第三方

根据《争端解决谅解》第九条的规定,如果不止一个成员方就同一问题请求设立专家小组时,可设立一个单一的专家小组同时处理各不同当事方的起诉。虽然如此,在案件处理过程中,各当事方的权利不应受到任何损害。如果就同一问题的投诉设立了不止一个专家小组,应尽量考虑由相同的人员充任专家小组成员。

根据《争端解决谅解》第十条的规定,对于在将由专家小组处理的问题上具有重大利益的成员方,可向争端解决机构通报成为该争端案件的第三方。第三方应有机会向专家小组提出意见并提交书面报告,其所提交的书面报告也应分发给争端各当事方,并应在专家小组报告中得到体现。

2. 制定专家小组工作进程时间表

《争端解决谅解》第十二条第三款规定,在争端各当事方就专家小组的组成及其职权范围达成一致后的1周内,专家小组成员应尽快确定工作进程时间表。根据附录三第十二条的规定,专家小组的工作进程一般应以下述时间表为准、但处理具体个案时允许有所变动:(1)接受各当事方的第一次书面文件:起诉方为3~6周,被诉方为2~3周;(2)与各当事方举行第一次实质性会议、第三当事方会议:1~2周;(3)接受各当事方书面反驳:2~3周;(4)与各当事方举行第二次实质性会议:1~2周;(5)向各当事方分发专家小组报告的陈述部分:2~4周;(6)接受各当事方对报告陈述部分的评论:2周;(7)向争端各当事方分发包括调查结果及结论在内的临时报告:2~4周;(8)当事方请求重新审查部分报告的期限:1周;

(9) 专家小组进行审核,包括与各当事方可能举行的附加会议:2周;(10) 向各当事方分发最终报告:2周;(11) 在各成员方之间传阅最终报告:3周。

3. 当事方提交书面材料

在专家小组与争端各当事方举行第一次实质性会议之前,各当事方应向专家小组提交介绍该案件事实真相及各自论点的书面报告。专家小组应为当事方提供足够的时间,以准备要提交的材料。专家小组应严格规定当事方提交书面材料的最后期限,各当事方应遵守这些截止期限。每个当事方应将书面材料送达秘书处。除非各当事方同意同时提交第一份书面材料,投诉方应先于受诉方提交其第一份书面材料。在此之后的任何书面材料,投诉方与受诉方应同时提交。

4. 收集资料和专家评审

根据《争端解决谅解》第十三条的规定,专家小组有权从其认为合适的任何个人或机构寻找资料和征求技术性意见,但专家小组在从某个成员方管辖范围内的任何个人或机构寻找资料或征求意见之前,应通知该成员方的主管当局。专家小组对有关个人或机构提供的资料应予以保密。

根据《争端解决谅解》第十三条第二款及附录四的规定,就争端一方提出的涉及科学或其他技术性问题的论点,专家小组可以请求专家评审小组提供书面咨询报告。关于设立专家评审小组的程序与规则包括:(1) 专家评审小组受专家小组领导,其参加者应限于在正在讨论的领域中享有专业名望和经验的人士;(2) 如果未得到争端各当事方一致同意,争端当事方的公民不能在专家评审小组中任职,除非专家小组认为没有这些公民的参加,对专门科学知识的需要不能得到满足;(3) 争端当事方的政府官员不能成为专家评审小组成员;(4) 专家评审小组成员均以个人身份任职,不代表任何政府和组织;(5) 专家评审小组可向其认为合适的任何个人或机构收集资料或技术性意见,具体程序与专家小组收集资料的规定基本相同;(6) 专家评审小组应向争端各当事方提交一份报告草案,以征求他们的意见,并在可能的情况下,在最终报告中考虑这些意见;(7) 专家评审小组的最终报告应呈报给专家小组,同时也应分发给争端各当事方;(8) 专家评审小组的最终报告只是咨询性质的,不具有强制约束力。

5. 专家小组工作的保密性

根据《争端解决谅解》第十四条及附录三的规定,专家小组对案件的审议情况应予以保密,专家小组召开的会议一般为秘密会议,除非专家小组邀请,争端各当事方不得参加。专家小组的各种报告应在争端各当事方不在场的情况下起草。专家小组报告中由各位专家成员所表述的意见应是匿名的。

6. 举行实质性工作会议

根据《争端解决谅解》附录三第五条的规定,专家小组在与各当事方举行的第一次实质性会议上,应要求提出投诉的当事方介绍案情,并要求被诉方陈述自己的意见。对于符合要求的第三当事方,专家小组也应为其提供陈述意见的机会。在第二次实质性会议上,各当事方应作正式辩驳,被诉方有权首先发言,随后投诉方发言。专家小组在每次会议上可随时向各当事方提出问题,并请求他们以口头或书面方式作出解释。各当事方应向专家小组提供其口头发言的书面文本。上述会议均应在各当事方在场的情况下进行,每个当事方的书面报告均应分发给其他当事方，为其利用。

7. 临时审议阶段

《争端解决谅解》第十五条规定，专家小组在考虑了各当事方的反驳与辩解意见之后，应向各当事方提交其报告草案中的说明部分，即事实陈述部分，各当事方对该部分草案可在规定时间内提交其书面意见。在提交书面意见的期限届满后，专家小组应向各当事方分发一份既包括陈述部分又包括调查情况与结论的临时报告。各当事方可在最终报告交全体成员方传阅之前，请求对临时报告中某些细节问题进行复审。专家小组应当事方请求应召开进一步的会议进行复审。如果当事方在规定时间内未对临时报告提出书面意见，则临时报告视为最终报告，应立即分发给各成员方。

8. 专家小组报告

专家小组在审理案件过程中，应努力寻求各当事方都满意的解决方法，即在专家小组阶段仍应寻求协商方法解决争议。如果各当事方就争议问题达成解决办法，专家小组应提交简要陈述案件的报告给争端解决机构。如果各方未就争议问题达成各方都满意的解决办法，专家小组应以书面报告形式将调查结果提交争端解决机构。报告应包括以下内容：调查结果及建议；有关该案件各个方面的事实陈述；所引用的有关协议条款；所作调查结果与建议的基本理由。

9. 审案期限

专家小组审理案件的期限，原则上不应超过6个月，紧急情况下不应超过3个月。如在上述期限内不能提交其报告，专家小组应以书面形式向争端解决机构通报延迟的原因及计划提交报告的期限，但自专家小组成立至向各成员方递交报告的期限最长不得超过9个月。

10. 专家小组报告的通过

《争端解决谅解》第十六条规定，争端解决机构在将专家小组报告分发给各成员方20天后，才能考虑通过报告。如果一成员方对报告有异议，应在争端解决机构审议该报告的会议召开前10天以书面形式提出异议及理由。争端解决机构召开的讨论专家小组报告的会议，争端各当事方均有权参加，其所提的各项意见也应全部记录在案。争端解决机构应在报告分发给各成员方后的60天内通过报告，但下述两种情况的出现可阻止报告的通过：（1）某一成员方向争端解决机构正式通报其上诉的决定；（2）争端解决机构一致决定不予通过该报告。

（四）上诉程序

在乌拉圭回合之前，关贸总协定的争端解决程序中并没有上诉程序的规定。《争端解决谅解》第一次将上诉程序予以明确规定：上诉程序是争端解决程序的终审程序，即经过该程序的审理作出的决定是最终的决定，该决定经争端解决机构通过后，当事方应当立即执行。但上诉程序并不是争端解决的必经程序，只有在一当事方就专家小组决定提出上诉的情况下，才能开始这一程序。

根据《争端解决谅解》第十七条的规定，只有争端各当事方才可就专家小组的报告提起上诉，该案的第三当事方无权提起上诉，但第三方可向上诉机构提交其书面意见，并有权在上诉程序中陈述其意见。

上诉程序的期限一般为60天，如果上诉机构认为在60天内不能提交其报告，应将延迟的理由及预计将提交报告的期限以书面形式通报争端解决机构。该程序最长不得超过90天。

上诉程序的审理范围只限于专家小组报告中涉及的法律问题及由专家小组所作的法律解释，而不涉及案件的事实部分。

上诉机构的活动应保密，其各种报告的起草应在争端各当事方不在场的情况下进行。在上诉机构的最终报告中，其成员所表达的意见应是匿名的。

上诉机构经审查作出的最终报告可以维持、修改或推翻专家小组报告中有关法律问题的调查及结论。

上诉机构的报告应在向各成员方发布后的 30 天内由争端解决机构通过，除非争端解决机构一致决定不通过该报告。报告一经通过即产生约束力，争端各当事方应无条件地接受。

WTO 争端解决程序图如图 10-1 所示。

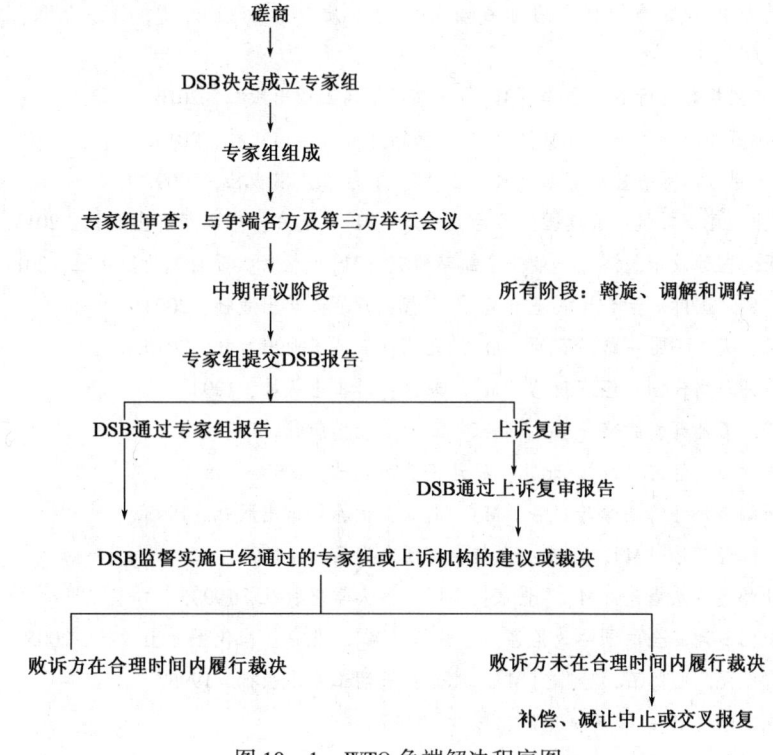

图 10-1　WTO 争端解决程序图

DSB—WTO 争端解决机构（Dispute Settlement Body）

复习思考题

1. 确定国际民事管辖权的基本原则有哪些？
2. 对于共同开发区域，管辖权的分配有哪些类型？
3. 什么是国际商事仲裁？有什么特点？
4. 中国主要国际商事仲裁机构有哪些？

参 考 文 献

[1] 姬强,范英. 国际石油市场驱动机制和影响机理 [M]. 北京:科学出版社,2017.
[2] 高新伟. 国际石油经济合作 [M]. 东营:中国石油大学出版社,2012.
[3] 郑寿春. 黑色变局:国际石油金融的交锋 [M]. 北京:石油工业出版社,2011.
[4] 中国石油海外勘探开发公司战略发展部. 全球化与本地化:国际石油公司运营管理模式研究 [M]. 北京:石油工业出版社,2015.
[5] 巴斯克·贝亚扎·奥德姆斯. 国际石油公司的本质 [M]. 王天娇,译. 北京:石油工业出版社,2018.
[6] 王国华. 海洋法规与国际石油合作 [M]. 北京:石油工业出版社,2016.
[7] 陈亚东. 国际石油经营管理学 [M]. 成都:西南交通大学出版社,2013.
[8] 冯连勇,陈大恩. 国际石油经济学 [M]. 北京:石油工业出版社,2009.
[9] 杜连功. 合作,还是对抗:解读国际石油大棋局 [M]. 北京:中国经济出版社,2013.
[10] 何沙,秦扬. 国际政治经济与石油安全战略研究 [M]. 北京:石油工业出版社,2011.
[11] 理查德·贝利. 国际石油合作管理 [M]. 东营:石油大学出版社,2003.
[12] 陆如泉,段一夫. 一带一路话石油 [M]. 北京:石油工业出版社,2015.
[13] 王能全. 石油与当代国际经济政治 [M]. 北京:时事出版社,1993.
[14] 德里克·菲. 石油开发战略 [M]. 北京:石油工业出版社,1992.
[15] 施鸿熙. 国际石油经济 [M]. 北京:石油工业出版社,1992.
[16] 林毓辉. 新编涉外经济法律与实务 [M]. 北京:世界知识出版社,1993.
[17] 高永富. 国际经济法 [M]. 北京:立信会计图书用品社,1993.
[18] 林惠辰. 涉外经济法概论 [M]. 北京:中国政法大学出版社,1993.
[19] 查道炯. 中国石油安全的国际政治经济学分析 [M]. 北京:当代世界出版社,2005.
[20] 韩学功,佟纪元. 国际石油合作 [M]. 北京:石油工业出版社,1995.
[21] 黎建飞. 立法学 [M]. 重庆:重庆出版社,1992.
[22] 高尔森. 国际税法 [M]. 北京:法律出版社,1993.
[23] 罗汉. 双赢互利论 [M]. 北京:改革出版社,1997.
[24] 中国石油天然气总公司普法领导小组. 石油系统普法教材 [M]. 北京:石油工业出版社,1997.
[25] 中国现代国际关系研究院. 国际战略与安全形势评估 2003/2004 [M]. 北京:时事出版社,2004.
[26] 卓泽渊. 理学 [M]. 北京:法律出版社,2000.
[27] 何沙,胡尧,王林元,等. 基于大数据技术的应急决策指挥体系构建:以中国国际石油合作突发事件为例 [J]. 科技管理研究,2017,37(3):163-168.
[28] 陈沫. 伊核全面协议对国际石油市场及中伊经济合作的影响 [J]. 国际经济合作,2015(10):65-68.
[29] 仇鑫华,王震. 基于委托—代理理论的国际石油合作财税体系比较 [J]. 中国石油大学学报(自然科学版),2015,39(2):171-179.
[30] 何沙,丁道军,孙庆祥. 中国国际石油合作突发事件监测与预警机制分析 [J]. 中国管理科学,2014,22(S1):114-120.

[31] 曲会朋,李宁,赵亚芝. 我国参与国际石油合作的模式及保障措施研究 [J]. 经济纵横,2014 (11): 46-49.

[32] 何沙,谷峰,孙一峰. 中国国际石油合作突发事件的特征分析 [J]. 科技管理研究,2014,34 (11): 205-210.

[33] 何沙,丁道军. 中国国际石油合作突发事件应急管理人才培养途径探析 [J]. 科技管理研究,2014,34 (10): 95-99+111.

[34] 李俊坪,秦扬. 中国国际石油合作突发事件恢复重建机制探析 [J]. 生态经济,2014,30 (2): 74-78.

[35] 何沙,卜芯,姬荣斌. 试析中国国际石油合作应急管理委员会的构建依据 [J]. 科技管理研究,2014,34 (2): 237-241.

[36] 秦扬,李俊坪. 中国国际石油合作突发事件演进阶段分析 [J]. 广西社会科学,2013 (12): 148-152.

[37] 何沙,国静,李俊坪,张小龙. 中国国际石油合作应急管理委员会构建及运行初探 [J]. 生态经济,2013 (11): 140-144.

[38] 何沙,姬荣斌,谷峰. 中国国际石油合作突发事件应急管理研究中的基本问题探析 [J]. 经济体制改革,2013 (3): 25-29.

[39] 姜英梅. 谈伊拉克汇率变动及对国际石油合作的影响 [J]. 商业时代,2011 (26): 45-46.

[40] 赵振智,赵松. 我国国际石油合作中的问题与对策 [J]. 改革与战略,2009,25 (9): 33-35+52.

[41] 漆多俊,沈明宇. 国际石油合作模式演变及合作领域扩张 [J]. 河北法学,2007 (12): 46-50+55.

[42] 张来斌,汪志明,孙旭东,等. 多规格、多元化"国际石油合作型"人才培养新模式探索与实践 [J]. 中国高教研究,2006 (8): 76-77.

[43] 周任,戴江涛,杨文武. 中国和印度开展国际石油市场合作的博弈分析 [J]. 世界经济与政治论坛,2006 (2): 20-24.

[44] 安丰春,魏军,张大明. 国际石油勘探开发合作项目的经济评估方法 [J]. 石油天然气学报 (江汉石油学院学报),2005 (4): 133-134.

[45] 冯玉军. 国际石油战略格局与中俄能源合作前景 [J]. 现代国际关系,2004 (5): 23-28.

[46] 乔恩言,李玉顺. 在国际石油合作中的体会与思考 [J]. 国际经济合作,2004 (2): 42-44.

[47] 徐振强,江旭. 国际石油合作项目中的政治风险及其管理 [J]. 国际经济合作,2003 (6): 30-32.

[48] 徐振强,王育红. 国际石油合作合同模式的特征及演进 [J]. 国际经济合作,2003 (1): 50-53.

[49] 吴林芳. 浅谈国际石油合作的风险与防范 [J]. 经济师,2002 (12): 98.

[50] 李玉萍. 基于模糊神经网络的国际石油合同风险评价 [J]. 统计与决策,2014 (23): 55-58.

[51] 汪东进,李秀生,刘明明,等. 基于油价随机过程的国际石油合同模式经济性分析 [J]. 石油学报,2012,33 (3): 513-518.

[52] 马红. 国际石油经营中回购合同方式下的会计核算探讨 [J]. 财务与会计,2012 (2): 38-40.

[53] 罗东坤,闫娜. 国际石油合同财税条款评价方法 [J]. 石油勘探与开发,2010,37 (6): 756-762.

[54] 王灵碧. 国际石油合同中的风险与对策 [J]. 油气地质与采收率,2006 (5): 98-102,110.

附录一
中华人民共和国对外合作开采陆上石油资源条例

（1993年10月7日中华人民共和国国务院令第131号发布 根据2001年9月23日《国务院关于修改〈中华人民共和国对外合作开采陆上石油资源条例〉的决定》第1次修订 根据2007年9月18日《国务院关于修改〈中华人民共和国对外合作开采陆上石油资源条例〉的决定》第2次修订 根据2011年9月30日《国务院关于修改〈中华人民共和国对外合作开采陆上石油资源条例〉的决定》第3次修订 根据2013年7月18日《国务院关于废止和修改部分行政法规的决定》第4次修订）

第一章 总 则

第一条 为保障石油工业的发展，促进国际经济合作和技术交流，制定本条例。

第二条 在中华人民共和国境内从事中外合作开采陆上石油资源活动，必须遵守本条例。

第三条 中华人民共和国境内的石油资源属于中华人民共和国国家所有。

第四条 中国政府依法保护参加合作开采陆上石油资源的外国企业的合作开采活动及其投资、利润和其他合法权益。

在中华人民共和国境内从事中外合作开采陆上石油资源活动，必须遵守中华人民共和国的有关法律、法规和规章，并接受中国政府有关机关的监督管理。

第五条 国家对参加合作开采陆上石油资源的外国企业的投资和收益不实行征收。在特殊情况下，根据社会公共利益的需要，可以对外国企业在合作开采中应得石油的一部分或者全部，依照法律程序实行征收，并给予相应的补偿。

第六条 国务院指定的部门负责在国务院批准的合作区域内，划分合作区块，确定合作方式，组织制定有关规划和政策，审批对外合作油（气）田总体开发方案。

第七条 中国石油天然气集团公司、中国石油化工集团公司（以下简称中方石油公司）负责对外合作开采陆上石油资源的经营业务；负责与外国企业谈判、签订、执行合作开采陆上石油资源的合同；在国务院批准的对外合作开采陆上石油资源的区域内享有与外国企业合作进行石油勘探、开发、生产的专营权。

第八条 中方石油公司在国务院批准的对外合作开采陆上石油资源的区域内，按划分的合作区块，通过招标或者谈判，确定合作开采陆上石油资源的外国企业，签订合作开采石油合同或者其他合作合同，并向中华人民共和国商务部报送合同有关情况。

第九条 对外合作区块公布后，除中方石油公司与外国企业进行合作开采陆上石油资源活动外，其他企业不得进入该区块内进行石油勘查活动，也不得与外国企业签订在该区块内进行石油开采的经济技术合作协议。

对外合作区块公布前，已进入该区块进行石油勘查（尚处于区域评价勘查阶段）的企业，在中方石油公司与外国企业签订合同后，应当撤出。该企业所取得的勘查资料，由中方石油公司负责销售，以适当补偿其投资。该区块发现有商业开采价值的油（气）田后，从该区块撤出的企业可以通过投资方式参与开发。

国务院指定的部门应当根据合同的签订和执行情况，定期对所确定的对外合作区块进行调整。

第十条 对外合作开采陆上石油资源，应当遵循兼顾中央与地方利益的原则，通过吸收油（气）田所在地的资金对有商业开采价值的油（气）田的开发进行投资等方式，适当照顾地方利益。

有关地方人民政府应当依法保护合作区域内正常的生产经营活动，并在土地使用、道路通行、生活服务等方面给予有效协助。

第十一条 对外合作开采陆上石油资源，应当依法纳税。

第十二条 为执行合同所进口的设备和材料，按照国家有关规定给予减税、免税或者给予税收方面的其他优惠。具体办法由财政部会同海关总署制定。

第二章 外国合同者的权利和义务

第十三条 中方石油公司与外国企业合作开采陆上石油资源必须订立合同，除法律、法规另有规定或者合同另有约定外，应当由签订合同的外国企业（以下简称外国合同者）单独投资进行勘探，负责勘探作业，并承担勘探风险；发现有商业开采价值的油（气）田后，由外国合同者与中方石油公司共同投资合作开发；外国合同者并应承担开发作业和生产作业，直至中方石油公司按照合同约定接替生产作业为止。

第十四条 外国合同者可以按照合同约定，从生产的石油中回收其投资和费用，并取得报酬。

第十五条 外国合同者根据国家有关规定和合同约定，可以将其应得的石油和购买的石油运往国外，也可以依法将其回收的投资、利润和其他合法收益汇往国外。

外国合同者在中华人民共和国境内销售其应得的石油，一般由中方石油公司收购，也可以采取合同双方约定的其他方式销售，但是不得违反国家有关在中华人民共和国境内销售石油产品的规定。

第十六条 外国合同者开立外汇账户和办理其他外汇事宜，应当遵守《中华人民共和国外汇管理条例》和国家有关外汇管理的其他规定。

外国合同者的投资，应当采用美元或者其他可自由兑换货币。

第十七条 外国合同者应当依法在中华人民共和国境内设立分公司、子公司或者代表机构。

前款机构的设立地点由外国合同者与中方石油公司协商确定。

第十八条 外国合同者在执行合同的过程中，应当及时地、准确地向中方石油公司报告石油作业情况，完整地、准确地取得各项石油作业的数据、记录、样品、凭证和其他原始资料，并按规定向中方石油公司提交资料和样品以及技术、经济、财会、行政方面的各种报告。

第十九条 外国合同者执行合同，除租用第三方的设备外，按照计划和预算所购置和建造的全部资产，在其投资按照合同约定得到补偿或者该油（气）田生产期满后，所有权属于中方石油公司。在合同期内，外国合同者可以按照合同约定使用这些资产。

第三章 石油作业

第二十条 作业者必须根据国家有关开采石油资源的规定，制订油（气）田总体开发方案，并经国务院指定的部门批准后，实施开发作业和生产作业。

第二十一条 石油合同可以约定石油作业所需的人员，作业者可以优先录用中国公民。

第二十二条 作业者和承包者在实施石油作业中，应当遵守国家有关环境保护和安全作业方面的法律、法规和标准，并按照国际惯例进行作业，保护农田、水产、森林资源和其他自然资源，防止对大气、海洋、河流、湖泊、地下水和陆地其他环境的污染和损害。

第二十三条 在实施石油作业中使用土地的，应当依照《中华人民共和国土地管理法》和国家其他有关规定办理。

第二十四条 本条例第十八条规定的各项石油作业的数据、记录、样品、凭证和其他原始资料，所有权属于中方石油公司。

前款所列数据、记录、样品、凭证和其他原始资料的使用、转让、赠与、交换、出售、发表以及运出、传送到中华人民共和国境外，必须按照国家有关规定执行。

第四章 争议的解决

第二十五条 合作开采陆上石油资源合同的当事人因执行合同发生争议时，应当通过协商或者调解解决；不愿协商、调解，或者协商、调解不成的，可以根据合同中的仲裁条款或者事后达成的书面仲裁协议，提交中国仲裁机构或者其他仲裁机构仲裁。

当事人未在合同中订立仲裁条款，事后又没有达成书面仲裁协议的，可以向中国人民法院起诉。

第五章 法律责任

第二十六条 违反本条例规定，有下列行为之一的，由国务院指定的部门依据职权责令限期改正，给予警告；在限期内不改正的，可以责令其停止实施石油作业；构成犯罪的，依法追究刑事责任。

（一）违反本条例第九条第一款规定，擅自进入对外合作区块进行石油勘查活动或者与外国企业签订在对外合作区块内进行石油开采合作协议的；

（二）违反本条例第十八条规定，在执行合同的过程中，未向中方石油公司及时、准确地报告石油作业情况的，未按规定向中方石油公司提交资料和样品以及技术、经济、财会、行政方面的各种报告的；

（三）违反本条例第二十条规定，油（气）田总体开发方案未经批准，擅自实施开发作业和生产作业的；

（四）违反本条例第二十四条第二款规定，擅自使用石油作业的数据、记录、样品、凭证和其他原始资料或者将其转让、赠与、交换、出售、发表以及运出、传送到中华人民共和国境外的。

第二十七条 违反本条例第十一条、第十六条、第二十二条、第二十三条规定的，由国家有关主管部门依照有关法律、法规的规定予以处罚；构成犯罪的，依法追究刑事责任。

第六章 附 则

第二十八条 本条例下列用语的含义：

（一）"石油"，是指蕴藏在地下的、正在采出的和已经采出的原油和天然气。

（二）"陆上石油资源"，是指蕴藏在陆地全境（包括海滩、岛屿及向外延伸至5米水深处的海域）的范围内的地下石油资源。

（三）"开采"，是指石油的勘探、开发、生产和销售及其有关的活动。

（四）"石油作业"，是指为执行合同而进行的勘探、开发和生产作业及其有关的活动。

（五）"勘探作业"，是指用地质、地球物理、地球化学和包括钻探井等各种方法寻找储藏石油圈闭所做的全部工作，以及在已发现石油的圈闭上为确定它有无商业价值所做的钻评价井、可行性研究和编制油（气）田的总体开发方案等全部工作。

（六）"开发作业"，是指自油（气）田总体开发方案被批准之日起，为实现石油生产所进行的设计、建造、安装、钻井工程等及其相应的研究工作，包括商业性生产开始之前的生产活动。

（七）"生产作业"，是指一个油（气）田从开始商业性生产之日起，为生产石油所进行的全部作业以及与其有关的活动。

第二十九条 本条例第四条、第十一条、第十二条、第十五条、第十六条、第十七条、第二十一条的规定，适用于外国承包者。

第三十条 对外合作开采煤层气资源由中联煤层气有限责任公司、国务院指定的其他公司实施专营，并参照本条例执行。

第三十一条 本条例自公布之日起施行。

附录二
中华人民共和国对外合作开采海洋石油资源条例

(1982年1月30日国务院发布 根据2011年9月21日《国务院关于修改〈中华人民共和国对外合作开采海洋石油资源条例〉的决定》修订)

第一章 总 则

第一条 为促进国民经济的发展，扩大国际经济技术合作，在维护国家主权和经济利益的前提下允许外国企业参与合作开采中华人民共和国海洋石油资源，特制定本条例。

第二条 中华人民共和国的内海、领海、大陆架以及其他属于中华人民共和国海洋资源管辖海域的石油资源，都属于中华人民共和国国家所有。

在前款海域内，为开采石油而设置的建筑物、构筑物、作业船舶，以及相应的陆岸油（气）集输终端和基地，都受中华人民共和国管辖。

第三条 中国政府依法保护参与合作开采海洋石油资源的外国企业的投资、应得利润和其他合法权益，依法保护外国企业的合作开采活动。

在本条例范围内，合作开采海洋石油资源的一切活动，都应当遵守中华人民共和国的法律、法令和国家的有关规定；参与实施石油作业的企业和个人，都应当受中国法律的约束，接受中国政府有关主管部门的检查、监督。

第四条 国家对参加合作开采海洋石油资源的外国企业的投资和收益不实行征收。在特殊情况下，根据社会公共利益的需要，可以对外国企业在合作开采中应得石油的一部分或者全部，依照法律程序实行征收，并给予相应的补偿。

第五条 国务院指定的部门依据国家确定的合作海区、面积，决定合作方式，划分合作区块；依据国家规定制定同外国企业合作开采海洋石油资源的规划；制定对外合作开采海洋石油资源的业务政策和审批海上油（气）田的总体开发方案。

第六条 中华人民共和国对外合作开采海洋石油资源的业务，由中国海洋石油总公司全面负责。

中国海洋石油总公司是具有法人资格的国家公司，享有在对外合作海区内进行石油勘探、开发、生产和销售的专营权。

中国海洋石油总公司根据工作需要，可以设立地区公司、专业公司、驻外代表机构，执行总公司交付的任务。

第七条 中国海洋石油总公司就对外合作开采石油的海区、面积、区块，通过组织招标，确定合作开采海洋石油资源的外国企业，签订合作开采石油合同或者其他合作合同，并向中华人民共和国商务部报送合同有关情况。

第二章 石油合同各方的权利和义务

第八条 中国海洋石油总公司通过订立石油合同同外国企业合作开采海洋石油资源,除法律、行政法规另有规定或者石油合同另有约定外,应当由石油合同中的外国企业一方(以下称外国合同者)投资进行勘探,负责勘探作业,并承担全部勘探风险;发现商业性油(气)田后,由外国合同者同中国海洋石油总公司双方投资合作开发,外国合同者并应负责开发作业和生产作业,直至中国海洋石油总公司按照石油合同规定在条件具备的情况下接替生产作业。外国合同者可以按照石油合同规定,从生产的石油中回收其投资和费用,并取得报酬。

第九条 外国合同者可以将其应得的石油和购买的石油运往国外,也可以依法将其回收的投资、利润和其他正当收益汇往国外。

第十条 参与合作开采海洋石油资源的中国企业、外国企业,都应当依法纳税。

第十一条 为执行石油合同所进口的设备和材料,按照国家规定给予减税、免税,或者给予税收方面的其他优惠。

第十二条 外国合同者开立外汇账户和办理其他外汇事宜,应当遵守《中华人民共和国外汇管理条例》和国家有关外汇管理的其他规定。

第十三条 石油合同可以约定石油作业所需的人员,作业者可以优先录用中国公民。

第十四条 外国合同者在执行石油合同从事开发、生产作业过程中,必须及时地、准确地向中国海洋石油总公司报告石油作业情况;完整地、准确地取得各项石油作业的数据、记录、样品、凭证和其他原始资料,并定期向中国海洋石油总公司提交必要的资料和样品以及技术、经济、财会、行政方面的各种报告。

第十五条 外国合同者为执行石油合同从事开发、生产作业,应当在中华人民共和国境内设立分支机构或者代表机构,并依法履行登记手续。

前款机构的住所地应当同中国海洋石油总公司共同商量确定。

第十六条 本条例第三条、第九条、第十条、第十一条、第十五条的规定,对向石油作业提供服务的外国承包者,类推适用。

第三章 石油作业

第十七条 作业者必须根据本条例和国家有关开采石油资源的规定,参照国际惯例,制定油(气)田总体开发方案和实施生产作业,以达到尽可能高的石油采收率。

第十八条 外国合同者为执行石油合同从事开发、生产作业,应当使用中华人民共和国境内现有的基地;如需设立新基地,必须位于中华人民共和国境内。

前款新基地的具体地点,以及在特殊情况下需要采取的其他措施,都必须经中国海洋石油总公司书面同意。

第十九条 中国海洋石油总公司有权派人参加外国作业者为执行石油合同而进行的总体设计和工程设计。

第二十条 外国合同者为执行石油合同,除租用第三方的设备外,按计划和预算所购置和建造的全部资产,当外国合同者的投资按照规定得到补偿后,其所有权属于中国海洋石油总公司,在合同期内,外国合同者仍然可以依据合同的规定使用这些资产。

第二十一条 为执行石油合同所取得的各项石油作业的数据、记录、样品、凭证和其他原始资料,其所有权属于中国海洋石油总公司。

前款数据、记录、样品、凭证和其他原始资料的使用和转让、赠与、交换、出售、公开发表以及运出、传送出中华人民共和国，都必须按照国家有关规定执行。

第二十二条 作业者和承包者在实施石油作业中，应当遵守中华人民共和国有关环境保护和安全方面的法律规定，并参照国际惯例进行作业，保护渔业资源和其他自然资源，防止对大气、海洋、河流、湖泊和陆地等环境的污染和损害。

第二十三条 石油合同区产出的石油，应当在中华人民共和国登陆，也可以在海上油（气）外输计量点运出。如需在中华人民共和国以外的地点登陆，必须经国务院指定的部门批准。

第四章 附 则

第二十四条 在合作开采海洋石油资源活动中，外国企业和中国企业间发生的争执，应当通过友好协商解决。通过协商不能解决的，由中华人民共和国仲裁机构进行调解、仲裁，也可以由合同双方协议在其他仲裁机构仲裁。

第二十五条 作业者、承包者违反本条例规定实施石油作业的，由国务院指定的部门依据职权责令限期改正，给予警告；在限期内不改正的，可以责令其停止实施石油作业。由此造成的一切经济损失，由责任方承担。

第二十六条 本条例所用的术语，其定义如下：

（一）"石油"是指蕴藏在地下的、正在采出的和已经采出的原油和天然气。

（二）"开采"是泛指石油的勘探、开发、生产和销售及其有关的活动。

（三）"石油合同"是指中国海洋石油总公司同外国企业为合作开采中华人民共和国海洋石油资源，依法订立的包括石油勘探、开发和生产的合同。

（四）"合同区"是指在石油合同中为合作开采石油资源以地理坐标圈定的海域面积。

（五）"石油作业"是指为执行石油合同而进行的勘探、开发和生产作业及其有关的活动。

（六）"勘探作业"是指用地质、地球物理、地球化学和包括钻勘探井等各种方法寻找储藏石油的圈闭所做的全部工作，以及在已发现石油的圈闭上为确定它有无商业价值所做的钻评价井、可行性研究和编制油（气）田的总体开发方案等全部工作。

（七）"开发作业"是指从国务院指定的部门批准油（气）田的总体开发方案之日起，为实现石油生产所进行的设计、建造、安装、钻井工程等及其相应的研究工作，并包括商业性生产开始之前的生产活动。

（八）"生产作业"是指一个油（气）田从开始商业性生产之日起，为生产石油所进行的全部作业以及与其有关的活动，诸如采出、注入、增产、处理、贮运和提取等作业。

（九）"外国合同者"是指同中国海洋石油总公司签订石油合同的外国企业。外国企业可以是公司，也可以是公司集团。

（十）"作业者"是指按照石油合同的规定负责实施作业的实体。

（十一）"承包者"是指向作业者提供服务的实体。

第二十七条 本条例自公布之日起施行。